井出一太郎回顧録

保守リベラル政治家の歩み

井出一太郎［著］

井出亜夫／竹内 桂／吉田龍太郎［編］

吉田書店

凡例

一、本回顧録は、井出一太郎が政界引退後に地元の長野県南佐久郡臼田町（現在は佐久市臼田）で開催していた「井出学校」（解題1を参照）において、自らの後援者に語っていた政界回顧談を元とするものである。

一、本回顧録においては、一九五九年一一月の中国訪問、池田内閣期、福田内閣後半から大平内閣の初めについては、記録が残っていない（解題1を参照）。そのため、池田内閣期について、農業基本法を解説した「農業基本法の骨格」と、池田内閣期に議論されていた党近代化の問題に言及した「二大政党は何処へ行く」を付論として掲載した。

一、井出は政治家としてだけではなく、歌人としても名高い。本書には、新たな歌集として「続　青葉夕影」を収録した。「続」とあるのは、すでに一九九六年に井出が亡くなった際、遺族が『青葉夕影』を編纂して近親者や後援者に配付しているためである。「続　青葉夕影」に掲載した歌の選定と解説は、編者の一人である井出亜夫が行った。

はしがき

井出　亜夫

物心ついた時、父はすでに戦後第一回の総選挙に当選し、青年政治家井出一太郎として、敗戦後の農地解放、農村再建・民主化のなかにその立ち位置を占めていました。

私の実家には、明治二四（一八九一）年の第二回総選挙の折、時の自由党員小山悦之介氏応援のため訪れた中江兆民が揮毫した「民為重」（民重きを為す）の扁額が茶の間に掛けられておりました。幼少期の父は、茶の間に掲げられたこの扁額を眺めながら育ったものと思われます。

数年前、曾祖父、祖父、父などが様々な機会に集めた明治以来の政治家の扁額、掛け軸を整理し、「信州佐久の酒倉から日本近代史を見る」と題し、資料館（不重来館）を開設致しました折、石橋湛山研究学会所属の竹内桂さん、吉田龍太郎さんと面識を得ました。両氏は、日本政治史研究者として、父の戦後政治の足取りを追跡する日記等に関心を持たれ、信州のわが家を訪れました。議員引退後、「井出学校」と称し、父が、支持者の皆様に語った回顧談があり、両氏はこれに注目され、「井出一太郎回顧録」としてまとめ、出版したいとのお話をいただきました。

私の学生時代、父は、引退後は戦後政治史をまとめてみたいと口にしていましたが、晩年は目を患い、正確な資料や関連文書を基にそれを実現することはできませんでしたし、老境故、往年時の記憶、感覚も鈍っておりました。そのため、回顧談も自らチェック、再構成するまでには至りませんでした。しか

井出学校の様子

し、井出学校における講話がこうした形で回顧録として公刊できますことは、私としても喜びとするものであります。

井出学校の話題は、往年交流を有したジャーナリストにも知られ、時に遠方から参加者もございました。井出学校最終回に東京からお越しいただいた石川真澄さん（当時朝日新聞編集委員）が平成六（一九九四）年一二月一三日付朝日新聞朝刊「現代史ウォッチング」に井出学校の紹介をしていただいていますので、以下にその全文を引用させていただきます。

派手な演出に四千万円もかけたといわれる〔一九九四年十二月〕十日の新進党結党大会に、私は行かなかった。新党準備会実行委員長・小沢一郎、結成大会運営本部長・鳩山邦夫、両氏連名の招待状が私のような者にまで届いていたのだが、取材は同僚にお任せして、失礼した。

交響楽団と合唱団による「第九」の終楽章が横浜国際会議場にとどろいていたころには、長野県南佐久郡臼田町の「井出学校」にいた。

農相、郵政相、三木武夫内閣の官房長官などをした井出一太郎氏が、四十年を過ごした政界を引退したあと、一九八七年三月に故郷の浅間山のふもとで開講、以来月一回のペースで八年近くも時事解説などの講義を続けてきたのが「井出学校」である。学校といっても、子息・井出正一厚相の地元事務所の二階に設けたひと部屋だけの教室だ。井出氏が間もなく八十三歳になるという高齢のためと、眼の病気が進んだため、この日の講義を最後に、一応の「閉校」となった。

「生徒」たちは、地元を主に、伝え聞いて東京から来た人も交えて六十人ほどだった。大方は還暦を超え、なかにはあと二カ月で九十歳という人までいるが、熱心に私語も居眠りもなく最終講義に聴き入った。

この日の題は「日本の進路について」。敗戦直後に出た日本人論であるルース・ベネディクトの『菊と刀』(原著四六年、訳書四八年)の引用から語り始め、だいたい次のような話だった。

「日本人はもともとそんなに好戦的でなく、戦争が上手でもなかった。明治の日清、日露戦争も大正の第一次大戦も、国際情勢が有利で、楽に勝利をおさめた戦争だった。当時は諸外国から日本人は道徳的と褒められ、捕虜虐待などもしなかった。それが昭和の戦争になって、めちゃめちゃになった」

「原爆投下などもあるが、向こうに言わせると真珠湾はだまし討ちだという。とくに従軍慰安婦などというのは実にいやな問題だ。ああいうことの責任をほうっておくことは国際世論の承認するところではないだろう。後悔すべきことにはきちんと始末をつけて、早くなんとか誠意をつくさないと、日本は尊敬される国になれない。日本は今後、道徳や精神の力を養う必要があり、そのよりどころとなるよう、学問なら学問に精進すべきではないか」「私は今アメリカからかなり後れをとっている宇宙科学などに力を入れ、成果があがるようにしてはどうかと思っている。また、がん治療の研究など、意味のあるところにカネを使ってはどうかと提案したい」

内容は、とくに新しい卓見というのではなかった。しかし、むしろ新しくないところがこの人らしいと思った。井出氏は引退のとき、雑誌『世界』の八六年七月号で安江良介編集長(当時)と対談し、次のように言っている。

「何としてもあのむちゃくちゃな戦争をやって本当にひどいことをしたのはアジアに向けてですから、それに対して心からわびる気持ちを失っては、日本の存立は危うい」。同じ気持ちを保ち続けているのである。

教室の窓外に、快晴の冬空を山の稜線《りょう》がくっきりと切り取っているのが見えた。その風景が、こうした今も書生っぽい清心を抱く井出氏の人柄を映しているようだった。

井出氏は最後に、「日本の政治についても言いたいことはありますが、生臭いからね。まあ、私は酒づくりのほうが向いている、本当はね」と言った。井出家は代々の造り酒屋である。

しかし本当は、この日の新進党の発足に触れなかったことに言外の言葉があったと私は見た。

新進党の海部俊樹党首は、長く同じ自民党三木派に籍を置いた仲だ。井出氏は、五年前の海部内閣誕生に際して、「栄任を寿ほぐ前に難局を踏み行く君をねぎらはむとす」など、「海部首相に示す」六首を歌集『明暗』（九二年、櫟《いちい》社）に収めている。いずれも心からの励ましの歌ばかりだった。

今回は一首一言もない。

一〇人兄弟の長男として生まれた父は、昭和恐慌の真最中、旧制松本高校を卒業した後は家業再建のため大学進学を断念し、郷里臼田に帰りました。祖父今朝平《けさへい》没後の遺稿集『凌霜』（昭和三九年発行）に当時の心境を綴った父の文章は、私が一年間の予備校生活を終えて、大学一年生になった時に書かれたものです。昭和恐慌による学業断念という父の決断は、当時の私にとって強烈なものでした。

一九二九年ウォール街をおそったパニックに端を発して、世界的な規模で各国を風靡した恐慌の波はいかにも深刻なものであった。米一石が十五、六円、繭一貫匁が一円五十銭というような値段は、現在の経済からすればちょっと想像を絶するところである。未熟な日本資本主義では抵抗力もなければ安全弁もついて居らぬ、もろに不況の波をくらった中小企業、しかも繭を主体とする農村経済を相手とした信州の造り酒屋の惨憺たる打撃は深刻そのものであった。……佐久銀行がつぶれる。信濃銀行がつぶれる。十九銀行と六十三銀行が合併して出資を半額に切捨て、辛うじて立直るという時期である。金融に困った挙句はダンピングする以外にない。当時一升の酒に四十銭の税金がかかっていてこれだけは否応なしに取立てられた。その酒を当時の桶売市況では一升四十銭で取引されたのだから原料代や生産費は丸々損して換金するというみじめさであった。

私は昭和六年三月松本高等学校を卒業の予定で大学受験の準備中であったが、その情況がピンピンと伝わってくる。新聞紙上随処に欠食児童の記事があらわれる。中仙道を信州へ帰省する者がぞろぞろ歩いて行く。沿道の役場で握り飯にありついている写真なども出る。ある冬の晩、下宿の私の部屋の戸を叩く者がいる。私に面会だといってあらわれたのが、何と伊倉勘蔵という新潟県から来ている老杜氏ではないか。今頃は酒倉の中で醪《もろみ》を見廻っているはずの老人がここへ来るとはただごとではない。私にとって思いもよらぬ面会者である。部屋の火鉢へ招じながら彼の来意を聞くと、不景気で今年は酒を造る目あてがないという。実は私もその頃思い悩んで居ったのだった。父の借財の巨額に上ることもうすうす母から聞いていたし、最近の不況の深刻なことも身にこたえて居った。祖父と父の二代に仕えたこの忠実な伊倉老人の訴えに心が動かずにいられようか。私の迷いは一瞬にしてふっとんだ。

帰心は矢のごとくこの厳しい現実を前にして学問をつづけることの如何に虚しいものかに感づいたのである。勘蔵老人を寄宿舎に泊めて、さて翌日同人と連行臼田の自宅へ駆け戻ったのである。父を前にして廃学の決意を語ると黙って肯いたまま「お前の宜いようにしろ、ただお祖父さんとも一応相談して見るんだな」とのことだった。そして所用のため立上った父の眼にキラリと光るものを私は見逃さなかった。祖父は祖父で「そうか」と言っただけで私のこれからの行動を是認してくれた。

松本へとって返した私は残る三、四カ月の学業をしめくくるための準備にかかり、気分的には却ってすがすがしいものがあった。二、三日後父から送金があった。いつもは月五十円であるのに百円の為替が入っていた。最後の学生生活をゆっくりやれという意味だったと思うが、私は翌春三月までそれを使わず懐に入れたままでわが家へ帰った。

家業再建を一応成し遂げた父は、学業再開を期すべく私の兄姉の誕生後、京都大学農学部に入学し、帰来の生活を送りました。戦後は衆議院議員として保守党左派に位置し、日本の政党政治をいかに確立するかに奔走しました。父の政治生活のなかで私の記憶に鮮やかに残っていますのは、野党時代に衆議院農林委員長として昭和二八（一九五三）年の凶作の年に救農臨時国会の開催に奔走したこと、石橋湛山首相の実現へ向け奮闘したこと、日中国交回復を探るため松村謙三氏に同行したこと、自民党リベラル派として活動したこと、アジアアフリカ研究会で宇都宮徳馬氏らと交流をともにしたことなどです。

政治行動は、松村謙三、三木武夫氏、河本敏夫氏、鯨岡兵輔氏らとともにしました。自民党総裁選において佐藤首相に挑む三木氏に送った短歌「たたなづく 幾重の雲を 払いなば 春日あまねし この国つうち」は、日本の政治改革への思いを詠《うた》ったものでありましたが、その実現は、今日ますます不確かなものとなっているようにも思われます。

佐藤内閣退陣後、いわゆる「三角大福」と言われた時代、三木氏擁立の第三回目の総裁選に臨んだ昭和四七（一九七二）年夏、私は、英国留学のためロンドンにおりましたが、タイムズ紙で三木氏の惨敗を知り、父の無念さを慰めた手紙に「保守党の病根は根深い」との返書をもらったことを鮮明に覚えています。

この間、母春江は、曾祖母、祖父母の世話は当然のこと、家業従業員への世話、父の政治活動のサポートに明け暮れておりました。多くの皆様に慕われ、平成二五（二〇一三）年に九三歳で逝去しました。彼女を支えたエネルギーは何だったのであろうか。私なりに考えますのは、祖父小山邦太郎から受け継いだ公共精神と、政治家は聖職であるという思い、信念ではなかったかと考えます。

さて、明治維新、戦後改革・発展に続く「第三の開国」に直面する日本社会において、将来展望（少子高齢化社会への対応、膨大な財政赤字問題、アジア諸国特に日中韓との友好等）を描く、政治のイニシアティブと国民の役割はますます重要となっております。

その際、改革の成否は、加藤周一『日本文学史序説』（「日本思想史序説」と題したほうが適切と思いますが）が指摘する「体系的価値観の欠如、所属集団への強い帰属意識」といった伝統的日本思想や、同じく中村元『日本人の思惟方法』が指摘する「与えられた現実の容認、非合理主義的傾向」をいかに克服し、丸山真男がいう蛸壺社会の枠をうち破れるかにかかっているとも申せましょう。

河野洋平氏は、『世界』（二〇一七年七月号）に掲載された「東アジアの危機をどう克服するか」のなかで、日中韓の対話、協力の重要性を広い視野から論じ、自民党は決して「一貫して」改憲政党であったとは言えない」と述べています。河野氏はまた、結党から二〇年目に作られた政策綱領改定委員会において「自主憲法」の文言が入ったが、その後練り直しをした時には、「井出一太郎さんが関わられて、表現はもっと穏やかなものになり」、さらに四〇年目、自らが自民党総裁だった時の新宣言では「新しい時代にふさわしい憲法のあり方について国民とともに議論を進めていく」という文言でまとめられた、という経緯を明らかにされています。

井出一太郎は、生涯において、『石仏』『朝霜』『政塵抄』『政餘集』『四半世紀』『修羅』『古稀前後』『明暗』『明暗後』（没後母春江の編纂）に至る九冊の歌集を刊行しました。

父逝去（一九九六年）にあたって、兄弟姉妹で一〇〇首を選び、「青葉夕影」（戦時中、台湾沖で九死に一生を得た時の歌にある言葉）と題した歌集を皆様にお届けしましたが、このたび、回顧録編纂にあたって、これとは別に約一二〇首を選びここに「続　青葉夕影」として掲載いたします。

また、以下に、短歌雑誌『ちくま』井出一太郎追悼号（一九九六年初秋一四一号）に寄せられた若月俊一さん（佐久総合病院総長）、寺山義雄さん（農政ジャーナリスト）の追悼文を採録させていただく次第です。

井出一太郎先生を偲ぶ

若月俊一

私がこの臼田町の佐久病院に赴任したのは昭和二十年三月六日、終戦の約半年前であった。佐久病院は当時、入院患者を一人もとったことがないという診療所みたいな病院であった。私は早速町の名門である酒造業の「橘倉《きつくら》商店」に御曹司井出一太郎先生を訪ねた。先生は旧制松本高校で、たしか私の一年後輩だったと思う。先生は文科で私は理科だったから学生時代に特にじっこんだったわけではない。しかし先生は私のような東京からの「キタリッポ」にも大変やさしく、私もいい気になって先生のお宅によくお邪魔してはごちそうになったものである。

その時のことで忘れられないことがある。それは一太郎先生が私に松田甚次郎の「土に叫ぶ」上下二冊を下さったことである。その中に出羽国の農村運動家松田甚次郎が、恩師宮沢賢治の教えとして二つの言葉を載せている。「百姓の仕事をまじめにやろうとするなら二つのことをまもれ。一、小作人たれ。二、農村劇をやれ」私はそれに深く感動した。戦争最中にすでに宮沢賢治は地主でなく、小作人の立場を高く主張している。もう一つは農村芝居をやって農民と一緒になって楽しめというのである。農民の中で七面倒くさい論議やお説教をするなというのである。最近は宮沢賢治ブームで大変な人気である。「銀河鉄道の夜」も「イーハトーヴォ」も悪くはない。しかし、私自身は、あの昭和十三年時代に農村の中に入って真剣に「農村劇」を説いてまわっている賢治の美しさに感動した。当時私が「無医村出張診療班」をつくって、まずい「農村劇」を持って巡回して歩いたのは、何を隠そうこの賢治の言葉に触発されたからであった。

一太郎先生が昭和二十二年国民協同党に入った頃、先生からよく協同組合運動のお話を聞いたのは覚えているが、それから後、石橋内閣の農相になり、日本を代表する政治家として活躍されるようになってからは、先生と直接お話ができるような機会は次第に少なくなってしまった。後になって先生の歌碑を建てる時、地元の代表をつとめさせていただいたことは私の一生の誇である。

私の好きな先生の歌二首をあげさせて頂く。

選挙区の　しがらみを断ち　漸くに　我自由人と　なりたる思ひ

おぞましき　疑惑拡がる　政界を　振りさけ見つつ　三木氏逝きます

先生は清廉潔白の士であった。それはわが郷土の誇である。しかし先生は決して日和見ではなかった。三木内閣の官房長官として、自民党内に「三木おろし」の風が吹き荒れる中でロッキード事件をたたかったのである。先生はまさしく大正ロマンチストであったと言いたい。

歌人・保守の中の革新派

寺山義雄

歌人の政治家で、農相、郵政相、三木内閣官房長官をつとめた井出一太郎氏は、平成八年六月二日、肺炎のため長野県臼田町の佐久総合病院でなくなった。八十六歳であった。マスコミは一斉に、ほのぼのとした人柄と、いぶし銀の遺徳をしのび悼んだ。

井出一太郎氏に初めてまみえたのは昭和三十一年十二月二十三日、石橋内閣の農林大臣になった時。鳩山内閣のアクの強い河野一郎農相に替わって四十五歳の若駒大臣がさっそうと登場した。目立たないはずはない。農政記者団は初の会見で、新農相の文化人的なやわらかいタッチに好感を寄せた。だが、なかにはすぐ始まる昭和三十二年度農林予算案のすさまじいぶんどり戦を思って「息切れしそうだなあ」とつぶやく者もいた。当時農林予算案の編成と米価決定は、農政最大の行事だった。一兆円のデフレ財政以来「農政は予算で決まる」という合言葉が不動になっていた。上品やスマートを売り物にしたらあぶないぞという声も流れた。しかし農業界は一般論として好意に満ちていた。井出農相に対し大先輩の松村謙三は、前任者の河野一郎と比較してこんなことを言った。「河野は資本家の農政だが、井出は農民のための農政だ。」農林議員の仲間の、社会党左派、足鹿《あしかかく》覚は、こう評した。「井出君ではケンカがしにくくなる。畑を異にする脱線農政と違って一応、本格的な農政をやるだろう。しかし大臣というものはものを知っているというだけではダメだ。河野一郎が食い散らしたあとの農林行政であってみれば、ガムシャラなくらいの実行力を要する。お坊ちゃん育ちでもなかなかシンの強い君のことだ。何んとかやってくれるだろう。」つまり、井出農政は期待と不安が半々ということだろう。井出農相の在任期間は六ケ月半。その間に石橋首相が急病で倒れ、二ヶ月して岸内閣。留任して七月の内閣改造で赤城宗徳とチェンジするまで、農林予算の編成と米価決定の二大問題を手がけて苦労した。

井出一太郎は明治四十四年十一月十一日臼田町で生まれた。臼田は千曲川のほとりで藤村の詩で名高い小諸から汽車で三十分のいなか町。出生届を出すのを忘れて戸籍上は明治四十五年一月四日生。昔はのんきだった。父の今朝平《けさへい》は十人の子福者、長女は評論家丸岡秀子。二男寛次郎は家業に専念。三男武三郎は共同通信論説委員長、四男源四郎千葉大学長、孫六が直木賞作家というぐあいに、多方面で活躍している。生家は江戸時代初期、慶長の頃からの造り酒屋で元禄年間の古文書のある旧家。春江夫人は郷里の民政党代議士小山邦太郎の長女。

井出が短歌に凝り出したのは松本高校時代で昭和十四年に処女歌集「石仏」を出版、歌人代議士吉植庄亮に傾倒、吉植主宰の「欖欖」の同人となる、出版した歌集は「朝霜」「政塵抄」など十冊に近い。戦後政界の数少い文人派の中で、「現代俳句」の和田博雄、「時事川柳」の湊《みなと》郷郎、「短歌」の井出一太郎の三代議士が出色といわれた。三人とも今や亡し。

井出一太郎の歌歴は六十三年に及ぶ。歌詠みは玄人で、昭和五十三年一月第百一回歌会始の儀に召人に選ばれた。政界人の召人は二人目で、大正十年の床次《とこなみ》竹二郎（内務大臣）以来である。御題は「母」で、召人の歌は

母まさば　大内山に　初春の　けふの節会の　よし告げましを

政治家の詠む歌には、政治を題材にしたものが多い。いくつかの代表作を抜き出してみよう。

信濃路に　われは拙き　酒つくり　甘き辛きも　心まかせず
やり直し　きかざる一本　勝負にて　政治といふは　おそろしきもの　（昭和三三年）
石をもて　われに汚職の　かげあらば　頭を打てと　言ひて放ちき　（昭和二九年）
出羽路に　田作る人の　なげかひを　眼閉ぢつつ　我は聴き居り　（米価審議会）
冬ひでり　麦作を　わが憂ふれは　通産相は　電力を言ふ　（閣議にて）

井出は「保守の中の革新派」といわれた知性派。人柄は歌の中に現われる。昭和六年に松本高校を卒業。家業を立て直すためいったん学業から離れたが、のちに京都帝大農学部を卒業、戦後初の総選挙で初当選。以来連続十六回当選。昭和六十一年政界を引退。井出は終生三木武夫の女房役であった。昭和四十九年十二月から九二年、三木内閣の官房長官を務め、ロッキード事件を究明する三木を支えた。

最後に、本回顧録編纂にあたってご尽力いただいた若き政治学者の竹内桂、吉田龍太郎両氏と、出版をお引き受けいただいた吉田書店の吉田真也さんに厚く感謝申し上げますとともに、本書が日本の将来展望の糧として少しでも役立てば、幸甚と考える次第です。

井出一太郎回顧録

目　次

第1章　政治家になるまで

父母について

一九一一（明治四四）年一一月一一日、「一一」が三つ続く日に、私は生まれました。しかるに臼田町役場（現在は佐久市臼田）から戸籍謄本をとると、「明治四五年一月四日生まれ」と書いてある。このことで、私は生涯を通じて面倒な場面にぶつかることになります。

私の家族は一一月一一日だと思っていますから、その日にバースデーのお祝いをする。ところが、戸籍面は翌年の一月四日ですから、公のいろいろな物事は一月四日になっています。東京の国会仲間などは誕生日のお祝いという儀礼をする人がいます。誕生日だから花を届ける時には、一月四日に届く。どうも非常に厄介なのです。

私は父井出今朝平《けさへい》と母カツの長男です。長男ですから母方の在所でお産をする。北佐久郡の北御牧《きたみまき》村布下（現在は東御《とうみ》市布下）というところです。そこの渡辺家で私は呱々の声を上げました。当時は交通が不便で、まだ小海線はなかった。自動車もなく、布下には人力車で行ったものです。そういう時代ですから、私は向こうで生まれてしばらくいて、臼田に帰るのに手間取った。渡辺家のほうでどうやら動けるようになり、私は母に背負われて臼田にやってきた。それが一月半ばかり遅れたために、昔はいい加減なものだったので、一一月一一日に生まれたにもかかわらず、「ちょうど今日は一月四日だから届けておけ」ということでした。

当時私は目を患いまして、上田の新津さんというお医者様へずっと通いました。私の母親の妹のミツエが私を背負って上田まで往復をしてくれました。私はその事実を見たわけではないが、まだ乳飲み子ですからしょうがない。

私の母から、「お前の目は新津先生のおかげで助かった」ということを知らされています。ずっとご無沙汰です。新津先生がどういう医者で、どこに住んでいたかということは詮索もしなかった。ところが後に私自身の目が悪くなってみると、新津先生が思い出されてならない。ある日、上田市の医師会に寄り、「明治の終わり頃、新津先生という眼医者が上田市にいましたか。もしいたとすればその子孫を調べてもらいたい」とお願いしました。いろいろと探してくれて、横町のお寺に立派なお墓があり、娘さんが一人南佐久に住んでいることがわかった。

その寺へ行くと、住職が案内してくれました。堂々たるお墓で、花を供えて住職に何がしかの回向料も備えておきました。新津先生のご子孫について調べたところ、小海の井出うたさんとわかりました。うたさんが新津先生の残されたただ一人の娘さんです。

ある日私はうたさんを訪ねたところ、非常に喜んで、用意をして私を迎えてくれました。こちらも「私の目は、ほとんどつぶれる寸前に新津先生のおかげで助かって、七〇年の生涯を永らえることができました」と、恭しくお線香を立てましてお参りをしてきたことがあります。

北御牧の渡辺家のことが出たので、それを少し申し上げましょう。渡辺家は北御牧の地主兼名主もやっていたのでしょう。ある時期には布下から島川原まで、他人の土地を踏まなかったという地主でした。

農家の血筋ですが、この渡辺の家は小諸藩に仕えた郷士の出でした。

私の母の兄は渡辺元《はじめ》といって、東北の二高を出たあと東大法学部を出て、大正の初めから上田で弁護士をやっていました。非常に人が良くて、弁護料など凡帳面にとっていたかどうか疑問です。いい加減に包んで持ってくれば「置いていけ、置いていけ」というような調子の弁護士さんで、蓄財をするところへはいかなかった。

農業が好きだといえば好きだったのでしょう。弁護士の傍ら、御牧ヶ原の開墾に志しました。私も手伝った北佐久川西総合開発。小山邦太郎《こやまくにたろう》さんが理事長で、予算関係は主として私が面倒を見ました。今でこそ自然に水が上がっていったけれども、その昔は水に非常に難渋した常習干ばつ地帯でした。溜池に水がたまる時期はよくて、その年にはどうやら米が取れる。ところが干ばつになったら最後、一粒の米も取れないという状況ですから、大変に厄介な土地柄でした。それにもかかわらず、そこへ溜池を作って農業をおおいにやった人でした。それから、薬用人参（朝鮮人参）の栽培に興味を持ち、御牧ヶ原で人参栽培を盛んにやった。ですから、弁護士をやりながら、農業にも大変力を入れた実績の持ち主です。私の母は、そのすぐ下の妹です。

私の父は比較的文化人でした。伜《せがれ》の私が言うのは言い過ぎかもしれませんが、そのような感じがします。自分は身体が弱かったことから上の学校へも行けず高等小学校だけしか出ていませんが、弟の三九郎、京助、八郎は、いずれも慶應へ行っています。父は高小だけで家へ引っ込んだのですが、これが残念でたまらなかったらしく、「おれにもう少し学問があれば」という気分でした。

そうしたことからか、若い頃からかなりハイカラでした。この頃『太陽』という雑誌を愛読していました。このほか『中央公論』『改造』を月々とって読んでいました。月に一回ぐらいは東京へ行き、歌

父今朝平とともに

舞伎や帝劇を見ており、秋になると上野の美術展には欠かさず見に行くという状況でした。

私生活でも、身づくろいとなるとなかなか贅沢で、今でもステッキが一〇本ぐらい残っています。このうち四、五本を今は私が愛用しています。洋服は臼田では仕立てずに、小諸の韮沢でつくり、その後は長野の深掘洋服屋でつくるという状況でした。ひ弱なところもありましたが、何かにつけ時代の先端を行く人でした。

母は非常に剛毅の気風の人で、負けん気が強く、粘り強い人でした。嫁に来て臼田の家にいても、姑さんがきちんとした人で、蚕を飼っていたのです。当時五〇貫ぐらいの春蚕をしていたのでしょうか。母は姑さんに後ろ指を指されてはかなわないと言って、一生懸命に蚕を飼っていたのです。私の古い歌で、母親を詠んだのに「若き日の　母は蚕棚《こだな》の下に寝て　目覚まし時計　はなさずありき」というのがあります。私の母に対する追慕の情であり、母親讃歌です。

井出家のルーツ

井出家のことを申し上げます。井出という姓は、南佐久で一番多いのではないかと思います。私は昔、今の野沢北高等学校に通っていました。同窓会を岳南《がくなん》会といいます。岳南会の名簿を検討して、どの姓が一番多いか調べたことがあります。すると、井出が多い。井出に次いでは小林でした。井出姓は南佐久の各地に点在していますが、この系統は武田信玄に従って佐久の天地へ現れたものだという説もある。いや、そうではないという説もある。南佐久などはまさに武田の征服地です。

私の知っている限り、私どもの井出は静岡の出であるように伝わっている。富士五湖から下ったところに富士宮というところがあります。富士山麓をずっと下ってきますと、山中湖、河口湖、精進湖、本栖湖などの湖水が五つ並んでいた。その湖水の終わるところに、上井出村という村があった。その上井出のほうに、郵便局長をやっている井出という家があった。これがどうも佐久へ来た、特に私どもの関係の井出の出ではないかと私は見当をつけているのです。

われわれの井出は静岡から出て、その先祖のなかには「駿河守何とか」、あるいは「井出民部何某」というのがあった。徳川家康に従って大坂の陣に出陣している記録があるようです。そういうところへ発祥を求めるのではないかと思いますが、この辺は疑問の余地があるとみなければなりません。

私の家にいくらか古文書などがあり、編集して『橘倉《きつくら》の古箪笥から』という冊子を作って一般に配布したこともあります。古いところでは、元禄の年号の入った文書がごくわずかある。三〇〇年ぐらいはほぼ臼田で続いてきたことは間違いないと思う。

私の家は「清内《せいない》」が代々の通り名でした。これは橘倉の酒屋のほうです。それから、井出多仲という家が橘倉の醤油屋のほうを経営している。これらは時には兄弟で家を継いだこともあるし、いったり来たりしています。このような間柄で、こちらは醤油の醸造なぞをやりましたから、酒と醤油と両方、隣同士でやっていたようです。

ところが、家には長い間に栄枯盛衰があるものです。醤油屋をやっていた井出の家は、今日見る影も

姉丸岡秀子と義兄石井東一を中心に写真を撮る井出家

なくなってしまいました。醤油屋をやっていた井出の家は、男性はあまり振るわなかった。女性のほうは、例えば、長野電鉄の創業者である神《こう》津《づ》藤《とう》平《へい》さんの奥さんが、あの家から行ったモリさんです。上田のほていやデパートの成沢忠兵衛さんの奥さんもあの家から出たとのことでした。

野沢時代

大正の初年、私たちは野沢（現在は佐久市野沢）で生活しました。父の今朝平が野沢へ出て、野沢醤油合資会社の経営の任にあたったからです。この醤油会社は、今申し上げた井出の上の家の醤油製造関係の道具や桶などを持っていって、一部使用に供したようです。元をただせば橘倉も醤油にまんざら縁がないわけではなかった。私の父がその経営にあたりました。合資会社ですから、自分の一個の事業ではない。それに参加したのが神津藤平翁です。長野電鉄の社長であり、野沢響油の社長でもありました。株主としては、井出今朝平、佐久の大沢で「初鴬」

をつくっていた木内醸造合名会社。それに野沢の箕輪という方が関係していたと思います。その四軒で合資会社を作り、醤油醸造をかなり手広くやったようでした。

私の父親が取締役兼支配人ですから、私ども一家は野沢へ移り、醤油会社のなかへ住み込みました。当時は、そのように町村を越えた事業関係の結びつきが、あちこちに生まれました。例えば、小海線の前身の佐久鉄道を考えてみますと、中心になった人が平賀《ひらか》（現在は佐久市平賀）の大井富太さん。大沢の木内醸造の木内吾市さん。神津藤平さん。私の親父などもいくらかお手伝いしましたが、まだほんの若造でしたから、それほど佐久鉄道の枢機に参加したわけではない。しかし親父の思い出話に、当時諏訪のほうは製糸業が盛んで経済発展がすさまじかったから、そこへ行って株の募集をしたことがあると聞きました。佐久鉄道などは、ひとつの企業体としては町村を越えて合体した仕組みであったようです。野沢醤油もまた然り。

あるいは、親父が中心になり、佐久酒造株式会社を計画しました。穂積（現在は南佐久郡佐久穂町）の黒澤酒造、野沢の伴野酒造、大沢の木内酒造、臼田の橘倉酒造の四軒が合体して、一万石を越す規模の大酒造会社を作ろうという計画でした。ほとんど株式の募集などは順調に進んだ時期がありましたが、これは大正九（一九二二）年の経済恐慌でパニックが起き、ついに挫折するのやむなきに至ったのです。

そのようにひとつの企業行動のようなものが町村を越えて行われたことは、佐久の人たちが新進気鋭の気持ちと真摯の精神をもって事業経営にあたった表れではないか。大正デモクラシーという考え方が背景にあったわけでもないでしょうが、面白い現象だったと思います。

私は小海線の前身の佐久鉄道が開通した時には、中込の駅へ野沢醤油の店員に手を引かれて開通式を見に行き、なかなか盛んだった記憶があります。小諸から中込の間が最初で、やがて羽黒下まで延長されました。小海まで延長されたのはずっと後のことです。佐久鉄道の手で小諸・小海間が経営されましたが、その後は経営がなかなかうまくいかない。結局は昭和九（一九三四）年、国鉄に買い上げてもらい、その力によって小海以南のたいへんな難所急所を鉄道が走るようになった。大正年代の佐久人の意気たるや、なかなか盛んで、国の力なぞを借りないで自分の資本金、自分の力で鉄道を経営した時代でした。

交通機関の話も出ましたから、ついでに申し上げますならば、自動車が初めて佐久の天地に現れた。臼田と野沢の間、今の取出原《とりではら》を自動車が走りました。臼田の商工会と野沢の商工会がタイアップして、この自動車を走らせてみたわけです。おそらく当時の佐久の人が見た初めての自動車です。

さらに進んで、飛行機が出てきた。所沢の飛行場で徳川好敏大尉が日本人として初めて空を飛んだ後、何年と経っていなかったと思います。いよいよ佐久へ飛行機が来る。種馬所へ飛行機が降りるということでした。種馬所とは今の長野種畜牧場（佐久市にある現在の家畜改良センター茨城牧場長野支場）です。この野菜畑に飛行機が下りるということで、見に行ったことがあります。ところが時間が違って、われわれの行った午前中には飛行機は飛んでこなかった。ついに見ることはなかったけれども、大正初年に期せずして佐久鉄道が現れた。自動車が初めて佐久で走った。交通革命とでもいう時代が近寄ってきた感じがしました。私は子供時代を追想しますと、野沢の時代がいまだに鮮烈な映像として残っています。

小学校は、最初の一年生は野沢の小学校へ上がりました。その時の受け持ちの先生は山下ヤス先生で、臼田の人です。大変よく面倒を見ていただいた。校長先生は田中文治先生です。この文治先生の息子さんは大勢あったけれども、出色なのが王子製紙の会長をなさった文雄さんです。野沢の小学校は、非常に懐かしい限りです。

野沢の小学校で覚えているのは、高見沢猛君。後に野沢町長になりました。小学校の校長さんをやられた田中武雄君。少し年配のところに絵描きになった荻原孝一君がいました。野沢北高の先生をやって絵描きになった。彼は、なかなかませた少年でした。当時野球はまだそれほど普及していません。各町村に、あるいは学校ごとにチームができるところは、まだなかった。野沢中学、今の北高あたりには野球のチームができて、軽井沢で外国人選手と試合をやったこともありました。

野沢の生活において、私の家と深い交際をした家庭があります。その人たちをご紹介したいと思います。そのひとつはお医者さんの神津新平先生です。この方は禿頭痛で、俗に台湾坊主というやつで、頭には毛が一本もなくみごとにはげ上がった方でした。この先生が私の家の主治医でした。

この神津先生に私の一家はご厄介になりました。私の家族はみな病弱で、父は冬になるといつも風邪をひき、襟巻きを離したことはありません。一人風邪をひくと、一家揃って寝込んでしまう始末で、うち一人や二人が肺炎をやり、先生を悩ませていました。また衛生上からも不備だったので、トラホームなどにもかかってしまいました。厄介な病気で、いつも目を洗ってもらわなくてはなりませんでした。

お医者のほかに、十九銀行野沢支店長の黒沢剛さんとも親しくしていただきました。この十九銀行は、今の八十二銀行の前身で、後に六十三銀行と合併しました。十九と六十三を足して八十二となるので、八十二銀行となりました。

この野沢時代は非常に自由闊達な時代でした。私の父は本来なら臼田の橘倉をふまえて、継承しなくてはならないのですが、そこにはまだ意気盛んな祖父の五六がおり、さらに弟の三九郎が店をやっていました。父はとりあえず、いなくても済んだのです。ですから野沢醤油という会社をつくり、神津藤平さんを社長に、私の父が支配人として活躍していたのです。

野沢で、父は自由気ままに活動ができました。野沢でもなかなかいい顔でした。料理屋へ行っても芸者衆にも人気があったようでした。私も父に連れられて、料亭へ行ったことがあります。料理屋だけではありません。私は子供の頃、岩村田の遊廓へ行ったことさえあります。初午か何かの時だったでしょう。野沢醤油の店の者に連れられて、「吉野楼」というところです。今思い出すと、普段着のままの女性がいました。おいらん道中といった、きらびやかなものではありませんでした。

このほど左様に、大正時代のこの野沢時代は自由闊達な雰囲気でした。そうでしょう。支配人の子供を連れて遊廓へ行く時代ですからね。それだけにいろいろと野沢時代には思い出もあります。

大正七（一九一九）年に私は臼田に来ました。親父たちも野沢醤油を引き上げて臼田に戻ってくるという時期です。私が一足先に臼田にやってきて、家族は翌年の大正八（一九二〇）年に臼田へ引き上げた。私が半年ばかり先こちらへ来ていたような状況だったろうかと思います。

臼田小学校

私が臼田へ来たのは大正七年の秋九月、小学校一年生の二学期です。臼田小学校へ転入したのですが、受け持ちの先生は小林宗三先生。この先生は臼田町の岩水の方です。学校へ行きますと、小林先生が「君のことはすでに野沢の山下先生から連絡があって承知している」とのことでした。

校長は佐々木勝美先生。背の低いダルマさんのような人でした。当時の臼田小学校には、錚々たる先生がいました。相前後しますが臼田福七先生、小林直治先生、並木良平先生など、その後南佐久の名校長とうたわれる先生たちが、この佐々木校長を取り囲んでいました。臼田が南佐久の中心地で、郡役所の所在地だったから、誇りも高かったわけです。野沢、中込、平賀、内山、前山、岸野、桜井、大沢。

これらはいずれも南佐久郡であり、臼田はその中心でした。

受け持ちの小林先生は異色ある教師で、もちろん私の恩師ではありますが、同時に人生の師であるという人です。この先生の教育は、自由のなかに終始しました。私は六年間教わりましたが、小林先生は試験を一切しません。六年間で一回も試験はありませんでした。

体操は主に野球か相撲、または稲荷山に行って遊ぶ状況でした。唱歌は駄目です。小林先生の唱歌は調子はずれです。今でも「チンチン千鳥は親ないが……」という歌を、私と家の者が歌うのとでは、ちょっと調子が違う。これなぞは小林先生の教え方が私のなかに残っているためでしょう。

唱歌は駄目ですが、国語や数学は小林先生の独壇場です。小学生にしては程度の高いのを教えていました。四、五年生の時だったでしょうか。黒板に与謝野晶子の有名な歌を書きました。「鎌倉や　御仏なれど　釈迦牟尼は　美男におわす　夏木立かな」。これを黒板に書いて、「わかるか」と言うのです。小学生ですよ。わかるはずはありません。この歌を小学生に講釈する。

ある時には島崎藤村の「家」の一節をプリントにして、国語の読本の代わりに講義し、観賞する。

小林先生は今考えると、白樺派の影響を受けていたと思います。当時、武者小路実篤、有島武郎の頃の白樺派文芸に、相当造詣が深かったわけです。

また当時、『赤い鳥』という雑誌がありました。少年少女の文芸運動の先端をなす雑誌でした。先生は、この雑誌を自費で買ってわれわれに読ませました。こうした教科書にとらわれない教授法は、長野県の教育、つまり信濃教育会や長野師範の系統からは外れ、むしろこれらからは睨まれる教育法で、いわば自由闊達すぎたわけです。ですからよく郡視学が授業を見に来ました。この視学は現場の先生にとっては一番怖い存在で、いうならば先生たちの監督でした。小林先生の授業はちょっと自由すぎるではないかと、いつも目をつけられていました。

ある時、先生は私に「丸屋に注文しておいた本が届いたから、済まないが受け取ってきてくれ」と言いつけました。早速丸屋へ行ったところ、その本は賀川豊彦の『死線をこえて』でした。そうした本を平気で私に言いつけるところをみても、いかに自由闊達な先生であったかがわかるでしょう。当時としては一頭地を抜いていた存在でもありました。

またある時は、黒板に正岡子規の歌を書きました。「瓶にさす　藤の花房　みじかければ　たたみの上に　とどかざりけり」。子規の有名な歌です。私の歌心は、こうして小林先生によって啓発されました。それまで歌にほとんど無関心であった私が、近代短歌に接し関心を持つようになりました。

そこで家に帰って、この子規の歌を真似て一首つくってみました。「庭に咲く　しをんの花は　せ高ければ　とんぼとる子の　手とどかざりけり」。これが私の初めての歌です。ちゃんと五七五七七になっています。歌の格好がついています。

それを当時信濃毎日新聞の野沢支局長だった伴野清市さんが、どこからか聞きこんで来ました。恐らく小林先生が言ったのではないでしょうか。臼田小学校の井出という少年が歌をつくったと信毎にでかでかと出ました。私が新聞に出たのはこれが初めてです。

「田家の早梅」と「日々是好日、年々是好年」。これは私が小学校時代に書いた書初めの題です。「田家の早梅」は三年生、「日々是好日」は五年生の時です。三年生や五年生にしてはちょっと難しい書初めでしたが、小林先生はこれを選んでわれわれに書かせました。私は一年生から六年生までの書初めの題を今でも覚えています。一年生が「オメデトウ」、二年生は「初日の出」、三年生が「田家の早梅」。これはその年の歌会始のお勅題です。四年生は「清く正しく而して静かに」、五年生は「日々是好日、年々是好年」、そして六年生は「静かにしてあくまで強く」でした。

覚えていると言えば、六年間の遠足に行った場所を覚えています。一年生は新海神社、二年生は虚空蔵山、三年は三井の閼伽流山、四年生は松原湖、六年生は長野。この間に山田神社がありました。

長野へ行った時は信毎の本社へ行きました。信毎に高速輪転機が入った時でした。新聞を一分間に何千枚も刷るのを見て、びっくりしました。鉄道工場も見ました。このように、私の小学校時代は、実に充実した六年間でもあったわけです。

当時野球が、この佐久にも流行してきました。野球の話をしましょう。

今はスポーツと言えば百花繚乱の感がありますが、当時はまだそれほどでもなかった。野球と庭球ぐらいが普及していたほどで、バスケットやバレーは、ほとんどなかった。陸上競技はありました。私は後年野沢中学へ行き、陸上競技部へ入って走りを一生懸命やりました。水泳は野沢にいた頃、野沢醤油に五メートルほどの池がありましたので、ここで覚えて早くから泳げるようになりました。

野球は明治二〇年代に正岡子規が作った歌のなかにもあるとおり、この頃から日本で盛んになってきたのです。「久方の　アメリカ人が　つくりたる　ベースボールを　みれば楽しむ」。

当時はプロ野球はなく、甲子園の大会も中等野球と言われている時代です。六大学のリーグ戦もありました。佐久では青年団野球が非常に盛んでした。

この当時の状況を思い起こせば、田口には竜岡クラブがありました。前山には蓼科クラブ、野沢には天狗クラブ、佐久町には羽黒団、ここだけは団と言っていました。志賀にはすみれクラブ、妙に女性らしい可憐な名前のクラブでした。私たち小学生は、当時熱狂して応援に行ったものです。臼田にもチームはありました。

私の臼田小学校時代は、いろいろ問題の多かった時代です。ちょうど欧州大戦の時代でしたが、日本にとっては対岸の火事みたいなもので、戦争が激しくても痛いところは全然なかったわけです。戦争で黙っていても製品が売れ、外貨が入ってくる時代で、言ってみれば世界大戦サマサマという時代でした。ですから深刻な記憶は全然ありません。

ラジオがまだない時代で、ニュースといえば号外でした。青島が陥落した時、号外が出ました。神尾中将が入城したという号外です。この人は長野県出身で、余計にその号外も沸いたものでした。

そんな時代ですから、物がよく売れ、生糸の値段もよく、佐久も相当潤いました。橘倉の酒もよく売れ、大正七、八年は景気の良い時代でした。酒は火入れしなくてはなりません。加熱して除菌するわけですが、製品が間に合わず、熱い酒が車に積まれてどんどん出て行きました。

そんななかで大正七年、スペイン風邪が流行し、日本全体で何万人という犠牲者が出ました。私の小学校の同じクラスでも一人亡くなりました。橘倉にも病人が出て、野沢醤油から応援が来たことを覚えています。景気の良かったこの時代も、このスペイン風邪でケチがついたのか、大正九年になると今度は一転して不景気。世界大戦の好景気も槿花《きんか》一朝の夢となってしまったわけです。

橘倉酒造の合名会社化

大正八（一九一九）年、信州ではどういう時代であったかと言いますと、上田町が市になったのが大正八年四月一日です。上田では当時私の母の兄が弁護士をしていました。その関係でガス灯というものを初めて見たのもこの上田です。

電灯は大正の初めには佐久にもつきました。だがガス灯はなく、私が初めてこれを見たのも上田でした。アイスクリームもそうです。これを初めてごちそうになったのも上田です。

また大正八年には、私の家業である橘倉が合名会社になりました。それ以前の橘倉は祖父の名をとって「井出五六商店」といっていましたが、この年に「橘倉合名会社」と法人組織にしました。合名会社は祖父の五六、父の今朝平、叔父の三九郎、京助、この四人が無限責任社員となりまして組織しました。合名会社というのは、社員全員が会社の債務について連帯無限の責任を負う会社です。これと違うのが合資会社です。こちらは無限責任社員と有限責任社員とで組織される会社です。

叔父の三九郎、京助のことを申しましたが、私にはもう一人叔父がいます。小山八郎さんで、慶應理財科を出て、小諸の小山家と縁ができ、小山邦太郎さんの妹富《とみ》さんと結婚しました。富さんには双子の妹の貴《よし》さんがおり、貴さんは私の母の弟の渡辺二郎さんと結婚しました。八郎さんも二郎さんも、小山家に婿入りしています。このように小山家と私の家とは、父方も母方も結ばれる縁となり、そのうえにそれから二〇年後、私と小山春江が結ばれる重縁となりました。

だがこれだけ濃い仲でありましたが、私の父今朝平は、政治的には非常に折目正しい人でした。親戚になったのだから、小山邦太郎の政治活動を支援してもよさそうなものですが、その辺ははっきり区別していました。小山は民政党であり、父は政友会でした。ですから「小山の民政党は支援できない」と筋を通し、政友会オンリーだったのです。こういうところは明治の人の気骨というべきか、潔癖というのか。小山邦太郎を推したのは戦後保守合同し、自由民主党ができてからです。

父は選挙には常日頃から関心が高かった。小諸の石塚重平が縁続きであったので、終始、石塚の南佐久の選挙事務所を主宰していました。その運動も身銭をきって選挙の手伝いをする状況で、一銭も候補者に請求するようなことはしなかった。こういうところは明治人の真骨頂であったようでした。

初めての東京

私は大正一一（一九二二）年に初めて東京へ行きました。上野の不忍池で開かれた平和博覧会を見に行きました。当時小諸から上野へ行くのに信越線で八時間もかかりました。東京はそれだけ遠かった。

当時の上野には、今のような京浜東北線がありませんでした。上野から万世橋までタクシーで行きました。万世橋ではミルクホールに入りましたが、ここでのコーヒーの香りにびっくりしました。その後私も世界各地へ行きましたが、この時の感激はその比ではありません。これだけの刺激的なものはありませんでした。初めてだったためでしょう。

東京には一〇日間ほどおりました。この間学校を休んだのです。小林宗三先生にお願いしたら、「またとない機会だから、よく見学してくるように」と、快くこの博覧会見学を許してくださいました。

宿は大森の井出京助の家でした。大森の駅から二キロぐらいありましたが、この間は馬車に乗って行きました。まだバスがなかった時代でした。この一〇日間に博覧会のほか、丸の内のレンガ街、東京駅、浅草、さらに一銭蒸気で隅田川を下りました。両国の国技館では相撲も見ました。当時大刀山という力士の全盛時代でした。この大刀山のあと大錦や栃木山の時代となります。

この東京見物の翌大正一二（一九二三）年、この年の忘れることができないのが関東大震災です。私が臼田小学校の六年生の時で、九月一日。非常にむし暑い日でした。

一二時前、グラグラときました。二学期の始まる日で、私は廊下の掃除をやっていたところでした。バケツを持って小川から水をくんでいましたが、突然この大ゆれで、とてもバケツなど持っていられる状態ではありませんでした。窓という窓は枠ごとはずれ、隣の校舎の屋根は瓦がとび散って、バケツの水は波打っている状態でした。

松本高等学校時代

昭和三（一九二八）年に私は松本高等学校を受験してパスし、高校生となりました。野沢中学のほうは四年修了で合格したので、一年もうけたという勘定になります。

その時は「一年もうけた、だいぶ得をした」とも思ったのですが、よく考えてみると、人間の長い人生において、一年ぐらいのことはどうということはないし、一年早かったからといって大きな意味もないように思います。私自身も四年でパスしたとはいうものの、むしろ五年まで中学で勉強して、たっぷり実力をつけてから高校へ行ったほうが、後から考えてみたらよかったような気もします。

といいますのは、一年若いから、一〇〇％でなくとも八〇点でまあまあということになる。これに対し五年から来た人は待ったがないから、充実した毎日を送る、妥協が許されないことになります。

私は昭和三年から丸三年間、松本の地で勉学する機会に恵まれました。旧制の高等学校という制度は、日本独特です。あの制度をなぜやめたのか、残しておいたほうがよかったのではないかと、つくづく思います。戦後の学制改革で、廃校の措置がとられたのは惜しまれてなりません。

旧制の高等学校は、当時のエリート養成機関でした。いまは高校全入で、それが大学まで延長されて、いわゆる学歴社会をつくり、教育実績が個人と一生の運命を支配しています。当時は、ごく限られた者が高校、大学へ入っただけでした。

この旧制高等学校は当時どのくらいあったかといいますと、国立が二〇校ぐらい、府県立など公立が二、三校、私立が成蹊、成城、武蔵などがあり、全部で三〇校ほど。その卒業生は年間一万人ぐらいで

松本高等学校時代

した。それだけに高校生といえば、全国から選ばれた人ともいえることでしょう。

　松本高等学校の場合、四〇人のクラスが四つで、毎年一六〇人が入学しました。それが三学年ですから四八〇人。校舎も二万坪の敷地にたち、教授陣も充実していました。

　当時の校長は森謙吉先生といい、私の在学中に第一高等学校の校長となりました。ドイツ語の手塚富雄先生は後に東大教授、学士院会員となった人で、図学の松根新八郎先生は世界有数の学者でした。また外国人の教師が二人、英語とドイツ語にいました。この先生には日本人の教師より相当の高給を払い、しかもこの二人のために洋風建築の官舎まで建てて提供していました。それだけみても、当時の政府が旧制高等学校に思いきって金をつぎ込んでいたことがわかるかと思います。

　当時の学生には自由な空気が漲っていました。明治時代は富国強兵、産業立国の時代であり、昭和は世界大戦への空気が漲り、世の中が殺伐たる時代でした。この間にはさまった大正時代は大正デモクラシーに影響され、学生もまさに自由闊達な時代でした。

　私の入った昭和三年も、その自由闊達な時代の延長線上にあったのです。ですから自由を満喫し、自由に読書もし、勉強もできたという人がいました。

　哲学をひもとく人もいました。少し前に、一高生に藤村操という人がいました。哲学青年で日光の華厳の滝に「巌頭の感」という遺書を残して身を投じた人です。その「巌頭の感」を紹介しましょう。

悠々たる哉天壌、遼々たる哉古今、五尺の小駆を以て此大をはからむとす。ホレーショの哲学、竟に何等のオーソリティーを価するものぞ。万有真相は唯だ一言にして悉す。曰く「不可解」。我この恨を抱いて煩悶終に死を決するに至る。既に巌頭に立つに及んで胸中何等の不安あるなし。始めて知る大なる悲観は、大なる楽観に一致するを。

当時若い者は、この「巌頭の感」に魅力を感じていました。哲学青年はこうした流れをくんでいたものでした。

文学をやる人たちには、夏目漱石、森鷗外、島崎藤村や白樺派の武者小路実篤、有島武郎などが人気でした。そうかと思うと、人生に悩みを抱いた青年は、松本の郊外の大河原という海抜一七〇〇、一八〇〇メートルのところで座禅を組んで、その悩みを自ら解決したという人もいたという時代でした。その他宗教に身を投じる人もおり、まったく百花繚乱、きわめて自由な時代でした。

経済学の分野では、マルキシズムが入ってきました。マルクスの学説は非常に歯切れがよく、若い者たちに魅力となって受け入れられました。例えば歴史をひもとく場合は、唯物史観で、史的弁証法といってもよいだろうが、こういう方法で、正反合の弁証法で歴史を解明します。しかもこれが唯物法だから物が中心です。世の中の動きというものは生産力があります。その生産力が生産関係を支配する。こうした説明が若い人たちにも頭に入りやすかったのです。

あるいは、経済を説明するのに剰余価値論というものを提唱する。つまり労働から生まれるすべてのものは、労働者に帰属しない。そのなかから余剰価値が資本の側に属し、労働者は搾取される、資本家は搾取の上に余剰をかち取るという説明です。これが案外若い者にはわかりやすく受け入れられ、当時経済をやろうという者、社会現象を勉強しようという者は魅力を感じ、これが浸透した時代でした。

当時の学生は、こういう本を読まなくては話が通じなかった。私自身もこの面については避けて通れなかった。これが若干誤り伝えられ、私が左翼に洗脳されて極端な左翼ばりの学生とみられたふしがあります。

当時松高に、第一次松高事件なる左翼事件がありました。当時の松高の学生のなかに、マルキシズムの研究だけでなく、実践活動にもって行き、外部の共産党などと連絡をとり、ビラまきや演説会などを開き、当局の取り締まりを受けたことがありました。そのなかに私がまぎれ込んでいたと誤り伝えられたふしがあります。私が松高だけでやめ、大学を断念、郷里に帰ったのでこれに連座していたではないかとみられたわけです。実はそうではないのです。私はどちらかといえば、こうしたものとは一線を画しておりました。

時代はそういう雰囲気で、一方では国内は不況となっていきます。これは一九二九年のアメリカ・ウォール街での株式大暴落に端を発し、世界経済が恐慌にまき込まれていきます。これを説明するにマルクスの経済学は明解な解明を与えたのです。

これに対して実際はマルクスの思惑よりケインズの考え方のほうがアメリカ大統領のルーズベルトの採用するところとなって、ルーズベルトがアメリカの不況を克服する、さらに世界不況に挑戦するニューディールの政策となります。ニューディーィールの政策は、国家が積極的な予算を組んで購買力を高めようというものです。このケインズ学説は、少々わかりにくい点があったので、当時の学生はマルクスに走った者が多かったのです。

わが国は田中義一内閣でした。当時の政府はこうした状況をみて、このまま放っておいたら高等学校の学生は、みんな赤くなる恐れがあると、単純に考えたものです。そこで思想善導費なるものを予算に計上されたのです。

権力が思想に介入して善導するなんて、できるものではありません。思想には思想をもって対するべきであるのに、当時の田中内閣はごく単純に、思想には金でも出して善導しようと、金を出したわけです。この金額はたいしたことではありません。学生一人当たり年間二円か三円ほどですから使いようがありません。これで思想を善導したらたまったものではありません。そこでこの金はクラスごとに配分されて親睦会に使われました。松高の場合は、春は城山のイチゴ園に行き、ミルクと砂糖を持ってイチゴを食ってくる。秋は山辺のぶどう園に行ってぶどうを食べる。これが思想善導費の行方でした。

私にとって高等学校生活は楽しい時期でした。自由に生活し、勉強ができるよき時代でした。そのうえ松本は、高校生を大事にしてくれました。少しは無軌道なことをしても、大目にみてくれました。

寮生活

高等学校の生活は、寮生活が意味を持っていたように思います。寮に入って寝食をともにする。これがひとつの特徴でした。この寮生活も、全寮制にすればなおよかったと思います。松高の場合、全員を収容するだけの寮はなかったので、半分を収容していました。そこで私も二年間は寮生活をし、あとの一年は下宿生活をしました。

寮には若い者だけが集まっているのですから、勝手気ままの生活でした。だがそのなかには秩序がありました。寮経営にも自治の精神が貫かれていました。

例えば甘いものが欲しい時には、会議室の隅に戸棚があって、そのなかに袋入りの菓子が数十個あるので、それを食べる仕組みになっています。これなども、なかにあった箱にきちんと金が入れられ、インチキはほとんどない。金はきちんと仕入れただけが入っていました。これは当時の学生に秩序があったためで、そうした精神が自主的に養われていきました。

松本高等学校は、戦後その一部が信州大学に編入されて幕を閉じました。全国の旧制高等学校は、戦後その多くが取り壊されましたが、松高の場合、校舎が今も残っています。旧校舎、講堂、県ヶ森といった校内の欅の大木などがそのまま残っています。この保存については、私も国会議員として大蔵省、文部省や松本市などと折衝し、松本市に払い下げてもらいました。市はここを公園として保存し、記念碑を建てました。自然石に「われらの青春ここにあり」と刻まれた碑です。

若い者だけが集まっている寮だけに、時には無軌道なこともあります。ストームというやつです。みなが寝静まった頃、どこからともなく騒音がしてくる。石油カンに石を入れて鳴らします。これを合図に「デカンショ」（デカルト、カント、ショーペンハウエルの略）を歌いながら寮の廊下を回り、時には部屋を荒し回って暴れ回るのです。これが時々あって、迷惑千万な話です。

あるいは寮雨と称するものがありました。二階に住んでいる者が窓をあけて小便をする。「じゃー」と音がするので寮の雨だといっていたのです。だがこうしたことにも非常に寛容でした。

寮歌がありました。一高には「ああ玉杯に花うけて」、三高には「紅燃ゆる丘ッ花」がありました。松高にもいくつかあって、しかも毎年ひとつずつできていたのです。この寮歌を高らかに歌って、松本市内の繁華街の縄手通りを散歩して歩きました。

慰安といえば映画ぐらいでしたでしょうか。当時の映画には「何が彼女をそうさせたか」というのがありました。藤森成吉さんの原作でした。女優では田中絹代がぼつぼつ登場した頃です。僕の友人に後に裁判長になった人がいました。この人などは熱烈な田中絹代ファンで、ごつい顔をしていましたが、田中絹代の話になると、ボーと赤くなってしまったのです。

縄手通りには「竹の家」という中国料理屋があり、ここで中華ソバを食べるのが楽しみでした。電車に乗って五銭も出せば、浅間温泉へ行けました。一円五〇銭の会費を出せばお銚子が二本もついて大宴会ができる時代でした。市丸という後に有名になる芸者がいましたね。まだ一本にならない芸者でした。彼女が売り出す前の話です。

こういう自由の時代ですから、学生のなかにも松本の女性と恋愛し、結婚したという人も何人かいました。私にはそうしたロマンスらしいものは全然ありませんでした。

私の保証人は井出茂太という松本女子師範の音楽の先生でした。父の友人で、この先生の娘さんにトシ子さんという人がいました。きれいな方でこの人は後に中部電力の有力社員の奥さんになりました。この先生のところへ時々訪問しました。保証人の茂太先生に用事があったわけではありません。トシ子さんが健在かどうかのぞきに行くというのが目的でした。純心なものでしたよ。

遭難未遂

松本は景色の良いところでした。私は全国の高校をよく知っています。当時、高等学校同士で、互いに寮と寮との訪問が行われていました。私も一高、静岡高校、浦和高校、水戸高校などに松高の寮代表として訪問したことがあります。その点松本は各高校のなかでもきっての景色のよいところでした。松本は日本アルプスの雄大な景色をもつ町で、特に日本アルプスは松高生にとっては庭といわれたほどで、誰もがこの日本アルプスへ足を伸ばしたものです。

昭和四（一九二九）年、私も高等学校二年生の夏休みの終わりに、数人の友人と日本アルプス登山を試みました。山岳部の人でも加え、道案内でもしてもらえばよかったですが、素人ばかり、日本アルプスは初めてという者ばかりで登山したのです。コースは中房温泉から燕岳、喜作新道を通って大天井、東天井を越え、槍ヶ岳へ登り上高地へ下るという、俗にアルプス銀座といいます。

ちょうど台風シーズンだったので、これを心配しながら行きました。果たせるかな、東天井、大天井に来た時、一天にわかにかき曇り、穏やかでなくなってきました。その間に雲の晴れ間に、槍ヶ岳が見えました。「よし、あれを目指して行けばよい」ということになったのですが、行けども行けども道は通じません。後からわかったことですが、それは槍ヶ岳ではなく、常念岳だったのです。

九月の初めですから、山小屋はすでに閉鎖されています。道路標示もシーズンオフですからいいかげんなものでした。どうやら道を間違えたらしい。すでに日は暮れてきました。引き返して宿をとるより方法はありません。地図を見ると、西岳の小屋が近い。そこで一泊しようと私が提案、その夜はその小屋に辿り着きました。

折から暴風雨となりました。懐中電灯の灯で小屋のなかを見回したところ、なかに長持ちがありました。クギづけになっていましたが、背に腹はかえられないとばかり、なかをあけたところフトンがあり、さらに米がありました。これは大助かりとばかり、小屋主に感謝しながら、この夜はここに一泊しました。

次の日、轟々と音をたてて流れる川の音に目が覚めました。これは高瀬川の渓谷だったのです。雨はいぜん降っていて止みません。さてこれからどうしたらよいか、そこで議論が二つに分かれました。

ひとつは行くところまで行けという意見です。私は「まあ待て、このまま進んで丸木橋から落ち、流されたらどうするか。このところはもう一晩ここにふみ止まったらどうか」と提案しました。この時、私は猛烈にこの説で頑張った。「断じて駄目だ。行くのは反対だ」と言ったのです。それでどうにか私の説が通って、多数決でもう一泊と決まりました。

その翌日は晴れて、槍から上高地へ下りました。寮には黙って出てきたので、上高地に着いたところで電話をしました。寮の委員長から怒られ、もう一日遅れれば、捜索班を出すところだったと言われました。このことを思いおこして、後に千葉大学の名誉教授になった鶴見君が、「井出君のお陰で助かった。井出君は生命の恩人である」と、ある雑誌に書いたことがあります。

松本高等学校の政界関係者

松本高等学校の同窓で政界へ出た人が若干います。一番年配からいいますと、社会党に岡田宗司《そうじ》という人がいます。東京から出てきました。これが一番の大先輩で、それに続くのが参議院にいた夏目忠雄さん。夏目さんの政界生活はずっと遅くなりました。

私たちの時代になり、林百郎《ひゃくろう》。共産党で長い経歴のある代議士です。在学中に反戦運動に関連して学校を追われましたが、後には中央大学を卒業しています。林百郎君が私とちょうど入れ違いです。私が卒業した年に、彼が松高へ入学してきたように思います。民社党の委員長、佐々木良作《りょうさく》君が私らよりも少し後。そして、内田常雄君がいました。彼は、夏目さんと同級生で、三木総裁の時代に、私はこの人には中曾根康弘さんのあとの自民党の幹事長を嫌がるのを口説いて是非やってくれと。内田さんにはそういう義理が実はあったのですけれども、この人も早く亡くなってしまった。

そのように新制の野沢北高を考えてみると、割合に政治家が出ているほうだと言ってよろしい。黒沢富次郎さんが一番の先輩で、次いで平原、南大井出身の小林武治さんです。佐藤内閣で、私は郵政、小林さんは法務大臣をおやりになった。その後も、阿部憲一さんが公明党から出ておられる。井出正一が私の後を継いだことを数えてみれば、長野県内の高等学校のなかでは野沢北高は多いほうではないか。松本中学、松本深志に次ぐぐらいではないでしょうか。

橘倉酒造へ帰る

世の中は不況となり、世界恐慌となりました。昭和五（一九三〇）年には深川の米相場では米が一石二六、七円していたものが、六年になると半値になって一石一三、四円、また繭の値段も五年には一貫目七、八円していたのが、翌年には一円五〇銭から二円と暴落してしまったのです。当時の長野県の物産は米と繭に依存していました。農家が悪ければ、他の経済はよくなるはずがありません。世界恐慌の波をかぶった農家は、娘を売らなければならないような事態に追い込められたのです。

私の家業の酒も一番先にこの影響を受けました。景気が悪く、食うに困るという時に、一杯飲むというわけにはいかないのです。昭和五年、橘倉の酒も年間二〇〇〇石をつくっていたのが、六年には七五〇石と、三分の一になってしまった。これでは商売になりません。

私自身も深く考えさせられるところがあった。何故かといえば、私は一〇人兄弟の長男で、私がおかしな手つきをしたらたいへんなことになりかねない。大学へ行くのがよいのか、それともこの際は静かに顧みて、学業から退いて家業に身を挺するのがよいか、岐途に立って思い悩んだものです。その時、友人たちはみな大学入試の準備を進めていました。

当時私は下宿生活をしていました。この下宿は二回かえました。最初は宮下君と一緒に養鶏を専門にやっている人の家に下宿しました。養鶏をやっている人ですから、卵料理をよく食わせられましたが、ここは鶏糞の臭いがひどくてたまらないので、一学期だけでご免をこうむった。この宮下君は後に天理高校の校長になりました。

次の下宿は桑津君という、後に保険会社の重役になる人と一緒にいました。その桑津君がどこの大学を受験するか迷っていた。その時私が、鉛筆を立てて転んだ大学へ行けばよいだろうと言った。ずいぶん無責任な話だが、ではそうしようかとなった。彼は京都へ行こうか、仙台へ行こうかと迷っていた。そこで鉛筆を立てたところ、仙台へ転がって彼は仙台へ行く気になったのです。

そうして彼は東北大学へ入学したのですが、後になって彼は私に「君に言われて仙台へ行ってよかった」と言うのです。そこで彼は今の奥さんとめぐり会えたのです。この人がまた非常に賢夫人でした。

このように友人たちがどこの大学へ行くと言っていた時、私は大学へ行くことを断念して、家へ帰ろうという決意をしたのです。

それにはいろいろなことがありました。世界的不況が来たことが主たる原因ではあったけれども、当時私の父は県会議員をしており、家のことを顧みる暇もなかったという状態でした。県会議員は代議士より忙しく、その仕事も細かい。よろず引き受け業です。

家業のほうは相当の左前になり、私も家へ帰ろうとしていた時に、ある日私の下宿に一人の面会人が現われました。臼田の橘倉の杜氏さんでした。その老杜氏が松本までわざわざ私のところへ訪ねてきたのです。その杜氏さんが何を言うかと思ったら、「今年は思うように酒ができない、七五〇石と前の年の三分の一だ。とてもこれではやっていけない」と。この杜氏さんは私を「若旦那」と言っていましたが、「このうえは若旦那さんに帰ってもらうのが一番だ」と、懇々と説くのです。これには私も動かされました。そうか、お前さんまでそう考えているならばと、私も腹を決めました。

そこで正月の休みに父に「私が帰りましょう」と腹を打ち明けました。父は大学進学前の私に気の毒だという気持ちはありましたが、口にはしませんでした。恐らく父は腹のなかではありがたいと思ったに違いありません。

そうして残る二月ほどを松本で過ごしましたが、その時父は私に学資を余計送ってきました。普通の月は五〇円ぐらいしか送ってこないのに、この時は一〇〇円送ってきました。珍しいこともあるものだと思っていましたが、これで残された学生時代を思いきり楽しく過ごせという意味だったでしょう。

今にして思えば松本の時代は、私にとっては非常に楽しい毎日でした。ドイツの小説に『アルト・ハイデルベルヒ』というのがあります。ハイデルベルヒはドイツの有名な大学のあるところ。アルトは古いという意味です。この本には当時のドイツの学生生活について描写されています。

これはハインリッヒという、ドイツのカールブルク王国の王子がこの大学に入り、下宿屋の娘さんとの恋物語が綴られているものです。私の松本の生活というのは、アルト・ハイデルベルヒほどではないにしても、まさにアルト・ハイデルベルヒだったのです。

橘倉酒造における苦労

私が松本での高校生活を終えて家へ帰ったのが昭和六（一九三一）年、不景気の真最中でした。昭和四年が一九二九年、有名なアメリカのウォール街の金融恐慌の発端がその年でした。世界恐慌の真っただ中で私は上級大学へ進むことを断念して、臼田へ帰ってきました。私は一〇人の兄弟の長男ですから、弟妹たちをどうするかという問題もある。自分は若干犠牲を払ってでも若い者を少し伸ばしてやったほうが意味があるのではないか。また、私の頭の上に絶えず重苦しく乗っかってきた家という問題をどうするか。三〇〇年続いたと言われる橘倉の店、蔵を、いくら不況だからといってここで駄目にしてしまったのではたいへんだと。こういうのが私に重苦しくのし掛かっていて、私自身の問題と同時に家という問題を強く考えるような青春の時代を送りました。

そこで、昭和六年の四月から私は帳場へ座って前垂れがけになる。こういう決意で戻ってきました。当時、父は長野県の県会議員で、うちを留守にする機会が多かったものですから、支配人をおいていました。宇佐美武次郎さんといいまして、岩村田税務署で間税課長を長くやった、非常に誠実、温厚な人物でした。この人が約一〇年間、橘倉の店に座って支配人の役をやってくれました。税務関係にたいへん詳しいし、酒の製造メーカーは税務署の監督を受けるという立場にあるわけですから、万事宇佐美さんがいてくれたことは好都合でした。この人は辞めてからも親類付き合い同様でした。

昭和六年は考えてみると大変な年で、橘倉の酒の造石を調べてみると、昭和五年には約二〇〇〇石の酒ができた。それが昭和六年には七〇〇石で、三分の一に減ってしまった。これは減ったというか減らざるをえなかったわけです。つまり、不景気で酒が売れない。持ち越した酒ばかり蔵のなかに一杯になっていて新しく作る必要がないという状況下にありました。もちろん、酒という商品は商品として動かなければ金に換わらないわけですから、大変な在庫を背負っていることはそれだけ運転資金が窮屈になるということで、米の仕入れにも事欠くのが昭和六年の状態でした。

当時、酒は一石四〇円の税金が付いていました。酒の値段は一升いくらかといえば、だいたい一番いい酒で一升一円。並酒は一升八〇銭ぐらい。ですから、一石四〇円の税金が付いていたから、一升につxいて四〇銭。そういう時代に酒がどうも売れなくなってしょうがない。かといって、金に換えなければならない。そのためには桶売りということをせざるをえなかった。つまり、桶のまま問屋なり、ウェイターなり、そういう人と取引をする。一般消費者に個々に売るわけにはいかない。それは売れないのです。どうしても大量取引をするには、桶売りという制度を利用する以外にはなかった。

ところが桶売りにすると、どういうことになるかといえば、酒が余っているのですから、値段がどんどん下がってしまって、一石四〇円の税金のある酒が六〇円になる。あるいは五〇円になる。甚だしいところでは四〇円の税金を割って取引をせざるをえないような事態もあったわけですから、当然、生産費から計算するとえらく足が出る。大赤字になるのが実態です。

そういう時代に遭遇してずいぶん辛抱したのですが、仕方がない。そのためにはいろいろな工夫をしてみた。例えば、販売なども少し新しい方針を考えました。お得意先の取引店があります。卸関係の得意先を一同に集めて少し景気を出そうではないかと、臼田稲荷山に酒祭りと触れ込みをして、一〇〇人以上の販売店に全部そこへ集まっていただいて、酒を肴に盛大な花見をやって景気を付けることもやってみた。けれどもそんなことで良くなるものではありません。なかなか思うようにいかない。

あるいは年の暮れに、今までの「手印」「本菊泉」のほかに新しい銘柄を売り出してみようではないかということで、知恵を絞った揚げ句が、毎年春になると宮中で歌会が始まる。歌会始。毎年、宮中で勅題として歌の題をお出しになる。その題を酒の面に借りてきて新しいレッテルを作って、「勅題銘酒」としてこれを売った。昭和七年は確か「暁の鶏声」という題だったと思う。鳥の声が朝早く響く、暁の鶏声という題。その翌年は「朝海」。そういう勅題の文字をそのまま酒のレッテルに使い、新しい新名を売り出そうということもしてみたわけです。

それには普通の売り方ではないから福引きを付ける。そして五升単位です。昔は樽で計ったわけです。五升樽一つについて券を一枚出すという福引き制度を用いました。売るのも安かった。当時、五升樽一本がだいたい四円ぐらい。四円ぐらいの品物に対して、一等賞が三つ重ねの箪笥。一方だけが桐で作った箪笥がなんと一〇円で手に入った。そういう物の値段が非常に下落している時期でしたのを今でも覚えています。そんなことでやったのですが、そうなかなか右から左へ立て直るわけにはいかない。かなり苦労しました。

私が家へ帰って約一年、宇佐美支配人と一緒に仕事をしました。店にいる以外に、私は主として得意先を回りました。南北佐久の一巡は簡単ですけれども、月に一遍は川上へ出張する。当時は自転車で川上を往復する、かなりきつい労働でした。ことに海ノ口からの登り道はとても自転車のペダルを漕いでというわけにいかない。海ノ口から川上に登るトラックが五、六台ありました。それらと特約しておいて、海ノ口から川上までは自転車を一緒にトラックの上に載せて自分も一緒に乗っかる。帰りはずっと自転車を漕いで下ればいいのですけれども、行きはそういう手を講じたことがありました。道は悪いし、危ない山坂で、広瀬から海ノ口に下る坂で道を踏み外して発電所の近所まで降りてきたことがある。

もうひとつ、川上行きと同時に、難所は月に一遍、上田小県《ちいさがた》方面へ出張する。これも道は平らかであったけれども、距離はずいぶん遠いから、なかなか苦労でした。ことに帰りがけに川西地方を通り、望月の爪生坂にかかる時には、もう腹は減ってくる。夕方暗がりがたになる。しまいに腹が減るほど汗が出る。そういうことも幾度かありました。

苦しい時期も歯を食いしばって、この急場をしのがなければならないということで、宇佐美支配人と約一年で別れました。宇佐美さんも私の姿を見ていられないで、自分が身を引くことによって私が采配を振る機会を早く招来するために一年で辞去して、引退して郷里へ帰っていきました。ですから、昭和七年からは私が一切の采配を振ることになりました。

昭和恐慌後の長野県経済

さきほども申したように昭和六年はたいへんな不況でした。長野県の経済はなんといっても繭と米の二本立てで農村が動いていました。ところが、世界的恐慌のために繭や米の値が大幅に下落するわけです。

その後、日本の農政が充実して、米に対しては食糧管理法ができた。このために、米の値段は下支えがありますから、政府が法定した値段よりも下がるようなことはない。繭のほうは最新価格安定法というものができて、繭の値段を国がてこ入れする状況になりました。いずれも戦後の話です。戦前は自由経済で、そういうわけにはいかなかった。どこまで下落をするかわからない状態でした。

酒の値段なども背負っている税金よりももっと割り込んで値段が形成されることになったのですから、とてもやっていけるはずはない。そういう時代をとにもかくにも食い抜いてきたことは、私自身にもその後の経済に身を処する自信となって表れるということが言えます。

満洲事変

満洲事変が昭和六年に起こって、満洲の天地が急に変化をしてきました。これも日本の持っているひとつの運命みたいなものであったのかもしれない。同時に日本の当時の指導者が本当に歴史を見通すだけの能力がない、軍部の思うままに押し流されていったということではなかったかと思う。日本はこの不景気をどういう方向へ打開をしていくか。もう少し別の道を辿ればよかったかもしれないけれども、大陸政策という、大陸へ目を向けて満洲の地へ日本民族の生きるべき領土を求めようとして、こういう一連の方向がその後の日本に大きく影響をしてきました。時代は、まさに風雲急変。満洲事変あり、五・一五事件あり、だんだん急転直下、困った方向へ進んでいきました。

五・一五事件

昭和七（一九三二）年には、五・一五事件が起こった。首相官邸を陸軍の将校が襲って、時の首相である犬養毅さんをピストルで射殺してしまった。「待て。話せばわかる」と言ったにもかかわらず、「問答無用だ。撃て」と若い連中が血気のままに犬養首相を暗殺してしまったわけです。これは日本のその後の運命を象徴するような事件で、それから急転直下です。日本は軍国主義の方向へ堰を切ったように押し流されていきました。本来からいうと、五・一五事件などはもっときちんと始末をするべきだった。ところが案外、この連中が軽く済まされたというか、その背景をもっと究明しなければいけなかったのにもかかわらず、そういうものに手が付けられなかったことが後々までも尾を引いて、さらに拡大した形で二・二六事件が、その後になって現れた。こういうことではなかったかと思います。

小海線の国鉄化

昭和九（一九三四）年になるとまた具合が悪くなる。昭和九年に思い起こすことは、今の小海線が国鉄の経営になったことです。その前までは小諸から小海までしかなく、佐久鉄道という地元資本の手によって経営されていた民間会社が支配していました。これを中央線の小淵沢へつないで、信越線と結ぶという大きな構想が佐久の先輩たちの頭のなかにはあった。木内吾市さん、大井富太さん、黒沢陸之助さんという先覚者は甲州へつなぐ、場合によったら、今の身延線と合体して清水港へもっていく構想を描いていた。しかし、実力はとても伴うものではなく、小海線は国鉄の手によらなければ小海以南を開拓するわけにはいかない。それを逐次いろいろな人が進めてきました。

例えば、篠原和市さんという代議士がいた。たいへんこれに熱心で、中込公園に篠原和市さんの碑が建っている。それに若干の事柄が記してあるはずです。それから、諏訪から出た長野県の一流の政治家であった小川平吉さん。鉄道疑獄に連座して失脚されますけれども、小川さんが鉄道省総裁の時代に、野辺山を越えて佐久へ入って来たことがあった。道中馬にまたがって、佐久の天地に現れた。私の家で一泊しまして、私は子供の時代で袴を付けてお給仕をさせられた覚えがあります。この人も小海線の実態がどうなるか興味を持って、鉄道省総裁として佐久へ入ってきた。そういう準備がなされて、小海以南が国鉄の手で開発されて昭和九年に小淵沢まで貫通する。こういうことがあったと記憶しています。

二・二六事件

昭和一一（一九三六）年には、二・二六事件があった。私はその日、東京へ用事があって出かけなければならず、朝、上野駅で降りました。品川のほうまで用事を足しながら行こうとタクシーに乗った。ちょうど九段下のところで自動車が止められてしまった。見ると何かそこで銃剣を組んだ武装した兵隊がいる。「ここは通れない。回り道をしてそっちへ行け」という指示があって、何が起こったのかと不思議に思いながらも、雪の朝だったと思いますが、どうしようもない。回り道をして山手線のほうへ出て品川を通り、川崎まで行った。ラジオなどで放送を聞いてみると、どうもえらいことが起こっているらしい。反乱軍が起きて、何か上官に抵抗をしているらしいということでした。

確か近衛師団と第一師団と両方の関係者だったと思うが、とにかく、満洲駐在を命じられたことに端を発して、今の政治の上層部がよくないというところへ結び付けて、首相官邸を中心として当時の重臣の自宅を襲って、それぞれ大きな犠牲を払いました。二・二六も五・一五に続く一連の関連をもっているのではないかという感じがします。世の中がだんだんとそうなってきている。

一方、それと節を合わせるかごとく満洲の建設が着々と進行して、すでに満洲建国がなされて、日本から多くの満洲移民が旅立って行った時代です。大日向村を二つに分けて、半分が吉林省の四家房へ移民する状況が生まれました。国内の不景気を血で血を洗うような方法で解決する。中国人民に対する大変な暴虐なる仕業をして、満洲建国を日本が勝手にやるような世相の時代であったと思います。

松尾神社の建立

私はこの時に少し明るい、気分のほぐれたようなものを思考しました。佐久の酒屋もこのままではみんな沈んでいて少しも利益が出ない。何かやろうではないかということで、昔から酒の神様になっている松尾神社を佐久へ迎えて、お宮を建ててそれを中心に佐久の酒造組合が一致団結をして大きく伸びようではないかと、私が主として提案しました。こういう計画を目指して南北佐久にあった三〇ぐらいの酒屋を説得すると、面白い方法だからやってみようということになった。

臼田稲荷山を候補地にあげた。本来から言えば、税務署が岩村田にあって、岩村田のほうがむしろ誘致運動を展開すると思ったけれども、臼田でいいということになった。私の父親が酒造組合長をずっと長いことやって、私自身は言うなれば事務局長みたいな仕事も合わせてやっていたものですから、そういう立場が認められて臼田稲荷山が候補地になりました。

それには京都まで行かなければならないということで、京都の嵐山にすぐ近い嵯峨野にある松尾神社を訪問して、当時の松尾神社の副宮司をしていた手塚さんと交渉した。手塚さんはそれ以前に生島足島《いくしまたるしま》神社の副宮司をしていた人です。手塚さんを頼って松尾神社のご分霊を頂戴したいと乗り込んで、手塚さんのご配慮によりご分体をもらってきました。その時は少しはしゃぎ過ぎたけれども、京都に駆け込んだ以上は少し景気よくお迎えをしようと、祇園の一力へ乗り込み、景気よく芸枝さんも集めて盛大なお迎え式を京都でやりました。それで佐久へ持ってきました。

私は松尾神社はご分体として何をくれたか見ておく必要があると思い、そっと人影で中を開けてのぞいて見た。ご神体は鏡でした。非常にきれいな金属製の鏡が白木の箱に入っていて、それを頂載して佐久へ迎えました。佐久平の駅へご分体が着くと、組合員一同が迎えて、臼田町へも話をして臼田町も大いに賞賛してくれて町をあげてお祀りしていただきました。

堀内組の堀内武雄さんが棟梁になってお宮をつくりました。欅の材木は宿屋の丸山さんが全部提供してくれて、そこから購入しました。東京の浅草の彫師を雇い、養老の滝の図案を元に彫刻してもらいました。しばらく稲荷山上に建っていたのですが、戦後これを稲荷山の上で管理するのはとても面倒を見きれないということで、佐久酒造組合の事務所が岩村田へできると同時にその側へお宮を移築しました。

臼田は郡役所で特に栄えた町です。郡政盛んな時は、稲荷山下には芸者衆だけでも五〇人もいたという賑わいでした。しかし、松尾神社を作った時分には臼田も衰微していて、料亭などもだいぶ少なくなっていた。そこで、松尾神社にちなんだ料亭をつくろうということになって、「松の尾」をつくり、当時金太郎さんという自前な芸者がいて、「マダムになれ」ということで、「松の尾」を管理してもらうことにしました。われわれも若い時代で、むしろ世の人が見れば、勝手なことをしていると見た人もあるようだけれども、臼田の町に景気を添えようという試みでもありました。

昭和一一年はやや景気が持ち直したというか、とことんまで落ち込んだ昭和六年とか七年とかから見ると、いくらか人心地がついたような時代だったと思います。

羽田武嗣郎の衆院選出馬

昭和一二（一九三七）年を迎えます。昭和一二年は多事多産で、いろいろなことがありました。盧溝橋事件が起きて支那事変がそれから起こり、それから大東亜戦争になる。昭和一二年は、支那事変の発端になった意味において大変記憶をしなければならないと思います。

総選挙がありました。制限選挙、つまり税金を、直接税をいくら納めるのが選挙権を持つという制度であったのが、昭和三年からは普通選挙になって、男性である限り二五歳以上の成年は選挙権があるようになりました。

この時に羽田武嗣郎《はたぶしろう》さんが立候補して、私の父親がえらい目にあった。選挙違反で引っ張られて、たいへんなことでした。羽田さんは羽田孜《つとむ》君のお父さんです。実は私のところとは少し親戚筋になる。羽田武嗣郎さんの奥さんは、長野電鉄の社長を務めた神津藤平さんの娘です。神津さんの奥さんのモリさんは、私の家から行って、私の父親と従妹です。彼は、立候補する以前は朝日新聞の政治部の記者だった。しょっちゅう私のところへも出入りをしていました。彼は新潟高校、東北帝大を出て朝日新聞へ入って、政治記者でした。政治に志を持っていずれ立候補しようという気持ちであったに違いない。時たま佐久へも現れて、羽田記者を中心に政治座談会などをやっていました。

いよいよ昭和一二年に総選挙になるや、朝日新聞に辞表を提出して佐久に現れた。最初に舅さんの神津藤平さんのところへ行ったのでしょう。神津さん曰く、「おれのところは選挙区が違う。佐久へ行ったら井出今朝平さんを訪ねろ。上田へ行ったら成沢忠兵衛さんを訪ねろ」。成沢さんはほていやの社長さんで、奥さんは神津藤平さんの奥さんの妹という関係がある。

私の家へ羽田武嗣郎氏が現れて、私の父親のことを「臼田のおじさん、おじさん」と言っていた。「おじさん、朝日をやめて選挙に出るために私は帰ってきた。これでよろしく頼む」。「これで」と言って出したのを見たら、一〇〇〇円が入っていた。いくら当時でも、一〇〇〇円で選挙はやれない。朝日に辞表を出して退職金を一五〇〇円もらった。五〇〇円はあちこちの借金を片づけて終わらせた。あと一〇〇〇円だけここにあるから、これで選挙を頼むと言ってきた。かなり無理な話です。といって朝日を辞めてしまったのですから、今更「帰ってもう一度社へ顔を出せ」と言っても通用しない。どうしても選挙ということになった。

私の父は当時、臼田町長をしていました。その前に県会議員をずっとやりました。父の井出今朝平は、自由民権の時代に若くして走り回ったことなどもありますが、その流れを汲んでみるとやはり自由党である。その後の政友会。

一〇〇〇円の金ではどうにもならないから、父は東京へ出て政友会の本部へ飛び込んで、まず公認の問題がどうなるかを確かめて、公認問題は案外簡単に羽田さんで公認を取れた。山本荘一郎さんが代議士だった。県会議長を長らくやって代議士になった人です。地方の代議士という感じで、中央でそう通用する人ではなかった。だから、今回辞めると言って、後の後任を誰にするか。上田の滝田一郎さんという声もあった。あるいはうちの父もその一人の候補ぐらいになっていた。しかし、もう少し新進気鋭の若い人が望ましいという空気はあった。羽田武嗣郎氏はそこへ飛び込んできたわけですから、公認としてはよかろうということになった。

しかし先立つものがない。どうするか。私の父はあちこち飛び歩いたらしい。鳩山一郎さん、中島知久平さん、久原房之助さんのところへ行った。というふうなことで政友会の領袖のところを歩いて何がしかの金を作って、いよいよ選挙ということになったわけです。

井出今朝平の選挙違反

選挙に少しのめり込み過ぎたのでしょう。町長で昼間は何食わぬ顔をして役場へ出ているのですが、夜になると活動を始める。夜行性動物みたいな（笑）。夜になると車に乗って上田に行ったりして、少し活動が過ぎたというわけでしょうが、選挙が終わってみると案の定、選挙違反に問われるわけです。選挙違反は嫌なものですよ。家宅捜索が付きもので、父は役場から引っ張り出されて、同時に家宅捜索がきた。私は一人で留守番しながら警察と応対したという、気分の悪いものでした。臼田から上田へ送られて、三ヶ月と何日か入っていました。

私は加納署長のところへ行って、「親父に面会させてくれ」と言ったら、加納さんは訳のわかった人で「いいですよ」と言って、父が出てきた。そこで父が私に言ったことは、二〇〇円を新聞紙に包んで神棚に上げておけ、ということでした。これは選挙違反になると、よくやる手です。父はその時、私にもそれを指示しました。

上田へ行って長いこと、差し入れの心配だけでも容易ではなかった。三〇幾日未決でいたのですが、ようやく裁判で出てきた。今度は上田で裁判があり、それから控訴して東京で裁判がありました。上田の裁判所で審理中に外で号外が配られているのを耳にして、あとで拾ってくると、七月七日、支那事変が始まった号外が飛び交うのを覚えています。上田では確か罰金が五〇〇円くらいになったのか。当時の五〇〇円は相当なものです。しかし、一審だけではしょうがないから、二審までもっていった。その間、臼田の町民諸君は文句を言わなかった。実にありがたい次第で、一回の選挙違反で実刑、罰金を受ける感じになれば、「町長は辞めたらどうだ」との声が出そうなものだけれども、町長を辞めなかった。そんな声が出なかった。堤慎平さんが助役で、町長代理をずっと務めてくださいました。

東京で第二審が始まって、当時刑事事件では超一流の平松一郎という弁護士を頼みました。羽田さんは羽田さんで心配だから、東北大学の自分の恩師で、後に社会党の代議士になりました鈴木義男さんを頼んでいました。やはり選挙違反は弁護士にもよるものです(笑)。裁判長が下命するわけではないけれども、いい弁護士はいい弁護士らしい弁論をやります。普通はつかない「公民権停止せず」がついた。

いよいよ町長は辞表を出す。それは当然です。堤さんもよく頑張ってくださったし、臼田町民諸君が五〇〇〇円の罰金を取られながら、公民権停止せずでどうやら格好がついて郷里へ帰ってきました。よく我慢してくださった。ある意味においては親父の人徳の致すところと思うわけです。

羽田さんはめでたく当選しました。めでたくと言っても最高ではない。一番ビリだった。確か小山邦太郎、小山亮《まこと》、羽田武嗣郎という順序だったと思います。

気胸を思う

昭和一三(一九三八)年は、私が突発性の気胸という病気をした年です。ある日突然左の腕の肺が破れて、そこから空気が入って左の肺が機能を喪失したという病気をしました。いったい何だろうかといろいろお医者さんもよく診てくださったのだけれども、見当がつかない。気胸は、説によると非常に肺に無理がかかった時に起こる。例えばラッパを吹く人などに多いということです。それからでかい声で演説をする人にもあるという。それから、腹膜の癒着のところが破れるという恐れもある。

臼田のお医者さんも総がかりで診てくれました。レントゲンが臼田に入ったばかりの頃で、レントゲンで私の胸を見た。そうすると、胸は非常にきれいだった。胸のなかに何にもない。空気だけですから。その肺の組織は、どこか小さく固まって、ちょうどゴム風船を空気が入ったように膨らむ。それが空気がなくなると縮んでしまう。縮んだのが心臓の後ろあたりにくっついている程度で、左の胸は実にきれいだった。お医者さんも「ああ、立派なものだ」と。

ところが、長野から専門のお医者様に来てもらおうということで、赤十字の医者に頼んだら、「これは気胸です。治すにはしばらくおいて、針を刺して空気を抜く」ということを示唆したわけです。それをやりました。やったらまた戻ってきて、左の胸が組織で充満するようになりました。運が良かったのでしょうね。空気を送っても、どこか別の所からまた漏れていたら話にならない。そういう状態で、しばらくして肺は元の状態にまた戻りました。

大変幸運といえば幸運でしたけれども、その状況がその後も二度起きまして、私が京都へ行っている時期に一度発作が起きた。それから、国会議員になってから、片山内閣の成立をする日に、院内でこの状態が起きて、またしばらく休んだ。こういうような状態があったのですが、片山内閣以来は異常がない。レントゲンに写しても、厳として存在していません。

庫出税反対の演説

演説が原因となってそういうことが起こることを聞いた。実はその頃に、私は演説をしたのです。というのは、その当時、私は酒の関係の第一線に立っていました。庫出税を採用するという問題があり、昭和一二年に、従来の造石税という税の取り方を庫出税にしようという変更が行われようとした。造石税というのは、酒をつくって、酒の一石に四〇円。四〇円をつくった酒の全体に掛けて、割り出した数字を年四回に割って税金を納めるという制度です。四〇円の税金であるから、一〇〇〇石の酒をつくったとすれば、四万円の税金を納めなければいけない。それを四期に分割して、七月、一〇月、翌年の二月、三月と四期に分納して一万円ずつ納めれば納税は完遂したことになります。ところが、庫出税という制度は売っただけ税金を納める。今月一〇〇石売れば、なるほど四〇〇〇円でいい、一五〇〇石売れば六〇〇〇〇円納めなくてはならない。こういう仕組みになるのが庫出税です。

長野県や寒い地帯の酒屋としては、従来のやり方のほうが実はそろばん勘定がいい。なぜかと申しますと、今年つくった酒の税金をこの七月に第一期、一〇月に第二期です。来年になって三期、四期と納める。だから、税金を利用できる特典がある。庫出税になればその都度納めなければならないから、そろばんしてみるとどうも今のやり方のほうが得。こういう結論が出るわけで、長野県をはじめとして寒冷地の酒造家がうって一丸となって庫出税に反対した。

和歌山の県立公会堂で大会があり、私はその先頭に立って長野県を代表して大演説をしたことがある。その演説が響いたわけではないのですが、私の生涯にとってもひとつの大きな事件でした。

結果は、われわれの主張が勝ち、ついに庫出税が取り止めになった。後に庫出税が復活しますけれども、その時はわれわれの運動が勝ちを制して庫出税は葬り去られた。時の主税局長で後に大蔵大臣になりました石渡荘太郎さんが私の演説に耳を傾けて静かに聞いていてくれたことを覚えています。私にとってはその年は和歌山で、第一回の時から二回、三回に渡って壇上に立って相手方を説得するような演説をした記憶があります。

その印象を強く受けた、時の酒造組合の実力者で、後に参議院議員になる伊藤保平《やすへい》さん、日本盛の社長です。伊藤保平さんが私を捕まえて言うのには「井出さん、今年は二六歳の当たり年です」。私は二六歳でした。「二六歳で大当たりをしているのが日本に三人いる。一人は六九連勝を成し遂げた双葉山。一人は欧州へ初めての欧国飛行旅行ができた飯沼飛行士。三番目は庫出税をやっつけたあなたです」（笑）。伊藤さんはえらいお褒めになったけれども、そういうことが実はありまして、それが先の気胸という病気に響いたとは私は思わない。思わないけれども、人によっては演説ででかい声を出すと気胸になる。こういうことを言われた記憶があるわけです。

全国酒造組合総会で庫出税反対の演説を行う（昭和 12 年）

小山春江との結婚

昭和一三年は、私が結婚生活を始めた年でした。その年の五月二五日に小山春江を迎えました。小山の家とはずっと前から親戚筋になっていて、私の父の弟の八郎、私の母の弟の二郎がそれぞれ小山家の籍に移って働いていました。私からいえば両方とも叔父さんです。小山邦太郎の双子の妹さんで、この二人が私にこの縁談をたいへん熱心に勧めてくれました。

私は彼女の存在を知らないわけではなかった。私からいえば、年はだいぶ違いますけれども、皆さんたいへんご熱心に勧めてくださる。そのうえ、聞けば小山邦太郎先生もたいへん乗り気

井出一太郎一家（昭和22年1月）。右から、正一（長男）、一太郎、亜夫（次男）、世紀子（長女）、春江、民生（三男）、醇子（次女）

という話でした。そうすると、これはむげに断るわけにもいかない。当時、他にも若干話がなかったわけではありませんよ（笑）。けれども、落ち着くところへ落ち着いたということです。

婚礼のこともいろいろ思い出すのですが、だいぶ大げさに取りざたされまして、四斗樽を五本も使った、一週間臼田館を借り切りで披露宴が続いた、などとを言われるけれど、そんな騒ぎではなかったと記憶します。そういう次第で、私の家庭を持つにいたりました。

中国旅行

明けて昭和一四（一九三九）年に、私は中国大陸の旅行を思い立ちました。単身海を越えて満洲、北支、中支、蒙彊を視察して、約一ヶ月近い旅行をしました。当時、支那事変がこう着状態になっていて、なかなか容易ではない。先行きどうなることであろうか。それを、自分の目で確かめてみたい。この戦争は、当時事変と称して戦争とはいわなかったけれども、まさしくこれは日中戦争です。いつになったら埒があくのか、自分の目で確かめたい。現地へ行って見てこようということで、単身旅に出ました。

そのコースは、最初朝鮮半島を汽車で奉天まで出ました。その途中に立ち寄ったのは韓国の古い都であった水原《スウォン》で、私の叔父になる人が事業をやっていました。私の父の妹が嫁いだ先の飯田の伊原房雄という人で、農業用の種子、苗木の商売を手広く半島全体にわたってやっていました。今の飯田線の伊那電鉄を最初に開いた、代議士にもなった伊原五郎兵衛の弟です。

この叔父のところへまず身を寄せて、一泊か二泊してその古い都の風情を初めて目の当たりにしました。続いて、今のソウルの京城へ立ち寄りました。総督府の所在地で、総督府の警務部長をしていた横山という知り合いを訪ねて、京城の様子を見ました。古い博物館、景徳宮という昔の宮殿を見ました。続いて平壌へ行きました。日本酒を醸造している会社があり、朝鮮における日本酒の状態を見たかったので、その酒屋へ寄った。私のところよりずっと大きな規模の会社で、視察しました。

朝鮮をあと一日で去らなければならないから、平壌の風情を知りたいと思い、その酒造家に頼んでキーセンを呼んでもらいました。日本でいえば、芸者さんみたいなものです。キーセンに来てもらって夕飯を食った。曹水燕という娘さんが、お給仕にやって来ました。彼女は、日本流の三味線などを持っていました。アリランという歌があるでしょう。あの歌を彼女から教わって、朝鮮土産にアリランの歌を覚えようと思ったけれど、もともと音痴ですから、歌をマスターせずに平壌を去りました。

当時の朝鮮半島の汽車は広軌です。黒龍江を向いて朝方奉天へ到着しました。ちょうど私が家を出る時に親父から、「船には一等へ乗れ。旅館を選ぶなら一流の旅館へ泊まれ」ということを言われていました。そこで、奉天はヤマトホテルへ陣取った。満鉄の経営で、第一級のホテルです。そこで田島文雄君がいました。臼田の田島家の御曹司で、私と兵隊検査を一緒に受けた田島正実さんの息子さんです。カネボウの満洲における子会社の社長をやっていて、満洲経済の話を聞いたりしました。それから、磯貝正造君が満洲勧業銀行に勤めていて、彼を訪ねて満洲の金融の話を聞きました。

それから南満洲鉄道に乗って新京、今の長春にまず降りた。ここには、佐々木袈裟平君という私の松本高等学校時代の同窓生がいて、満洲国の官吏をしていました。彼は羽振りが良くて、私を迎えて新京を一通り案内してくれた。要人を訪ねるということで、最初に興農部次長の稲垣征夫さんを訪ねた。当時、商工次官は岸信介さんで、「剃刀の岸、鉈の稲垣」と呼ばれた、剃刀の切れ味を持っていた岸さんに比べると、稲垣さんは鉈のようなずっしりとした切れ味をもっていた人です。

稲垣さんは小諸出身です。戦後に稲垣さんを長野県知事に推そうとして、林虎雄さんと一戦交えたことがあります。この時には岸さん、満洲仲間であった根本龍太郎君が、稲垣さんをたいへん支援してくれましたが、林さんの前に敗れ去りました。

司法部には臼田から出ていた井出廉三さんがいました。満洲の司法畑で大威張りに威張っていた。この人を訪ねて、様子を聞いたりしました。

新京で二晩泊まった後、ハルビンへ行きました。ハルビンは松花江の流れに沿ったロシア人が開発したなかなか立派な町でした。当時白系ロシア人が若干いました。高等学校時代の友人である宮野君を訪ねて、彼といろいろと話をしました。

ハルビンでやはりヤマトホテルへ泊まって、その後は吉林へ行きます。その途中に、信州大日向村の分村があります。大日向の村を二つに割って、半分が仏壇まで背負って四家へ移民しました。当時、その団長をしていたのが堀川さん、副団長が小須田さん。この二人を訪ねて、一晩泊めてもらいました。だいぶ調子は良くなっていて、その村の中央に大きな堆《うずたか》い穀物の集積場があります。米や大豆を野天で積んで、その上へむしろを掛けて貯蔵してある。雨が少ないから、十分それで冬の間はもち、春になって棚包して、俵か綿へ入れて出荷するということです。かなり量もありましたので、経済も自給自足はもとよりのこと、この売上代金である程度まかなうことができる状態でした。

四家でも泊めてもらい、吉林へ出て、当時日本が建設していた大きなダムを見て、元の道を戻り、撫順の炭鉱を見に行きました。露天掘りの壮大なる採掘状況を目の当たりにして、北支へ向かいました。

山海関を通って北京へ着いたわけですが、満洲を一巡して思ったことは、日本人がたいへん威張っている。満人などをまるで召使のごとく振る舞っていたことが、私は気になりました。大日向村へ行って「このあたりの耕地はどうだったのか」と聞いた。「昔は、みな満人が持っていた」と言う。彼らが先住民としてそこを耕していた。その満人を奥地へ追い払って、「お前らは向こうへ行って作れ」と。そして荒地を耕して新しくその連中は土地を開いたのです。既耕地のいいところを日本人に渡したのです。こういう政策が、果たしていいのかどうか。

「五族協和」という言葉があります。満洲の建国は、五族というのは漢人、満人、蒙古人、日本人、朝鮮人。これが新しい建国をするということで、国づくりが始まったわけです。しかし満人の持っていた土地を取り上げてこれを日本人に配給をする、満人は奥地へ追い込む政治が果たしていいのかどうか、疑問なしとしないと私は胸に抱きながら中国へ行きました。

北京では、私の姉の丸岡秀子が主人の石井東一と一緒に住んでいました。主人の石井が、北京の日本商工会議所の常務理事をしていた関係から、ここへやっかいになって北京を一まわりしました。やはり、これも当時日本の軍人などが肩で風を切って闘歩していたのが目に映りました。

それから、京漢線という漢口へ北京から抜ける鉄道ルートの途中に石家荘があります。長野市と姉妹関係を結んで今は長野と非常に縁が深い。その石家荘へ私の非常に親しかった中山君が兵隊で行っていた。中山君を慰問しようと思い、石家荘へ行ってみたところ、その部隊は二月ばかり前に藁城へ移ってしまって、とてもここから行くわけにはいかないということで、残念ながら帰ってきました。その石家荘の近所で見たことは、土を掘れば石炭がある。それほど良質な石炭ではないけれど、土を掘れば石炭の鉱脈です。よほど中国は資源が豊かだという感じを抱いて、北京へ戻りました。

北京を見たから、南京へ行きたかった。そこで、津浦線に乗って行ったのは済南です。済南は、たいへん水のいいところだと聞いていた。私の頭のなかにあった構想としては、「もし満洲、あるいは北京、北支で日本酒をつくることになったならば、どこがいいか」ということを描いていたものですから、済南は非常に水がいいと聞いて回ったわけです。当時、済南には家内のいとこの小山中尉がいました。丸通の重役でした。この人が迎えてくれて、済南の案内をしていただきました。

そこでもう一人私が訪ねたかったのは、臼田から行った山下寛治君（後に戦死）です。ところが、最近になって討伐のために奥地へ入ってしまって、当分帰ってくる目安がつかないということで、山下君と会えず津浦線で南京へ向かいました。

南京で、あちこち歩きました。孫逸仙、孫文を奉った中山陵を見ました。それから、よく南京大虐殺が言われます。南京で日本軍が何十万という中国の、軍だけではない民間人まで殺戮したことはよく伝えられます。私は、自分の目で見て、何十万などという殺戮ができるはずがないと今でも思っています。ただ、きっと何かしらのことはあったでしょう。根も葉もないことではないと思うけれども、しかし三

○万人が一遍に虐殺されることはまずありえないのではないかと見てきました。

南京から上海へ出ました。上海には、私の家内のいとこのやはり小山君が鐘紡の社員として行っていて、案内してくれました。上海の様子をいろいろと見聞して、上海から船に乗った。船がいよいよ出発間際になって、その小山君が私のところへ駆け込んできて、一通の電報を私のもとへ持ってきた。その電報を見たら「男子出生」と書いてある。私の家内が長男を産んだわけです。それが井出正一です。海の外で初めての子供をもつ、しかもそれが男の子であったことは、やはり感慨無量一入のものがありました。そこで私は「地に我を　嗣がむ幼き　生命あれて　大和島根に　息づくらむか」という拙い歌を一首詠んだ。そんな感概をもちながら船に乗りました。

その船は大連行きでした。その船室で一緒になった男がいる。なかなか眉目秀麗で、私より少し年上だと見えたが、いろいろと話しているうちに、彼が信州人であることがわかりました。松本高等学校で私の先輩である池上隆祐君でした。昭和二一年の最初の選挙に、彼は松本地方から立候補して当選しました。その後もずっと親しくしていました。池上氏と合い語り、船旅を一緒にしたわけです。船は、何とはなしに人の心を和ませるもので、池上君とは何か十年の既知のごとくに親しくなりました。その船は青島に寄りましたから、ふたりで青島で時間をつぶしたりして、大連で別れました。

大連ではやはり一泊し、旅順を見聞しました。日露戦争においてあれだけ日本人が血を流した跡を見たいということで、旅順の戦争の跡を訪ね、大連から再び船に乗って日本へ帰ってきました。

佐久の酒造業の整理

昭和一四年頃からかなり戦局が厳しさを増して、日本国内の経済も厳格な統制経済になってきます。

酒は不要不急なる代物で、兵隊にだけ飲ませればいい、民間人はどうでもいいというような時代になって、橘倉商店の仕事も非常に収縮されて、ごく一部分しかできなくなりました。

当時、配給統制のもとに事業整理が行われて、親父が佐久の酒造組合長で、私はそのもとで事務局長みたいな仕事をしていました。税務署が監督官庁で、酒の醸造、販売にいたるまで統制をしこうということになりました。そこで、企業整理をするためにはある程度生かすものと殺すものとを仕分けなければいけなかった。そういう仕事が、税務署を中心に民間の声も聞きながらということで、酒の醸造のほうから私が主としてタッチした。小売業界からは、大きな小売商であった小諸の甘利栄太郎という人がいました。ふたりが税務署と相談して、醸造も販売もある程度の間引きをするという仕事に携わった。これは、嫌な仕事です。残ったものは良いけれど、漏れたものは失業状態になるから容易ではない。そういう選別をするような仕事をさせられ、業界の統制に直接タッチしました。

佐久酒造組合の中国旅行

昭和一五（一九四〇）年は情勢が切迫してきて、私が一四年に大陸旅行をした関係もあって、佐久の酒造組合の諸君が一度様子を見に行きたいと言い出した。「井出さん、あなた経験があるのだから、なんとか都合して案内してくれないか」となりました。そう言われてみれば、無碍に断るわけにもいかない。佐久酒造組合は、中国のどこかで、満洲であろうが北支であろうが、日本酒を醸造しようという気持ちもないわけではない。私が案内役になり、一五年の春頃に旅行しました。

だいたい私が辿ったコースを行ったのですが、今度は日本海から船で清津へ下りました。一緒に行った者は七、八名あったように思いますが、年配の人からいえば中込の亀の海の土屋熊治さん、北佐久の協和村の依田利久衛さん、千曲錦の原栄一さん、深山桜の荻原丈次さん、黒沢太郎さん、依田勇雄さん、こういう連中が行ったように思います。

朝鮮の清津で下り、吉林省へ入りました。そして、ハルビン、奉天、新京というコースを辿り、熱河省の承徳へ行きました。熱河は北支に近い地帯で、清朝のころは清国皇帝の別荘地でした。ラマ教の大きなお寺がいくつかある。そういう特別な地帯で、熱河のほうも旅をして北京へ入った。だいたいそこまで私がご案内をして、後は北京で皆さんがそれぞれ自由行動で視察するということでした。北京では井出公太郎中尉（後に戦死）に会いました。井出公陽《きみはる》君のお父さんです。

橘倉酒造の事業拡大と逮捕

昭和一五年の夏頃から、私は少し営業を拡大しようという気持ちがありました。橘倉商店の造石数だけではとてもお得意様に満足していただくわけにいかない。なんとか少し造石を増やしたいという気持ちを抱いていました。私のところへ、御代田の桜井富治郎という取引先が「橘倉のご主人、福島県に酒屋の売り物がある。買ってはどうでしょうか」と話を持ってきた。現に酒の相当量があるし、蔵などは持ってくるわけにはいかないけれども、蔵に付属した酒の醸造の権利は、当時だんだん制約されて、酒をつくる権利がものをいうようになっていました。一石について何円というような評価がされるようになった。それを手に入れたらどうかという勧めを私のところへ持ってきました。

私が計算してみますと、どうやらそろばんに乗る。酒も、闇で売る必要はないけれども、正常な公定価格で売れば相当な利潤が生まれる。ましてや、統制の造石数が増えればそれだけ酒が余計にできますから、その権利を福島県から長野県へ持ってくればいい。今まで一〇〇〇石をつくっていたのですが、一五〇〇石をつくるようになれば、生産単価が安くなる。そこから生まれる利潤を考えると、決して悪い買い物ではないという結論が出て、それを引き取ることにしました。

それが経済違反になってしまいました。当時はなかなか闇とか何かにはうるさい。私は、その計算からいえば、決して闇でも何でもない、正常なる法定価格で商売をしているわけです。ところが、その私のほうへ売った奥州三春《みはる》というところが、いろいろ聞いてみると、あまり評判が良くない。それが他の闇商売か何かをやって、関連して酒屋の権利から持っている在庫からみな長野県の井出という酒屋に売っ払ってしまったことが、現地の警察当局の耳に入った。これはただごとではなかろう。何か裏にあるのではないかと疑惑をかけられて、私のほうにお鉢が回ってきたわけです。

その秋の頃、ふと臼田の警察から私は呼び出しを受けた。行ってみると、三春の二人の警察署員が臼田署へやってきていて、私をどうしても現地へ連れて行くということになってしまった。逃げ出すわけにもいかない。そうかといって、その警察官と暴れて喧嘩するわけにもいかない。しょうがないからここは行ってよく話せばわかると思って一緒についていきました。

ところが、なかなか向こうとこちらの見解が合わない。私が売った酒は公定価格ですけれど、私が買った酒の値段で見解に差ができる。私は建物までみな買ったのだから、建物の値段と現在の酒、つまりそこに現にある酒の値段との合計がわかっています。酒のほうを安くして買った建物の値段を高くすればそろばんはどうにでも出るのだけれど、相手の警察は、建物のほうを安くして酒のほうを高く私に売ったという計算をして譲らない。一種の水掛け論です。私がとにかく公定価格より高いものを買ったというものだから。売ったのではなく買ったのです。

かれこれ一週間ぐらいすったもんだしていました。ある時、私が私の関係している販売店一〇軒ばかりへ葉書を書いた。私自身も逸脱したかと思う。「おれはこういう考え方で主張している。あなた方も口裏を合わせてもらいたい」という手紙を書きました。これは嘘ではなく、表へ出ても決して悪いことではない。けれども、そういうものを書いて、毎日朝飯を運んでくれる旅館の番頭さんに、「これを前のポストへ放り込んでいってくれよ」と渡したのが、少し配慮の足らなかったようです。それが渡したままポストへ入れればいいのですが、私からそんな葉書をもらったといって警察へ出してしまった（笑）。これには参りました。どうもこの男は油断ならん、放っておいてはいかんということで逮捕状が出たのです。

それまでは警察の宿直室に寝泊りして調べを受けて、逮捕状が出たら留置所へ放り込まれた。皆さん経験がありますか（笑）。あんな経験は持たないほうがいいのですが（笑）。非常に気持ちの悪いものです。逮捕でまた四、五日留置の期間が増えて、一〇日以上奥州三春に私は留まりました。一応の調べがついて釈放になったのだが、決して向こうは「無罪」とは言わない。「釈放する」と。調書を取って、私が向こうから買った値段がどうも具合が悪いというところに問題が帰着したわけです。

どうなることか、あとは検事局がいかなる判断をするかと、それを待つのみでしたが、結局結論が出るのはその翌年になりました。一一月のころでしたか、紀元二六〇〇年という、今から計算すると必ずしも歴史と合っているわけではない、多分に神話的な意味があるわけですが、私が留置所へ入っている外を、紀元は二六〇〇年の歌声が響いて、行列が通る音などが聞こえてきます。そういうのは、いけませんね。私はこんな身分になって一体どうなることかと、行く末を思った。切歯扼腕《せっしやくわん》したりするけれども、自由を拘束された身にはどういうわけにもいかないこともありました。一二、三日留め置かれて解放されて戻ってきました。

昭和一六（一九四一）年に京都大学に入学しますが、その時、京都の検事局から呼び出しが来た。京都から来るのも、おかしい話です。逃げるわけにもいかないから行ってみたら、略式で私にごくわずかな罰金が課せられていた。私個人ではない。橘倉商店が罰金を納めることになります。向こうも配慮したのかもしれません。そういうことで一件落着と、どうも妙な夢を見たようなもので、三春の一件がそういう事態になったから、あまり儲かるそろばんにはならなかった。しかし、向こうから申し受けた酒だけは、全部こちらの手で処理しました。それだけの余計な商品が出回ったのですから、販売店には非常に喜ばれました。

京都大学時代

私は方向転換をして、昭和一六年に京都大学に身を置いて物の本でも読んでみようという腹構えになりました。というのは、世の中統制経済でさっぱり仕事を拡大しようにも何も手はない。はなはだ倫快でないことばかり多いわけです。世の中は翼賛体制で、いくらかでも「自由な空気を」などと思っている者は、圧迫されて表に出られない。私はもともと自由が好きです。ですから思想統制、言論統制という時代は面白くない。こういう時期に差しかかったものですから、その時は商売は従業員任せでよろしい。京都行きを決意しました。しばらく三春のあまり倫快ではない印象から遠ざかろうということもありました。

しかし私が高等学校をやめて、すでに一〇年が経っています。行きたい大学も制約されてしまいました。東京大学でもよく知っている東畑精一《とうはたせいいち》さんの農業経済科などは文科系をしめ出し、理科系でなければ行けないという環境にあったのです。そこで私もいろいろと調べてみました。京都大学では文科系でもよく、橋本伝左衛門先生や大槻正男先生の農業経済科は、私のような文科系も受け入れる、歓迎するというので、一六年から京都大学へ行くことになったのです。

京都大学は、自由な学風がありました。東京より自由が残っていました。さらに反骨精神が旺盛で、東大なにするものぞ、という気風が残っていました。

だが進学するからといって、私は橋倉の営業をまったくかなぐり捨てるわけにはいきません。当時すでに家内もいれば、子供は三人いました。初めは京都に家でも借りて移ってしまおうという気もなかったわけではありません。しかし実際問題として、もうその頃の京都は強制疎開が始まっていました。そこで臼田と京都の間を通学したのです。

京都大学時代か

今考えるとよくできたと思いますが、若いからできたのでしょう。大学へは金帰火来でした。つまり金曜日に帰って、火曜日にまた大学へ戻る、これを毎週繰り返したのです。これで家業と大学とを一度に達成しようというのですから欲が深いです。金曜日の夜、京都を出て名古屋から中央線で篠ノ井、小諸を通って小海線に乗り三反田に着きます。家には土曜日、日曜日、月曜日と三日いて、月曜日の夜はこれとは逆のコースで京都へ帰るわけです。

京都駅には当時洗面所兼便所がありました。これが有料で一〇銭。有料トイレは当時恐らく京都駅だけではなかったでしょうか。ここで一〇銭出すと、タオルを貸してくれてお湯が出ました。ここで顔を洗ってそのまま大学へ直行しました。

当時私は銀閣寺の近くに下宿していました。京都駅へ着くのが朝の八時頃ですから、下宿に寄っていたのでは、大学の始業に間に合いません。学生ですが当時私は、背広を着て通学していました。ですから大学の守衛も私を教授と間違えて、いつも敬礼してくれました。

当時の大学は、戦時下でしたので修業年限を半年繰り上げ、三年のところを二年半で卒業するという時代でした。そこで私は最初の一年半で単位を全部取ってしまったのです。これには相当無理もしました。特に土曜、月曜は講義に出ないですからね。

だがよくしたもので、プリント屋というものがありました。大学の講義をプリントにして売っていて、このプリントを手にして試験を受けました。

困ったのは学校教練です。戦時中で軍事一色の時代で、一八年が学徒出陣です。うっかりするとこの仲間入りにされかねない。こうなると元も子もなくなります。学校教練は敬遠しなくてはなりません。

そこであらかじめ診断書をつくって、配属将校の大佐に会って、こういう理由で学校教練はできないからと申し入れました。この診断書ですが、臼田の田原正人先生につくってもらい、しかるべき病名を書いてもらいました。田原先生は私が一計を用いているとは知らず、私の望みどおりの病名で診断書をつくってくれました。そのうえで配属将校に会ってどうしても教練を医者が許さないといいました。こういうところは政治力を発揮したわけです。これに対し配属将校もすらっと承知してくれました。こうしたいきさつで教練は免除となりました。

農学部ですから農業実習と測量実習がありました。農業実習のほうは、出席さえすれば優をくれました。測量実習というのは、トランシット（計測用具）をかついで測量するのですが、これを学生にやらせようというのが無理です。これは出るには出たが、何のことかわけがわかりませんでした。

私の卒業成績はたいへんなものですよ。京都大学始まって以来とは言わないまでも、かなりなものですよ。測量実習を除いて二〇何科目、全部優だったですからね。

私は他の学生より一〇年先輩ですから、世の中の知識は全然違います。ある程度講義を聴かなくても、要領よくつなぎ合わせることができます。ですから大学にもこういうものがあってもよいと思います。実社会をやってから学生をやるのもよいことです。

太平洋戦争の開戦

昭和一六年の暮れ、戦局は進行して一二月八日に真珠湾攻撃が始まりました。同時にマレー沖海戦も行われ、戦争はいよいよ世界的な規模における日本の運命が展開されることになったわけです。

私は京都にいて一二月八日の朝は学校へ出てきた。その前に、ラジオその他を通じて、いよいよこれは始まったということだけは承知して教室へ出た。最初の講義が大槻正男教授の時間でした。大槻さんは、私が非常に尊敬している先生で、私の人生の師、学問の師。いろいろな先生に仕えましたが、大槻先生は私にとっては確かに学問の師であったといえる。大槻さんは戦争のことに触れて、アメリカの大国である由縁の力説をしました。かつてアメリカにも留学した人ですから、アメリカの状態をよく知っている。資源が豊かで、国土が広くて、とても日本の比ではない。戦争に対する自給能力は、とても比べ物にならない。これに戦争を仕掛けた日本の将来は非常に心配だと。大槻さんは、とても勝てる見込みはないと、そう言ってしまえば身もふたもないことだからそこまでは言わなかったけれども、アメリカの国力を正確に認識する話をしてくれて、大いに啓発されるところがありました。

大政翼賛会と翼賛壮年団

戦時中は大政翼賛会ができまして、近衛さんを担いで、日本全体が翼賛一色のような傾向になった時期があります。今日もいろいろ批判の余地のあるところですが、日本のほかに、ドイツにおいてはナチスがあり、ヒトラーが天下を掌握しました。イタリアにおいてはファシズム、ムッソリーニがイタリア半島を思うままにした。ソ連においてスターリン輩下のコミュニズムが大きな圧力を加えました。こういう国家体制は人間の自由な考え方を縛るわけです。本来、自由主義の世界、デモクラシーの世界は反対党の存在を許します。一国一党ではない、複数の政党が存在することを許す。これはデモクラシーの建前です。そのなかの多数を得たものが最大多数の最大幸福を追求するという意味において、時の政権を掌握する。少数党はその間は我慢して、もし自分の主張が本当に正しいならば選挙を通して選挙に訴えて、やがて多数党になる。そこに政権の交替が生まれます。これが民主政治です。

それはイギリス、アメリカ、フランスにおいても同様です。日本も明治以来、そういう考え方のもとに、議会政治が漸次成長してきたけれども、大東亜戦争を通して、国家体制は一本化する、能率的にする。反対党はもう認めない。そういう形で、大政翼賛会が勢力を伸ばしてきました。

この地方におきましても、中央がそういう状態で、近衛さんを筆頭に、有馬頼寧《よりやす》さんはかなり物わかりのよかった人だけれども、こういう人が事務総長みたいな役をしました。あるいは軍を代表する意味において、陸軍、海軍の軍人が乗り込んできた。こういうふうなことでわれわれの上には自由が、どうもものをいわないという時代が来たわけです。

大政翼賛会の実践機関として翼賛壮年団があちこちにできました。翼賛壮年団が地方においてかなり思うがままに振舞った事実を、幾多見ました。例えば、廃品回収で、金属製品はことごとく召し上げてしまって溶鉱炉へぶち込んで、やがては鉄砲玉になるか軍艦の一部になるか、ともかく甚だしいのは、箪笥の引き手まで徴発してしまったような行き過ぎもあったわけです。材木にしても、造船に作るということで、欅の木などはいち早く召し上げていってしまった。私も自分の墓場の欅を数本、抱きつけないほどの大きな巨木を、供出させられた記憶があります。本当にそれが軍艦になれば、船になれば何をか言わんやだけれども、私のところから召し上げた欅材は、長い間風雨にさらされて道端に放り出されていた。終戦の時期が来て、とうとうお役に立つどころか、後は邪魔物になってしまうということを見るにつけても、行き過ぎがあったのではないか。翼賛会の考え方に賛成でない者は、あたかも一種の非国民みたいな扱い方をされた時期があり、日本が、本当に国民が一心一体になって戦争を遂行する意味において、逆作用になったことが当時まま見られたように思います。

モットーとしては、上のほうの意思が下のほうへ達する、上意下達を言っている。それから下意上及、下のほうの意思が上のほうへ通じるということを言っている。ところが、上意下達は行われたけれども、なかなか下意上及、下のほうの考え方を汲み取って、庶民が何を考えているかということは尊重されなかったのが実際ではなかったかと思う。

翼賛選挙

この翼賛体制のもとに、選挙などもしばしば行われました。ことに昭和一七（一九四二）年の選挙は翼賛選挙といわれました。国民の納税、あるいは公債を発行して、政府の国庫へ金が集まる。陸軍なり海軍なりの費用は、正規の費用のほかに、臨時軍事費という名前のもとに、一括して中身の会計は必ずしも十分に明確でない使い方がされている。昭和一七年の選挙などは、臨時軍事費をもって公認候補を応援するわけです。軍の費用でもって公認で立った候補者が応援されるということで、非推薦といわれる人は、まったくそういう恩恵にはあずからないのみならず、そういう人には非常に官憲が厳しく臨みまして、選挙違反でみな引きつぶしてしまうような選挙が行われました。これは民主主義の本義である公正なる選挙が妨げられていたということではないかと思う。

昭和一七年は国会の選挙のほか、地方の町村議会の選挙なども行われた。当時私は京都大学に籍を置いていたのですが、臼田の町から連絡があり、ぜひ相談したいという同志の要請を受けて、町へ帰ってきた。その相談というのは、非推薦の候補者を一人担ぎ出して、この選挙に一戦交えるというものです。およそ当局の側から見れば、いかにもけしからん話だと映ったわけです。

しかし、選挙の自由ということからいえば、官憲が何を言おうと、自分たちの欲する人を投票によって選び出すこと、これが選挙です。われわれの仲間だった山下寛治君を担ぎ出して、臼田町町会議員選挙に臨みました。山下君が非推薦で出て、見事当選してしまった。痛快といえば痛快ですね。しかし、臼田警察署などは、翼賛壮年団と一脈の連絡があります。そこで鵜の目鷹の目にこれに弾圧を加えようという次第です。しかし何も非合法をやっているわけではありません。違反をやっているわけではないから、それに手をつけるわけにはいかなかったが、山下君が当選したために、他の一人の候補者が落ちてしまった。まさかその人が落ちるとは思わなかった。その人を落とすためにやったのではないけれども、偶然そういうことになってしまいました。

翼賛選挙には、私は甚だ納得しないものがありました。京都へも臼田から連絡があり、京都の太秦警察署から私の留守の下宿へ問い合わせがありました。翼賛選挙には当時ささやかな抵抗をしました。

戦時期における昭和研究会の接触

近衛文麿さんが昭和研究会を、自分のブレーンたちによってつくっていました。近衛さんを上にいただいて、協同主義のもとに昭和研究会が生まれたことがある。この昭和研究会が私に接触してきたのですが、一部に共産党の人が入っている。この辺でいえば、三分の岩田、学校の先生をやっていた人。それから、松本高等学校で私の後輩がいます。こんな人も接触をもった時期があります。

この昭和研究会の一部には、松本のほうの人で、百瀬嘉郎さんという、翼賛壮年団の幹部だった人がきた。後の社会党の有力な政治家になる羽生三七《はにゅうさんしち》さんも一種の思想運動、国民運動研究会という名のもとに、協同新党を唱えながら接触を求めてきたことがあります。

今考えてみると、得体の知れない、いったい何が本体なのかよくわからない存在でした。共産党の別働隊であるやにも見えると思うと、右翼団体みたいな感もないこともない。当時羽生三七さんの後ろには小山亮さんがいました。ビルマのほうへ二人で行ったことなどもある。小山亮さんを考えると、右の一拠点であるわけですから、何が本体なのかよくわからない。そういうことが私に接触しようとしてきたことも戦時中ありました。そういうものに簡単に乗せられることはなかったけれども、戦時下の思想運動の混迷といいますか、右と左が同居していたような感じがしてなりません。

南方行きの試みと搭乗船の撃沈

戦局はいよいよ気迫をつげてきて、私も自分の身辺を考えるようになった。私は徴兵検査を昭和六年に受けて丙種であったが、その後動員で甲種も乙種もとられて、もう丙種しか残っていない状態です。今さら逃げ隠れするわけにもいかない。いずれはわれわれの身辺にも赤紙が舞い込んでくるだろうと予測された。「満洲で酒をつくれれば」と思ったこともあるが、「南方の米で、現地で酒をつくったらどうか」という話題が出てきました。私の父親が会長をしていた長野県酒造組合連合会が、昭和一五年春ごろ、県連合会の方針として陸軍なり海軍から南方で酒を造る許可を得てほしいと強調して、ずっと陸軍省へ運動などしていたところ、昭和一七年になっていいだろうという声が出てきました。いよいよそういう準備にかかり、昭和一八（一九四三）年に決行されるわけです。

陸軍省で、長野県に許すというお墨付きが出てからも、誰をやるかとなると、戦局はますます厳しくなってきたものですから、みな尻込みしてしまって、誰も行き手のない状態になってきました。私の親父は、責任者として少し困って、京都にいる私へ連絡して、「どうだお前、行ってみないか。行ってくれないか」という話を私に持ち込みました。当時、日本の周辺はアメリカの船に囲まれて、B二九もいつ飛んでくるかわからないという状態。潜水艦が日本の周辺を取り巻いていて、とても船も簡単に動くわけにはいかない状況になっていましたので、私も実はそう気が進んだわけではない。けれども親父が困っているのを見ると、「親父さん、とにかく様子だけ見に行くか。向こうで酒を造ることが可能であるという見極めがついたならば、私は返してもらいたい。同時に東南アジアも回ってみたい。そういうことが叶えられるならば、私はおみこしをあげてもいい」と。

私自身も腹を決めた。ただいてもいつ召集が来るかもわからない。とすれば、陸軍の嘱託として向こうへ行くのも変わりがないという気持ちがあったものですから、それに応じました。

チームを編成して、酒造技師は西沢さん。営業担当は諏訪で酒屋を経営している平林君。社氏は北安曇の小谷村から出ている山田さんと、二人の蔵人がついた。私のほかに五人でチームを編成して、場所はタイ国のバンコクに決まって、いつでも出発してくれということになりました。

私ども一行は出かけることになって、七月の初め頃、大阪まで来てくれという。当初われわれは、飛行機をお願いし、陸軍省もＯＫだった。ところが、いよいよとなってみると、飛行機は満杯でどうにもならない。大阪へ来てくれというのは、船に乗ってくれということだったのです。仕方がない、そこまで行って今さら嫌ともいえないから大阪まで行きました。天保山沖という大阪の港の沖合いに出たところ、「船が停泊しているからそれに乗り込んでくれ」ということでした。長野県の酒造組合もたいへんに気を使い、亀井副組合長、市村さん、姥捨正宗のご主人が大阪まで見送ってくれました。

五人を引き連れてその船に乗ってみますと、これはまたえらいオンボロ船です。日清戦争の頃に清国から分捕った船だといいます。長い間使い古して、どうにもならない。そういう船だけれど、タイのバンコクぐらいまでは航海できるだろうという話で、それに乗り込んで出かけました。船足も速くない。瀬戸内海を出て下関へしばらく泊まって、五島列島のほうへ玄海灘をまわって出るのですが、おりから台風が来るなどといえば、台風をめがけて航海するほどの力はないので、五島に二日ばかりひそんで台風をやり過ごして航海を続けるという状態で、台湾へ行くまでに一〇日ばかりかかりました。

その途中で実は敵艦がやって来る。夕方に台湾の基隆《キールン》へ船が到達するであろうと言われていたその朝、敵の魚雷の襲撃を受けました。ちょうど朝のことで、みんなで甲板へ出て、海軍でよくやる柔軟体操をやっている時です。敵が来たら、このコースを下りて、ここでみなで集結して、もしボートがうまく乗れればとあらかじめ聞かされて乗ったわけです。訓練で毎日それをやっていました。

その船は蛇が這うように、ジグザグで航海していきました。その朝、柔軟体操をやっている最中に、魚雷が三発来たのです。一番先のは、船がジグザクで方向転換したから、反れて向こうへ行った。第二発目です。船の胴体にブスリと穴をあけるようなのが突き刺さった。石炭を焚いて走る船ですから、船の胴体の真ん中に機関があって、ボイラーの側に石炭置き場があった。その石炭置き場へ魚雷が刺さったのです。最後の三発目が、艦のほうにある船へ命中しまして、そうなれば船は致命傷です。

私は、ちょうどその時に、洗面所に顔を洗いに行っていました。グラグラときて、洗面所の棚にあるコップや歯ブラシが落ちて散乱する状態でした。「ああ、これはいよいよ来たな」と思い、「こんな時は落ち着かなければいかん」と言い聞かせて、自分の部屋に飛び込みました。大事なものだけ小さなかばんへ詰めてあり、そのかばんをまず手に持った。それから、帽子掛けに帽子があったから、それをかぶった。外はカンカン照りだから、帽子がなければいかん。ところが、一遍に帽子を二つかぶってしまった(笑)。戦闘帽を掛けて、その上に外に中折れ帽を帽子掛けに重ねておいたので、二つ一緒にとってかぶってしまいました。

二つかぶっては具合が悪い。後で、みんなからあの時慌てふためいて帽子を二つかぶったなどと言われてはかなわないから、一つをまた元のところへ置いて、一つだけにして甲板を駆け上がって、前から訓練の時に承知している通路を通って、第二甲板に下りてきました。

その船は三〇〇〇トン級の船で、半分が貨物船、半分は客船です。船のいちばん後のほうに車のついた大砲が置いてある。それは野戦の大砲ですから、船の上でそんなものは使うわけにはいかない。こけおどしでしょう。外国の船が、潜水艦などが見れば、いかにもそこに大砲が置いてあるように見えるから、きっと置いてあると思うのですが、それがでんぐり返ってしまった。三発目が来たものだから、大砲がひっくり返ったのです。そこにいた二人が死亡しました。そのほかには死亡被害はなかった。

訓練したコースにしたがって行ったところ、そこへボートが下りてきた。婦人客から先に乗せる。それから、年配の人、若者はいちばん後。それから船員という状態でボートへ移るわけですが、幸運であったことは、その船がすぐ沈まなかったことです。すぐ沈めば、轟沈です。そうではなくて、真ん中の石炭置き場へ刺さった魚雷から水が浸透して、そこからだんだんと浸水して船はやがて沈む。沈むまでには約三、四時間かかった。ですから、割合にばたつかないで静かにボートに移ることができました。ボートは二隻あって、われわれ若い者は二番目のボートへ移った。

いろいろ印象があるのですが、台湾沖へ朝日が昇りまして、天気がよく晴れていた。夜中であったならば、非常に慌てふためいてたいへんな場面が生まれるのですが、昼間だった関係もあり、みな落ち着いてボートへ移ることができました。何よりボートはその船から早く離れなければいけない。船が沈む時には、水柱が立ったりしてボートが巻き込まれてしまう恐れがある。だから、みなが安全にボートに乗ったという時期がきたら、その船から離れるのが鉄則になっています。

今でも覚えていることは、朝飯の時期だったものですから、気を利かせて誰かが飯のお櫃をボートのなかに持ち込んだ。よほど落ち着いた人の仕事です。船が離れて、婦人が若干乗っていたものですから、おにぎりを作りまして、塩水で手を洗えば塩むすびになってしまいます（笑）。それで、みんなに配給してくれて、わりあいに沈静している間にボートは船から離れるようになります。

その時に、護衛のために特務曹長の人が乗っていました。船長は船長で別にいました。その特務曹長は、「自分はみんなを警護する責任があるから、この船と運命をともにする」と言って、船から離れない。船長は船長で、船長はそういう使命があるものらしいから、最後は、船長は船に関する限りは自分に命令権があるということで、その特務曹長を下ろした。「お前さんはおれの命令をきかなければいかんのだ」と言って、特務曹長も乗り移りました。最後に船長だけ残ったのですが、これも時間に余裕があったものですから、ボートに移って一行はそこから離れました。

すでに、そういう状態になってからSOSの無線をあちこちに打ったらしい。お昼ごろに途中で聞きつけた漁船が近寄ってきて、われわれボートで漂流している者を助ける場面がありました。お昼過ぎに基隆の港へ到着することができて、まさに九死に一生を得たわけです。

基隆の港へ上がってから、犠牲となった二人、そのうち一人は船員だったと思いますが、二人の火葬を行うということで、お葬式へ駆けつけたりして、基隆で三日か四日過ごしました。思い起こせばよくも助かったものです。幸いなことに石炭置き場のところへ魚雷が刺さった。ボロ船であったことが、かえってよかったかもしれない。台湾で静かに自らを省みて、やれやれという気分でいました。

しかし、一緒に持っていった機材はすっかり海没してしまいました。酒の酵母、麹菌を相当量持って行ったけれども、これを梱包した箱はことごとく船へ置いて沈めてしまったから、空身でバンコクへ行ってみても仕事は始まらない。そこで、いろいろと苦慮した。先に身柄だけはバンコクへ行って、後から荷物を送らせるか、それとも台湾から内地へ帰って出直すかでした。結局は、とても人に頼んで荷物を送らせるわけにはいかない状況にあるから、一度帰って出直すことで衆議一決して、客船で神戸港まで帰ってきました。割合に順調に、魚雷の危険などはなしに内地に帰り着くことができました。

バンコク訪問の実現

もう一度再起を図ることになって、奔走しました。「半分命を捧げるところまでいったのだから、これで勘弁してもらったらどうだ。なんとか理屈をつけて、半分病気のようなことを言って、次のバンコク行きは御免蒙ることにしたらどうだ」と勧めてくれる人もありました。しかし、世の中、国をあげて命を賭けて勝つまではやめないという状態では、とても自分だけ安全地帯というわけにはいかない。陸軍に交渉して、「今度は嘘を言っては困る。飛行機を出してくれなければ行けない」と頑強に粘ったところ、「そうしましょう」と。リンゴがもう実っていましたから、秋も遅い頃だった。「立川へ来てくれ。立川から飛行機が出るから」と通知がありました。そこで、また六人で立川へ行きました。立川で飛行機が待っていた。この飛行機も、旅客機ではない。ラバウルへ行く爆撃機の爆弾を積むところに乗ってくれというのです。

そこまで行って、どうも後を見せるわけにはいかない。仕方がない、これに乗ることになった。その時、私の酒の販売をしている井出友太郎君、上甲梅松さんの二人が立川まで送ってくれた。ポケットからリンゴを出して、「かじっていってくださいよ」と、リンゴの五つか六つをここでもらった。

乗って空を飛ぶと寒くてしょうがない。暖房もないでしょう。いくらか隙間があるから、そこから風が入り込んできたりする。そういう状態で、いちばん困ったのは、おしっこをしなければいけない。寒いから、ますます小用が近くなる。それをどうするのだということで、みんな悩ましたのですが、どうやら途中で九州や台湾で停まりました。

フィリピンへ着いて、クラーク空港へ降りた。そのクラークの炎天干しのなかでリンゴを食べた味わいは、世の中でこんなにうまいものはあるのかと思うほどで、今でもそのリンゴの味は忘れられない。ラバウルへ行く飛行機へ乗ってフィリピンまでは行ったのですが、「これから後は自分で探してバンコクへ行ってくれ」というのです。無責任なものです。そこで、クラークフィールドからマニラの町まで約一〇〇キロある。その間をどうするか。トラックを調達して六人でマニラへ行きました。

われわれの身分は陸軍の嘱託ですから、普通の兵隊ではない。マニラでは第一等のマニラホテルへ宿泊して、そこでタイ行きの飛行機を待つことになった。毎日バンコク行きの飛行機を見つけることが私の仕事です。内地からフィリピンへの飛行機は満杯が多い。マニラで飛行機が空かない。なかなか飛行機を見つけることが困難です。毎日毎夕飛行場へ駆けつけて、座席のあるなしを検討して、私のほかの五人は二、三日おきぐらいにタイへ向けて送り込んで、私一人だけ残ってしまった。一人残ると心細い。飛行機が見つかればいいけれど、なかなか私の番になって飛行機が見つからない。

ある日私がマニラホテルの食堂へ行ったところ、私をじろじろ見ている男がある。兵隊ではない。白い麻の服を着ている年配の人物でした。私も、「私の知り合いの望月君ではなかろうか」と。松本高等学校で一緒だった望月重信君が、陸軍士官学校へ入って将校になっていることは聞いていたが、顔つきが望月に似ていると私は腹のなかで見た。向こうも、井出と思ったのでしょう。期せずして、ほとんど同時に二人が立ち上がって、「望月君か」、「井出君じゃないか」と、久しぶりに会って握手しました。

地獄で仏に会ったというのは、このことでしょう。望月君は、比島派遣軍報道部新聞班長をしていました。ですから、彼は顔もきくわけです。望月君の紹介で、私は『青い山脈』などを書いた作家の石坂洋次郎と飯を食ったことがある。山田耕筰という音楽家がある。山田耕筰先生の音楽会がフィリピンのマニラの劇場で開かれた。望月君とふたりで音楽会に出かけたこともあります。

その数日は望月君のお客分になって私はマニラにいました。そうしているうちに、「どうも手がないから、井出君、君を比島派遣軍の新聞班員にする」と。ずいぶん勝手なことができるものですね（笑）。彼は新聞班長だったから、私は新聞班員になったわけです。そういう身分で飛行機がようやく取れて、私はバンコクへ向かいました。

少し右翼張りの作家である林房雄《ふさお》と同じ飛行機に乗って、彼は弁当を持っていなかったから、私の弁当を半分彼にあげました。ようやく昭南に着くわけですが、いけない時はいけないもので、また途中に一災難ある。南方は夕立が来るでしょう。その飛行機が大スコールのなかへ巻き込まれてしまいました。暗雲低迷しているなかから飛行機が抜け出すのは容易でなかった。どうやって脱出するか。下手をすれば、スコールと一緒に飛行機が墜落してしまう恐れがある。みんな、顔色が変わっていました。

飛行機は雲の下をもぐって、向こうへ飛び立つという手を用いる。飛行機は海面すれすれです。波が機体にあたるかぐらいのところまで急降下する。それで下をくぐろうとするけれど、なかなか思うように行かない。今度は上昇の舵をとって上から抜けようとするけれど、これもおそらく何千メートル上がらなければ駄目。その時も、これはえらいところへ来たと。先には魚雷で危なかったが、今度は飛行機。その飛行機には兵士がたくさん乗っていて、この兵士に負けないように、おれも最後まで慌てないで、これで御陀仏になるにしても、誰が見ていなくてもきれいな死に方をしたいぐらいの腹は当然起きる。操縦士は落ち着いていて、微動だにしない顔つきをしている。最後のところで、彼は雑のうからパンを取り出して、パンをかじりながら運転している。「自信があるな」と思えていたところ、ボルネオ島のクチン港へ不時着陸しました。クチンで一泊して、翌日シンガポールへ着きました。

シンガポールでは、取出から出ている前島純夫さんが三菱商事の昭南支店長をしていて、前島さんの客になって、シンガポールを案内してもらいました。それから向こうは汽車に乗って行ってくれという。マレー半島を行くのですから、普通の列車ですと二晩汽車のなかで泊まらなければならない。そういう距離です。石炭でも焚いて走るのかと思うと、そうではない。チーク材のくずを焚いて走るから、とてもスピードは出ない。二晩かかって、ようやくバンコクへ着きました。

私より先に行った五人が、ある程度スタートをつけていました。その時、陸軍の三好中佐が、非常によく面倒を見てくれました。材料などを整えて、米はお手のものでありますし、清酒の酵母や趣菌は持っていったのが間にあって、まずまず酒ができる見当はつきました。ただし、酒は糖化作用といって、でん粉から糖分にする作用と、できた糖分をアルコールに発酵させる作用と、糖化と発酵が同じもろみのなかで行われているのですが、一方が進めば一方が遅れる。暑いところでは、アルコール発酵のほうが先立つものですから、薄辛い酒がどうしてもできてしまう。これは仕方がない。氷で冷やすぐらいのことしかできない。それでも、どうやら酒ができることだけは見当がついた。

私は、バンコクに三ヶ月ぐらいいました。見当がついたので、上司に「これで私を返してもらいたい。後はどうしても従業員が足りないから、この従業員を向こうで募集してこっちへ供出する仕事があるし、この辺で」と願い出て、私は御免蒙りました。最初の約束がそうだったのですから、一二月の終わりに向こうを経ち、途中仏領インドシナのサイゴンへ寄って、九州の大刀洗飛行場へ到着しました。南方から薄着で来て、大刀洗飛行場で寒くて仕方がないというような記憶が今でもあります。

佐久文化会

戦時中に翼賛壮年団が中心で、佐久の文化を大いに発展させようという意味で、佐久文化協会が生まれました。しかし、これはあくまで当局お手盛りの団体ですから、必ずしも十分に活気があるものではなかった。私らは同志と計り、本当の意味の文化とは何ぞや、こういうものを探求する機関をつくろうではないかということで、佐久文化会を結成して文化活動を展開しようとしたわけです。

まず、中央から講師を招聘しようということになり、右翼張りの人では意味ないのだから、少し自由闊達な、リベラルな精神の持ち主を呼ぼうということで、評論家の新居格《にいいたる》さんに最初に来てもらいました。当時の論壇における一流人で、終戦後は東京の杉並区の区長をやりました。あるいは、私が特に招聘してきたのが、吉植庄亮《よしうえしょうりょう》という千葉県選出の代議士でした。農村のことに非常に詳しい。吉植さんは有名な歌人である。さらには、印旛沼のほとりで大干拓をやった。あの湖を干して、水田に転化させる大事業をやったんです。結局吉植さんの手で、七〇から八〇町歩が干拓されて、ある時期においては、吉植庄亮なる人は、日本一の自作農になったこともあります。

私も当時までにいくらか歌をやっていました。その前の大陸旅行をした際につくった百首ばかりの歌を、『石仏』という小さな冊子に編んで出した。雲崗の石仏を見た考えをその歌集には載せていて、そのゆえんをもって題にした。吉植先生が来たのを契機に、それを吉植先生に見てもらったら、吉植先生は「井出君、これは面白いよ。なかなかいけるじゃないか」という。「いける」という言葉を使った。吉植さんらしいところで、「おれの雑誌へこれから仲間になってくれよ」ということです。『橄欖《かんらん》』という雑誌をやっています。私は『橄欖』の同人の一人になって、ずっとここへ歌を出してきました。その時の吉植さんの歌を、二、三書いてもらったのは、私の家にまだ残っています。酒が好きな人で、一晩中酒を楽しんでいた。その会で残った歌を二、三申し上げますと、「わが酒の　豊かなるかな　わがうちに　カミ遊びます　カミに物言う」という歌が残っている。「くず米の　飼を母にまいらせて　田作りわれの　心慎む」。役所にいい米は供出する。飼というのはご飯、食事という意味。くず米の飼を母にまいらせて、年老いたお母さんに、くず米のご飯なのです。そういうことで田作りわれの心慎むと、こういう歌で、これらが私の手元に今なお残っている。

佐久文化会は本当はもっと継続していれば、もう少し何か仕事ができたと思うのですけれども、なにせ私が政治のほうへ転換してしまったものですから、年が変わって、私が政治生活へ入るようになってから、いつのまにかこの文化会は消滅してしまいました。今考えてみれば惜しい話です。

その後しばらくして、佐久文化会議ができあがりました。まず北欧文学の第一人者の山室静さん。佐久出身で、戦時中は野沢の今の南校、野沢の女学校に教鞭をとっておられた時代もありました。山室静さんが、私財を投じて佐久文化会議をつくり、佐久文化賞を設定しました。佐久の出身の文芸家やその他の人々に賞金を出す、こういう仕事を始めて、たいへんに意味のあるものを現にやっている。昔の佐久文化会のメンバーが相当数、私の推薦などもありました関係から、その佐久文化会議の会員になっているということで、一時途切れたけれども、何かその種は残っていて、いまだに続いています。

東信航空株式会社の経営

いよいよ戦局は過激を極めてきまして、私のところへいつ赤紙が飛んでくるかもわからない。私は、そういうことを考慮したわけではないけれども、陸軍の嘱託という身分を返上しない。タイから帰りました後も軍嘱託の身分はそのままに放っておきました。これがものをいったのでしょうか、とうとう終戦まで私のところへは赤紙は来なかった。

しかし、ただいるわけにもいかないということで、昭和一九（一九四四）年の春から臼田で東信航空という飛行機の部品をつくる仕事にタッチしました。蘭や糸を中心にやっていた小諸の純水館が、戦争でもはやどうにもならないので、立川の昭和飛行機と連絡をとって、飛行機の部品の製造をしていました。そこから勧められて、私の工場の建物の一部を利用して、飛行部品、特に板金作業といってアルミニウムの機体の一部をつくる仕事を始めました。そんな仕事をしばらくしていましたけれども、やがて終戦へ一歩一歩近づいていきました。

敗戦前後の状況

昭和二〇（一九四五）年八月には終戦に関わる様々なことが起きました。広島に原爆が投下されたのが八月六日です。長崎へ投じられたのが八月九日である。それと前後してソ連が参戦して、日ソ中立条約を破って満洲の地へ侵入をしてきたのも八月です。いよいよ日本も持ちこたえられなくなって、八月一五日に終戦の詔勅が出ました。

私はどうも状況が少しおかしいなという感じを、八月一五日以前に実感として思った。特に現実になりましたのは、八月一四日である。あの陛下の放送の前の日、貞祥寺から手紙があった。そこへ出かけてみますと、臼田の井出五郎さんの義理のおじさんになる山崎斌《あきら》さんが、貞祥寺の裏山で月明紙という紙を漉く仕事をしています。そこから『月明』という小さな雑誌を作って、全国に頒布していたことがあります。山崎さんに一四日に会ったところ、「井出さん、いよいよ日本もお手上げですな。明日は重大な放送が行われる予定だ。いよいよポツダム宣言を日本は受理せざるをえなくなった」。こういう話を山崎さんの口から直に聞いて、「あなた、どこからそれを入手したんだ。情報源は何だ」と聞いたところ、「実は昨日、軽井沢へ行ったところ、某国外交官の方面からこういう情報が漏れてきて、かなり的確な情報だ」。こういうことでした。

なるほど、そういう時期になっているだろうと思いながら、私は家へ帰って、翌日のラジオ放送にしがみつくようにして、陛下の玉音を聞きました。あの玉音をめぐって、陸軍がこれを取り返すとか何とか一幕もあったようだけれども、これをあくまで死守して、ＮＨＫが放送にのせました。

私もあの陛下のお声を聞きまして、実は泣けて泣けて仕方がなかった。あの放送は、必ずしも明確な音波として明瞭には聞こえなかった。だから人によっては、いや、ますます戦争は忙しくなるのだ、戦争は継続するのだ。こう受け取った人もあるくらい、あの放送は明瞭を欠いたところもあったようですが、私は私なりに、いよいよこれは万事休すという時期が来たという腹按配をしたわけです。何十年にも涙を出したことがなかった私が、あの場合は、どうもその後から後から涙が滂沱《ぼうだ》として溢れてくるのを押さえることができなかった。そういう一幕でした。

私は、東信航空株式会社を橋倉の古い建物を利用して経営していましたから、その翌日、そこへ一〇〇名足らずの全工員を集めて、「諸君、ご承知のとおり、いよいよ終戦だ。もう航空機を製造することは許されない。われわれの仕事も、これをもっておしまいだ。まあ、諸君と共に本当に一生懸命やってくださって、戦力の増強のために、一部の力になってもらったことを、われわれの誇りとして、今後も忘れないようにしようじゃないか。それにつけても、この事業は一応本日をもって解散だ」という宣言をしました。本社が小諸にあり、そちらへ交渉して、退職金というほどのものを払うわけにはいかなかったが、ともかく給料の精算をする。機械や工具は本社へ返納する。それから仕掛品というものがあります。アルミニウムやジュラルミンという金属を使って、板金作業というか飛行機の翼や胴体の部分を作っていたのですから、半製品、あるいは仕掛品を本社へ返す仕事をして、工場を閉じました。

いよいよ八月から九月になりますが、マッカーサー元帥が厚木飛行場へ現れた。彼は身に何らの武装もなくして、コーンパイプをくわえて、厚木飛行場へ降り立った図は、当時の新聞に掲げられて、いよいよ敗戦色を濃くしました。さらには九月二日、ミズーリ号というアメリカの軍艦の上へ、日本代表として重光葵《しげみつまもる》外務大臣が、足が悪い人で、杖に身を託して、隻脚に身をゆだねながら、あの甲板でミニッツ将軍に対して降伏文書に調印して渡しました。

いよいよ敗戦、終戦が色濃くなってきました。東久邇内閣が終戦と同時にできました。非常事態ですから、民間人ではなく、宮様を首班に据えてこれからの日本の運営をしていこうという意図に出たものでしょう。しかし、東久邇内閣は短命でした。なぜかというに、必ずしもアメリカ占領当局の意に添うゆえんではなかった。例えば、内務大臣の山崎巌さんは、追放に当然値するような戦時中の行政官だった。これが内務大臣とは何だという声も出てきた。東久邇内閣はそう長く続けることができずして、やがて幣原《しではら》内閣に変わっていきます。

その頃から、日本国内は騒然として、生産力はまるで極端に貧困に陥っていますから、物資がほとんどない。このままでいけば、国民の何割かが餓死する恐れがあるから、いかにしてアメリカから食糧を日本へ供給してくれることを、マッカーサーに請願しなければならないという状況が、一方には生まれてくる。国内は、戦時統制がなくなりましたから、今こそ自由だとめぐり浸った。過去の経緯はどこかへ吹き飛んでしまった。過去の秩序は、めちゃめちゃになってしまった。こういう時期ですから、かなり国内が動揺してきたことは間違いありません。今まで弾圧をされていた日本国内に住んでいた朝鮮人も、今こそわれわれの時代がめぐり来たのだと言わんばかりに、あちこちで解放運動を起こすようになりました。昭和二〇年は、非常に混乱しながら年が越していく状態でした。

賠償問題と戦争責任問題

当時はいろいろなことが言われました。例えば、賠償問題。日本の生産力は、ことごとく壊滅させてしまう。そのためには日本の持っている設備や機械は全部召し上げて、外国へ移転をしてしまうという声も聞こえてくる。現に、満洲などはソ連が入ってきて、日本が作っていた満洲の重工業の設備などは、ソ連へ持っていってしまったことは事実です。日本は、そこまではいかなかった。もし日本が米ソ両陣営に分割統治でもされたならば、まったく目に余ったものが生まれたのではないかと思う。ちょうど分裂国家としてドイツが東と西に、朝鮮が南と北に分かれているがごとく、もし日本が分割統治みたいなことでもされたならばたいへんだったと思います。幸いにしてそれを免れたことは、われわれにとってまあまあ幸せであったと言わなければならない。

賠償問題などは、当時はかなり大きく騒がれましたが、私は賠償はそんなに簡単なものではない。例えば、第一次欧州大戦の後に、ドーズという人がやって来て、かなり過酷な、ドイツ国民を抑圧するような賠償案をつくった。けれども、これはドイツ国民がそのために窒息してしまう。そういう恐れがあるわけで、途中ヤングという人による賠償案の変更がありました。けれども、ヤング案といえども、なかなか実際には行われなかった。こういう例を若干でも知っているものですから、私は日本が賠償問題で窒息することはよもやあるまいと思っていたわけです。

その当時、戦争責任という問題が出てきた。戦時中の指導者は、戦犯という、A級とかB級とかいろいろありましたが、こういうのは、巣鴨なら巣鴨へ持っていってしまって、やがてはこれを文明の名による裁判にかけると言い出したわけです。しかしこれらも妙な話で、戦争は戦敗国と戦勝国と、一体どちらに責任があるか、負けたものが一切の責任を持って、勝ったのは何らそれには関知しないと言えるであろうか。こういうことにもなるわけで、第一次大戦の際にアメリカのウィルソン大統領は、戦争は戦勝も戦敗もないということを言い出して、国際連盟をつくる方向へ戦後処理をリードしていったことなどを思い出すにつけても、アメリカをはじめ連合国がとった戦争裁判は、今後の歴史のうえにも、なかなか問題が起こるのではないかと思う。

　やがて裁判を経て七名が絞首刑にもなりますが、国内における普通のリーダーの人々は、公職追放の対象となりました。例えば政治家の分野におきましても、代議士になった人々、ことに翼賛選挙によって臨時軍事費の応援を得て、翼賛会で公認されて出てきたと候補者は片っ端から追放になってしまう。そういうことが昭和二〇年頃から話題になり、世間が非常に騒がしくなってきます。

第2章　代議士になる

初出馬

当時の政界がどういうふうに変化していったかを、少し省みてみたいと思います。私が立候補して、初めは無所属で出ました。私は最初、新光倶楽部という団体に属していて、これは第一回に当選をした教育者の人々が非常に多い三〇名ばかりの団体だった。それから新政会に名前を変えて、ひと飛躍しました。これがやがては国民党になる。国民党は国民協同党に、国民協同党は国民民主党に、国民民主党は改進党になる。この改進党はやがて、保守合同をした結果、自由民主党になる。これが昭和三〇（一九五五）年のことで、昭和三〇年までの一〇年間、政界は再編成をくり返し、政党は目の玉の変わるように変化していった時期がありました。

それをずっと通して、自分が決してとてつもない誤りをしたとは思ってはいない。だいたい、私の立場は、保守党の左派にくらいしている。リベラルといってもいいでしょう。政界のなかのリベラルの派に属していた。こういうことで一貫してきたことは、今日も私は誤りなく申し上げられます。

私の身辺を省みてみますと、何か私をして政界に放り出したらどうだという進め方をする向きがだんだん濃厚になってきます。と申しますのは、私の先輩で、この地方から出ておられる小山邦太郎代議士、あるいは羽田武嗣郎さん、小山亮さんは、いずれも追放にあってしまう。その間には、ずいぶん程度の違いはあったと思う。小山亮さんは、護国同志会という会派に属した。陸軍と常に連絡を密にとった会派ですから、追放になってもやむをえない。小山、羽田両氏は非常に良心的な議員で、こういうところにまで及ぶのは残念であるけれども、やむをえない。十把一絡げに翼賛会の推薦を受けているから、免れないわけです。私も小山、羽田両氏とはいろいろな深い関係があるものですから、その周辺にいる人々は、「井出さん、あなたもやったらどうだ」という声がだんだんと出てきました。

この関係については前にも申し上げました。小山のほうとは親類だし、羽田氏のほうとは、この人が出る時に、実父の井出今朝平が大変な犠牲を払って、羽田さんの当選を期したこともありますから、私とは非常に密接な関係があります。小山さんはその年の一二月頃でしょうか、議員を辞職しようという腹構えになったようです。この戦争の責任を思えば誠に申し訳ない、のほほんとして議員をやっているわけにはいかないから、私は議員を辞めると言って、信濃毎日新聞に広告を載せるべく文章を書いて、それを信毎に送ったことがあった。信毎がびっくりしてしまった。特に信毎の社長である小坂武雄代議士がそれを聞きつけて、「小山さん、早まったことをしてくれるな。あなたにそんなことをされれば、おれたちだって黙っておれない。これはこらえてくれ」ということで、小山さんの辞任の弁は信毎社長によって、とりあえず揉み潰されてしまった感じです。

小山先生は、私に対してかれこれ注文はなかった。「井出君、政治をやるのもよかろう。よかろうけれども、一体どういうところへ日本の政治が落ち着くかまだわからない。日本の政党も今までの姿でおられるはずもなかろうから、しばらくは様子を見るという意味において、無所属がいいのではないか」。これは小山さんの説でした。

羽田さんを私は神林温泉へ訪ねたことがある。羽田さんは「進歩党でやる以外にはない」と言う。進歩党は、旧翼賛政治会、つまり大政翼賛会の政治部みたいなものです。翼賛政治会に羽田さんも属していて、自分の後継者という意味にとったのでしょう。翼政会でやるのがいちばんいいですよ、というようなことを私に勧めた時期もありました。

そのほかに、いろいろな政治関係者が私に接近してきた。ある時、鳩山一郎さんから使いが来た。その使いは誰だったかというと、川上から出られた竹内茂代《しげよ》女史であった。竹内さんは、信州出身の婦人として、東京において大変顕著な働きをなさっていた人です。竹内さんは自由党だから、佐久のほうで井出君という若い人が政治に興味を持っているようであるが、ぜひとも自由党へ入るように、あなたから勧めてくれという鳩山さんの使命を胸に秘めて、私のところへ接触してきました。けれども、当時私の気持ちには、鳩山さんも立派な人かもしれないけれども、この人も戦争における傍観者ではないか、あえて便乗者とは言わないが、傍観者だ。こういう人のところへ身を寄せるのも、私もどうも気がとがめると。若いから、少し気負っていたのですね。私のほうが鳩山さんを傍観者だと決め付けた。そういうわけで、竹内さんの趣旨にも添わなかった。

中島袈裟秋という人が長野にいる。中島袈裟秋さんは、日本協同党の一員で、日本協同党の長野県の書記長だった。この中島さんが私を訪ねてきて、「ぜひ日本協同党でやってくれませんか。自由党や進歩党とは違って既成政党ではない、本当に新しい協同主義のもとにここに旗を揚げようとしている。あなたには一番ふさわしいと思うから、ぜひ協同党でやってくれないか」という話。こっちは、やるもやらないもないのですよ。「あなたがおいでくださったことは、よく記憶にとどめておきましょう」という程度で、お別れをしたことがありました。

選挙運動

私の周辺で、私に選挙に出たらどうかという声がだんだん起こってきた。周辺を見まわすと、南北佐久の天地において別にこれぞという有力候補は見当たらない。私も「これはいけるかな」という感じはしたのですよ。私の何か血の騒ぐものといいますか、どこか私の一部にもそういうものがあったのだろうと思う。私の家は昔から自由党というか、明治初年以来、私のじいさんなどは、若くして自由民権の運動に飛び込んだりしていました。中江兆民を臼田へ引っ張ってきて、臼田館で講演をやりました。

「これはいけそうだ」という気がだんだんしてきます。四月一〇日、いよいよ選挙です。当時の選挙は、今から見ると誠に整わない面ばかりで、だいたい自動車が手に入らなかった。かろうじて野沢醤油の会社からダットサンを借りてきました。ガソリンでは動かない。木炭車という。これだけは候補者が乗って、後はみな自転車で走り回っていたという選挙でした。ポスターなども今よりは自由だった。その後ポスターは枚数が制限され、公共掲示板へのみ貼ることができる。ポスターの大きさは、縦が何センチ、横が何センチと決まっているが、当時はポスターの大きさは制限がなかった。何を書こうと構わなかった。

なにせ食糧が不足ですから、どうやら握り飯ぐらいはできたかもしれないが、当時私の酒蔵のなかに満洲でとれたコーリャンが桶いっぱいあった。三〇石桶だからたいへんなものです。なぜそんなコーリャンがあったかといえば、戦時中終わりになって、「もうガソリンは一滴もない、コーリャンを配給するから、これでアルコールを作ってくれ」ということで、配給になったコーリャンが残っていた。それを粉に引いてパンを作り、皆さんに支給して、昼飯はコーリャンのパンでやってもらう。今考えてみれば惨めな話だけれども、それでも当時の皆さんは頬をいさんで、いかにかしてこの敗戦から立ちあがろうか、新しい日本の民主主義をどうやって迎え入れようかと、こういう何か希望に燃えた、本当に純真な気持ちで選挙戦に立ちあがってくださったことを思い起こします。

だから金などあまりかからない。どうでしょう、私が第一回の選挙、全県一区ですよ。ずいぶん遠くまで回ります。北のほうは長野から須坂、中野まで行きました。中心は松本から大町へ行った。南は木曽福島に、それから諏訪から伊那の上に入ったこともしました。それでもこれでも締め上げてみて、選挙費用が確か七万円ぐらいで済んでいたように思います。もちろん貨幣価値が違いますから、七万円は今のやはり何百万になるかもしれない。しかしそういう金で選挙ができたことは、省みれば本当にまったく思いもよらないことだと言わなければなりません。

私のところへは応援弁士などもずいぶん来てくださいました。有島生馬《いくま》さんが疎開をしておられまして、有島先生がまずおいでくださった。それから三石勝五郎《みついしかつごろう》さん。あのひげをしごいて、いい宝石をしていましたよ。あの人は喉がいい。初めに、あの人の詩を朗読する。わけのわからない詩だけれども、一句覚えておるのは「池の泉の一太郎」とか何とかいう（笑）。どういう意味だかわからない。京都の私の大学の母校から、渡辺教授、棚橋教授などが来てくださった。松本高等学校から、嶋教授などもおいでくださった。その当時は公務員が選挙活動ができたのですね。学校の先生をしていた人が選挙運動できて、演説してかまわなかった。そういうことでもありましたから、応援弁士は事欠かなかった。そして一団を組んで今の地方をずっと行脚したのですが、顔ぶれからすると一種の文化講演みたいな感じで、いたる所で歓迎を受けたのを覚えています。

選挙事務所は、確か私の家の前の布屋さんの店を使ったように覚えています。初めてのことではあるが、私自身の気持ちとしては選挙が楽しかったですね。初めから負ける気遣いはないと思っていました。全国でこの選挙には二七七〇人が立った。長野県だって七〇から八〇人くらい立ちましたから。全国で、そんなに立った。いろいろな政党があった。二大政党などというものではない。何十もの政党がありました。そんな時代で当選したのですが、いい成績でしたよ。七万票あまり取って、一番が安藤はつ、二番が植原悦二郎、三番が同志、池上隆祐。私が四番。好成績ですよ。その時、少し気持ちを歌に託して読んだのを覚えている。「みすず刈る　科野の真弓　折りすてて　この日たたずむば　いつの日かあらむ」。「七万の　人われを推して　ありけるを　かえりみすれば　ゆゆしくもあるかな」。「大理石　白亜まぶしき　殿堂に　客となる身の　責めをこそ思へ」といったような歌が生まれるほど、この選挙は私の生涯にとって、忘れがたいひとつの印象であったわけです。

新政会から国民協同党の結成まで

その時の第一回の選挙結果の議席数をだいたい記憶しています。その時は自由党が第一党で、議員は一四一名。その次が、進歩党。衆参の民生党や政友会の残党はみんなこのなかに入っていたのだから、一番数としては大きかったのだけれども、選挙の結果は自由党がトップで、それに次いで進歩党は九四名だった。それに続いて社会党で、九三名いた。後にわれわれと一緒になる協同党は、わずか一四名。われわれもそのなかに入った諸派が全部で三八名。全面無所属、純無所属が八一名。

戦後第一回の総選挙後、政界は混とんとしており、絶対多数の政党がありません。無所属で出た者が八一人にも及んでいるのは、戦後の政界はいかにあるべきか、もう少し様子を見ようという考え方が強かったのではないかと思います。

私たちの気持ちとしては、社会党など社会主義政党というわけにはいかない。自由党、進歩党はかつての政友会、民政党の流れをくむもので、むしろこうした党は、そのメンバーこそ変わっているが戦犯政党ではないか、こういう党が大きな顔をするのは片腹痛いといったような、青年客気の現われというか、理想主義的な考え方に立っていたと思われます。

長野県の代議士一一名のうち、五名（井出、小坂善太郎、小川一平、宮沢才吉、安藤はつ）までが無所属で出たのも、どちらかといえば長野県のような、時代の動きに敏感な県でそうした者が多かったというのも意味があると思います。私たち五人は時たま会合し、「長野県を制するものは天下を制する」という言葉がある。長野県のわれわれが結束して新政党をつくり、全国に呼びかけよう、という元気のいい声もあったのです。

しかし政党は、そんなに簡単ではない。政党には依って立つところの政策、綱領がなくてはならない。政党の魅力には党首という問題もある。さらに組織もつくらなくてはならぬ。いきなり全国組織をといっても、そうはいかない。それより何より、先だつものは金だ。政治活動するには相当の資金が必要です。それらを考えると、五人がいくら力んでも始まらないという結論になりました。

そこで私たちは、無所属議員ばかり二七人で新光倶楽部を結成しました。この時の選挙では全国から教育者の人たちが多く当選しています。教え子たちに推されて出てきた人で、まだ日教組がない時代だった。後に日教組が結成され、階級闘争的な組織へと広がるが、この頃はまだそれがなく、非常に純心な教育者たちが多く当選しました。まずわれわれはそういう空気が好ましいではないかと新光倶楽部を結成し、長野県の五人の無所属議員全員が参加しました。

間もなく、飛躍する意味で新政会に名称を変えて数名増やし、さらに「単なるクラブでは力にならない、政党に衣がえしたらどうか」ということで国民党を結成しました。それが協同民主党と合体して昭和二二（一九四七）年三月に国民協同党となり、七八人の政党となった。

この七八人のなかには後々まで、政治生命の長かった人が多かった。これは一匹狼のような人の集まりにみえ、個人的には選挙に強い人が多かった。例えば三木武夫をはじめ、秋田大助、田中伊三次《いさじ》、竹山祐太郎、二階堂進、赤沢正道、早川崇などです。これによって自由、進歩、社会、国協、共産と五つの政党が並び、政界再編成が一応一段落を告げたわけです。

帝国議会における憲法審議

当時はまだ旧憲法下で、国会も帝国議会と呼ばれていました。明治憲法で始まった帝国議会は九二回を数えます。私はそのうち九〇、九一、九二と三回の帝国議会を経験し、そのあと昭和二二（一九四七）年の新憲法となってからの第一回国会以降に参画することになります。その帝国議会のなかで、一番印象に深いのは第九〇帝国議会で審議された憲法です。

この憲法審議に参画したということは、私がひそかに思って誇りとするところです。今日、多数の議員がいるものの、新憲法の審議に参画した人は何人もいない。原健三郎君、坂田道太君、小坂善太郎君、江崎真澄君、二階堂進君、三木武夫さんなど一〇名といません。それだけにこの憲法に賛成した一人として、私にも憲法について責任があります。

終戦の年の秋、私は日本の憲法、いわゆる戦前の大日本帝国憲法はこのままではすまないと感じ、いずれ改正になるだろうと思っていた。というのは、当時の憲法は余りにも絶対主義的で、国民の意志は反映していないと感じたからです。

戦前の憲法は明治時代、伊藤博文を中心に起草された。伊藤はイギリス、ドイツに留学して憲法調査に当たった。初めイギリスに行ったのだが、伊藤の頭にはイギリス流の憲法はピンとこなかったようです。英国は民主主義の国だから、キング、王様、クイーン、女帝は国民の尊敬の対象にはしたものの、統治はしないというのが、その建前だった。これに対しドイツは、カイゼル、皇帝は自ら政治に関与し、統治する。伊藤はこれにほれ込んでしまったようです。

そこでドイツの憲法学者に学び、これを持って帰って来た。だから議会の構造をみてもはっきりしている。天皇の玉座があり、閣僚の座るひな壇は一段と高いところにあって、代議士は低いところにいます。これはドイツの国会そのままです。イギリスは違います。みな同じところに座り、一方は政府、一方は反対党で、幹部が率先して議論するようになっています。

このように伊藤はドイツの方式を学んで憲法をつくりました。このような点からみても、日本の憲法のあり方は、あまり民主的ではないといえる。

昭和二〇（一九四五）年の終戦前に、連合国がポツダム宣言を起草しました。この宣言で日本が一番こだわったことは国体の護持です。天皇を中心にした階級秩序が維持されるという、天皇制を望んだ。連合国の申し入れを日本は国体護持を条件に受け入れたのだが、連合国ではそうはとっていません。無条件降伏と思っている。それだけ国体護持とか、天皇制にこだわりを持っていました。

そのため新憲法の審議で、一番重点になった点は天皇制の問題であり、さらに戦争放棄の問題でした。では新憲法と旧憲法とを比較してみましょう。

旧憲法、これは俗に明治憲法といい、明治二二（一八八九）年に発布された大日本帝国憲法というものです。大日本帝国というからいかめしい。その憲法の第一条は「大日本帝国ハ万世一系ノ天皇之ヲ統治ス」とある。では新憲法の第一条は同じ天皇でも「天皇は日本国の象徴であり、日本国民統合の象徴」とある。文語調がやわらかい口語調に変わり、ぐっとくだけています。しかも旧憲法は片仮名を使っているのに、新憲法は平仮名、表現も変っている。さらに旧憲法三条は「天皇ハ神聖ニシテ侵スベカラス」とありました。「神聖ニシテ侵スベカラス」の天皇が、いつの間にか象徴となってしまった。

では象徴とは何ぞや。当時の国会でいろいろと議論されました。象徴とは英語ならシンボルでしょう。憲法担当大臣に金森徳次郎さんがいました。金森が「象徴とは国民の胸の中にあるほのぼのとしたあこがれ」と答弁した。そうしたことから人呼んで、この憲法を「あこがれ憲法」といっていた。

この憲法改正で今上天皇〔昭和天皇〕は、喜んでおられたではないか、「神聖ニシテ侵スベカラス」というのは天皇の本意ではなかったと思います。現に二一年の一月元旦、天皇は人間宣言をしています。それまでは神だった。天皇の先祖は高天原におり、それがこの地球に降りて来たということを国民に説得しようというのだから、明治憲法はそれ自体に無理があったといわなくてはならない。

明治政府はもともと官僚藩閥政府です。この官僚藩閥が天皇制をつくり、これを利用し、天皇の命令によって一銭五厘のはがきで兵隊にとるなどした結果が、あの敗戦にも結びつきました。そのためこの憲法審議でも、天皇制のあり方などが審議されたことは事実です。

今の日本の皇室のあり方はイギリス流である。天皇は君臨すれども統治せずと変わった。天皇は国民の象徴であり、天皇が行うのは国事行為だけ。これは憲法に明記されています。しかしこれは政治ではない、国事行為です。ましてや昔のように陸海軍を統率する大元帥といったものはない。天皇としてもさぞ肩の荷がおりたことと思います。

次に第二章の九条に戦争放棄の条項を明記しました。これは国家の意志として戦争することは未来永劫ない。そのための戦力を持たないとしています。戦力を持たない。世界各国をみても国家らしい国家で憲法にこれをうたった国はどこにもなく、非常な議論になりました。国防はどうするか、国の安全保障をどうするかというわけです。共産党はあの憲法に反対した。日本が軍隊を持たないのはおかしいというわけです。その共産党は、いまの憲法改正に反対しています。

この戦争放棄に対し、世界がみんな理想国家となり、みんなが平和を望んでいるならいい。だが現状では時期尚早ではないかという議論がありました。では軍事力を持たないで、外国が侵入してきたらどうするか。局地戦争も十分予想されます。日本の安全保障はどうするか。憲法は連合国の理解と協力に期待するとだけある。こうした点をめぐって議論の余地があったわけです。

そこで当時衆議院の憲法委員長だった芦田均さんが連合国総司令部と交渉して、第九条の後段に「前項の目的を達するため、陸海空軍その他の戦力は、これを保持しない。国の交戦権はこれを認めない」の条項を入れました。これによって外敵が侵入してきても自衛力は持てるとの解釈となった。

今の憲法はアメリカの押しつけ憲法だという議論もある。しかし日本側も、新憲法の準備をしたことは事実です。例えば近衛文麿も草案起草を準備した。京都大学の佐々木惣一《そういち》博士もした。だがつき合わせの意味で、アメリカの草案が示されました。かといって、それをそっくり入れたわけではありません。日本の主張もそれに加えた。例えば第九条の後段です。

またアメリカの示した草案では、国会は衆議院だけで、一院制でした。それを参議院を加えて二院制にするというのはこちらの主張です。だから一字一句、向こうの意見をとり入れたわけではありません。

こういう経過を辿ってできた憲法ですが、時には誤解されている向きもあります。例えば倉石忠雄農相が新聞記者に問われて「あれはメカケ憲法だ」と言ってしまった。農林大臣、国務大臣の発言だから大騒ぎとなり、このため国会は一八日空転してしまった。最終的には農林大臣を辞任することでケリをつけましたが、以来、大臣が憲法問題で発言することがタブーとなりました。

ところで現在の日本の軍備はどうか。なるほど航空母艦はない、爆撃機はない。その点からみると日本の軍備は現代性を欠いてはいます。しかし戦闘機とか駆逐艦、潜水艦の戦力や二五万人の自衛隊員の現状からみて、これだけの兵力は世界各国に比べ決して遜色するものではない。

よくGNP一%といわれるが、そうした国防費を考えると、日本は世界有数の兵力を持っている。厳密にいって、果たしてこれが憲法でいう自衛力といえるかどうかという解釈はある。吉田首相は日本の自衛隊を評して「戦力なき軍隊」だと言った。これらの点がこれからも論議の対象になるかと思う。

私は日本の軍備について、これからもべらぼうなものを持つべきではないと思う。世界は絶対平和でないにしても、日本の足らざるところは安保条約で補うのが適当と心得ている。世界の理想からいえば、日本国憲法というのは理想的憲法だと思います。その憲法の趣旨は第一に平和主義であり、第二に民主主義であり、第三は基本的人権を尊重した憲法であり、国際協調を唱えた憲法である。こうした特徴ある憲法はこれからも存続さすべき憲法であると思います。

次に憲法にうたう基本的人権について述べてみましょう。この基本的人権とこれに関連する国民の義務については、第一〇条から四〇条までわたっています。旧憲法は選挙権をはじめ、あらゆる面で基本的人権は抑圧されていました。ことに婦人の地位は全然認められていなかった。ことに婦人は法律的には無能力者とされていた。婦人が契約してもご主人が認めなければ法律的には無効となりました。古来婦人の美徳は、従順であることが望ましかった。家にあっては親に従い、嫁しては夫に従い、老いては子に従う。従ってばかりいたのが美徳とされました。姦通罪という法があった。これは相手の男は罰せられないが、女は罰せられます。

結婚問題を例にとりましょう。第二四条「婚姻は両性の合意のみに基いて成立する」とある。昔は戸主があって、家と家との結婚で、戸主が反対すればできない。それが今は両性の合意だけで成立すると改められています。

この第三章の国民の権利と義務のあと、第四章として国会がある。第四一条は「国会は国権の最高機関であって、国の唯一の立法機関である」としている。内閣総理大臣といえども、国会の不信任案をくらうと総辞職するか、国会を解散しなくてはならない。最高裁の判事も、国会の承認がなくては任命できない。つまり行政、司法権の上に国会が存在しています。このような国権の最高機関である国会であるから、もっと権威を持ち、品のよい国会にしなくてはならない。

次の各章は内閣。第六七条で、内閣総理大臣は国会議員のなかから国会の議決でこれを指名するとあります。国会議員のなかから総理大臣を出す。これは英国流です。しかも大臣の過半数を国会議員のなかから選ばなくてはならない。

戦前の内閣は一蓮托生の仕組みです。閣議では全員一致でなくてはならない。一人でも反対があると内閣不統一で総辞職しなくてはならなかった。新憲法における内閣は、総理大臣に絶対の権限がありま す。閣僚の任免権を持っている。この任免権によって片山内閣の平野力三《りきぞう》農相、吉田内閣の広川弘禅《ひろかわこうぜん》農相、中曾根内閣の藤尾正行文相などが罷免された例があります。

さらに憲法の条章としては司法、財政、地方自治などを定めています。また第九章には改正条項もいれています。この憲法の改正は各議院の総議員の三分の二以上の賛成で発議し、国民投票で過半数の賛成を必要とするとしている。これだけの人が発議し、しかも国民投票で過半数の賛成を得なければならないとなると、憲法改正は至難の業といわざるをえない。憲法改正が叫ばれて久しくなるが、これができないのはこうした点に原因があります。

農地法の制定

第九〇帝国議会において審議された重要な法案について、一言触れておきたいと思う。地方に一番関係ある農地法が可決されました。一口に農地法というけれども、「農地調整法」、それから「自作農創設特別措置法」の二つの法律を一括して、農地法と呼びます。その前の年に、東久邇内閣の時分に、あまり徹底した農地改革ではなかったけれども、第一次農地改革が話題になりました。しかし、それは成功しないで、第九〇帝国議会で第二次農地改革と俗にいわれる農地改革法が通過しました。

私は当時まだ無所属で出て、無所属の申し合わせ団体のようなものであります新光倶楽部に籍を置いていました。その新光倶楽部が新政会という会派を名乗ります。そこで、私が若干農業関係の問題を調べていた。私は実は、法学士でも文学士でもない。京都大学の農林経済学科を出た人間で、農学士です。といって、稲や麦の作り方をよく知っているわけではない。農政のほうの学問を主としてやった人間です。私が農学士であるものだから、新政会は周辺の三〇名ばかりの会派ですが、その面々が、「井出君、農地法の代表質問をやってくれ」ということで、私にお鉢が回ってきたわけです。私もまんざらでもないですから、その役を買って出て、農地法に関する質問を展開しました。

当時の総理大臣は第一次吉田内閣、吉田さん。農林大臣は、その前農政局長していた、和田博雄《ひろお》さんでした。吉田さんは、初めは東畑精一さんをぜひとも農林大臣に引っ張り込もうと追いかけていました。吉田さんはご執心でこの線を追求したのですが、東畑氏もなかなか賢い人なものだから「そんなところに飛び込んではえらいことになる」と、吉田さんの要請を退けた。そこでどうしても見つからないから仕方がない、当時農林省の役人で農政局長をやっていた和田博雄氏に白羽の矢が立ちました。

和田さんは戦時中に、企画院事件に連座して、引っ張られたことがある。刑務所の飯も食ったはずです。そういう人であるだけに、かなり革新的な匂いのする人でもありました。後に社会党に入って副委員長になりました。和田博雄氏は街頭で、心筋梗塞で亡くなってしまった。もう少し長生きをしていたら、おそらく社会党の委員長になったでしょう。社会党の委員長になれば、社会党はもう少し現実的な、常識的な、今の姿とは違うものになったのではないかと思われます。私も和田さんとそのころ非常に親しかったものだから、この人が途中で倒れたことは、日本の政治のためにも残念でなりません。

農地法のことは詳しく申し上げているときりがありませんが、要するに日本の小作制度が日本の農業を停滞させている。当時の比率からいえば、まず五割は安いほうだ。高いところでは六割くらいが地主の懐に入ってしまって、残るところが小作人の勤労の汗の成果として働く者の手に残るという仕組みは、どうみてもこれは不健全だといわざるをえないわけです。

それは地主がけしからんから、小作がかわいそうだからという理屈ではなくしてです。日本の土地は少ない。少なければ土地の値段は高くなるのに決まっている。したがって、経済原則からいって、絶対量の少ない土地を所有している地主に余計に配分されたということでしょう。だから、どこか根本に無理があるわけで、そこを直さなければ、小作が悪いの、地主がけしからんのというわけにはいかない。そういうことで、日本の農地制度がいろいろと批判されてきました。

ことに、こんな高い小作料を維持するわけにはいかない。小作料は適正化しなければならない、というのが占領政策の考え方です。したがって、農地調整法の改正と自作農創設特別措置法の制定の二つの法律の目的は、ひとつには農業生産力をもっと増大することに、もうひとつには農村民主化の発展にあるかと思う。農業生産量の発展という意味は、今までのようなことをしていたのでは、どうしても生産が伸びない。もっと他の手段に帰属する制度を作ること。働く者は、本当に自分の所得になって跳ね返ってくると思えばこそ一生懸命、鍬の振り方も違ってくる。こういう意味の農業生産力の増進のためには、農地制度の改革をしなければならない。

従来働く農民である小作人の声が、あまり表面に出なかった。地方の農村は地主勢力のほうがはるかに強かった。こういうのでは農村は民主化しない。働く農民にもう少し分け前を余計にやることにしなければいけないということで、自作農をできるだけ作ろう。これが農地法の主旨です。

私はその法律の質問に立って、少しは勉強したつもりでもありましたから、いろいろな文献を参考にして、質問要旨をつくりました。従来、そのなかでは、少しハイカラなことも言っている。例えば、英国の古き農学者である、アーサー・ヤングという人の「所有の魔術は、砂土を献じて黄金となす」という有名な言葉がある。土地を所有しているという魔術は、砂土を献じて黄金となす。砂の土地を、金ぴかの光が発するようなことに変えるものなのだ。こういう言葉を引いてもみた。自作農主義の鉄則ですね。あるいは、ドイツの有名な学者であるフォン・チューネンの『孤立国』という有名な著書の一説を引いて、和田農相に質問したりしました。

和田さんは、珍しいことを発言する議員が現れたとでも思ったのでしょう。首を時々大きく頷いて私の質問を聞いていた。ところが、新政会は一番小会派です。時間もだんだん遅くなったものだから、自由党や進歩党、あるいは社会党はほとんどいなくなってしまった。もうあまり聞いてはいない。こっちは文献を渉猟して、たいへんなものを作ったのだけれども、聞いているほうはいたって少ない。しかし和田農林大臣は、傾聴してくれたわけでした。

新政会はまだ固まってこない時期であったものですから、質問、演説も、なかなか良かったたつもりだけれども、聞いているほうがまことに少なくて、張り合いがなかった。こういうことを覚えています。私としては処女演説ですから、やはり自分なりに全力を傾倒してやったつもりでいます。和田農林大臣は別として、ただ一人私の演説を聞いていてくださったのが、長野県の大先輩の植原悦二郎老でした。国会の議席は今でもそうですが、新人が一番前へ座る。古参議員になるによってだんだん後ろに行ってしまう。当時植原さんは、古参議員でいました。その植原さんが、私の演説が終わるや私ところへわざわざ降りて、駆け寄ってきてくれて、握手を求めた。「井出君、今の演説は良かったよ。君、大成功だったよ」。植原先生から私は激励されたことが、若い議員として、今でも忘れられない一齣です。

そのほかに、日本林業会法という法律が通った。どういう法律かと申しますと、「林材統一」という観念です。林業は、山を植えるほうと、山を切るほうと両方ある。それが仲が悪くて、常に利害関係が対立している状態にある。例えば、森林組合という団体は山を植えるほうです。木材組合は山を切るほうです。これではいけないから、植えるほうと切るほうを合体したような林業会というものを作って、これを仲良くやっていこうという考え方です。どうも進駐軍の考え方らしい。そういう法律ができた。

私は、京都大学で農林経済学をやったので、林のほうもまんざら知らないわけではない。そういうことで、私は林業会法の委員になり、その法律ができた。日本林業会ができると同時に、長野県林業会もその法律によってできる。私は長野県の同志に勧められて、県の林業会長という職に就きました。

中選挙区制の復活

選挙法の問題を申し上げてみたいと思います。

明治初年の選挙法は、いろいろ変遷があります。時には大選挙区、時には小選挙区がありました。特に私が子供の時などもまだ小選挙区の時代で、岡部次郎さんと篠原和市さんが争ったのは、確か小選挙区だったように覚えています。

中選挙区制は大正一四（一九二五）年、普通選挙法の通過とともに実施することになったが、それが実際に施行されたのは昭和三（一九二八）年の第一回普通選挙です。小山邦太郎さんは、その時に国会へ出ていった経歴の持ち主です。昭和三年以来、中選挙区の選挙法が定着して、ずっと長い間、これが実施されました。けれども、これは青年男性に限ったわけです。日本国民たるもの全部が選挙権を持つのはずっと後のことで、終戦以来、初めて女性にも選挙権が与えられた。

日本の女性の各位にはまことに申し訳ないのだけれども、女性は法律的には無能力者であった。戦前は、例えば奥さんが、人にお金を貸したとしましょう。それが、亭主が帰ってきて「ばかなことをするな。おれは承知しない」と言えば、妻の行為は無法になる。取り消されてしまう。つまり、妻は法律的には無能力者であるというわけです。姦通罪などという妙な法律があって、妻の場合は姦通罪が成立をする。亭主の場合は何かあって、よほどの例外がなければそういうことはない。という具合に、女性は非常に圧迫されていたのは事実です。

選挙権においてもまたしかり。従来、選挙権は女性にはなかった。終戦後初めて女性が投票します。だから「戦後強くなったものは、女性と靴下である」などと言われると同時に、「マッカーサーよりオッカーサーのほうが怖いのだ」ということを、終戦直後によく言われました。そんな次第で、選挙法が、完全な意味において普通選挙になったのは戦後のことです。

戦後一回だけ、大選挙区制という、妙な選挙法が施行されました。長野県の場合は全県一区。非常に大きい東京都などは、全県が一区ではなく二区になっていましたが、ともかく大選挙区になった。三名連記です。これも考えてみればおかしな仕組みで、井出一太郎と高倉テルを連記したというのも出てくる。これは困ります。連記する以上は、同じ傾向の人を連記するのでなければ、話は始まらない。終戦直後一回だけやりました。昭和二一年四月の選挙は、大選挙区で連記制でした。ところが、日本人には中選挙区の単記制のほうが慣れているというか、なじみが深いというか、元へ戻ってしまいました。

私は顧みて、いったいどちらがいいかを判断してみると、大選挙区制でも悪くはないと思った。選挙区の大きいほうが下手な違反行為なども起きない。大きすぎますから、少しぐらい買収しても始まりませんからね。選挙区が大きいほうがいいとも考えてみたのですが、長野県全体を一区に考えるのは少し漠然としていました。面白いところもありました。私がぜんぜん縁故もないようなところで札が一〇〇票も出た。どういうわけかと思えば、一人だけ私を支持してくれる人が、村中を駆け回って一〇〇票を集めたという札が第一回の時には出て、びっくりしたこともありました。あの選挙法には意外性があったと思うけれども、日本人の手慣れた中選挙区制に戻ってしまった。

選挙法を元へ戻す時には、かなり国会は揉めました。社会党、共産党などは大選挙区のほうがいいということで、あの選挙法を改正するにあたり、体を張って反対したことを覚えています。まだ戦後みな気の荒い時期ですから、乱闘が起こった。選挙法をめぐって委員会で大乱闘が起こりました。当時岩本信行さんがあの選挙法の委員長をしていました。岩本さんが、暴力の前に手を折られたか何かして、包帯を痛々しく顔を巻いたり、腕を吊ったりしていたのを今でも私は覚えている。そういう乱闘騒ぎがあって、たいへんではありましたけれども、結局は自由党や進歩党が多数を制していたものですから、元の中選挙区制に戻ることになりました。

中選挙区は、われわれには慣れた選挙法ですが、自民党には非常に有利だと思います。人口比例で選挙法を直すのであれば、今のようなことにしておくわけにはいきません。長野県の人口が、二〇〇万人でしょう。千葉県は五〇〇万人、埼玉県は六〇〇万人です。千葉県、埼玉県に比べて、長野県の代議士数は、そんなに見劣りはしない。千葉や埼玉は長野県よりも、代議士数は二、三名多いかもしれません。それで人口は長野県の二倍も三倍もあるのだから、非常に不均衡だということは間違いない。

最高裁は衆議院に関する限りは、「二・九何倍という数字は、決してけっこうとは思わないけれども、違憲事項ではない。憲法違反まではいかない」という判決でしょう。参議院にいたりましては、もっと格差がありますね。「五倍ちょっとまでは、違憲ではない」と言った。参議院ではそれは違うというところがあるとみてもいいでしょう。だいたい全国区と、地方区と分かれています。比例代表区というおかしな仕組みが取り入れられましたから、ちょっと情勢が違ってはきました。

しかして、衆議院を中心に考えていいと思う。衆議院を中心に考えれば、農村地帯に基盤を持っている保守政党のほうが、割合に議有数が多いということが言えるのです。これを続けていけば、保守党も牙城は揺らぐわけにはいきません。ましてや、今の反対党というと、野党は、社会、公明、民社、共産、その他なんとかクラブという具合に、小党が分立していますからとても一本化できない。あるいは今の選挙法でやる限りは、とても野党に勝ち目はない状況です。この選挙法が続く限りは、自民党あるいは保守政党が有利であることは間違いなかろうと思う。

五五年体制といわれる、昭和三〇年のころであったならば、二大政党だったのです。かたや自由民主党、かたや日本社会党があった。共産党が少し批判勢力としてあった。その間に公明党、民社党というのはなかった。今あるような政党ができてみると、あれを無条件に解党しろといったって、解党しません。そうである限りは、小党分立が相変わらず続く。そうならない前に、五五年体制の時でもいい。社会党は小選挙区を非常に嫌うけれども、あの時に小選挙区にでもしておいたならば、リクルート事件などというものが起こったならば、自民党はこっぴどくやっつけられます。ところが、何となく今の選挙法はフワッとしていますから、ああいう事件を起こしたって、なかなかとことんまで自民党をやっつけることができない。そういうことで、保守政党には今の選挙法は有利にできている。

だからあの五五年の時に、社会党辺りがもう少し先を見て、時には自民党が増えるかもしれないけれど、ひとたび自民党に汚職でも起きて国民の信を失うならば、体制が雪崩をうって反対党へ向ってくるであろうという見通しをつければ、もう少し政治の情勢が変わっていたかもしれない。今のところは、現行選挙法が保守政党、自民党に有利になっているということは間違いないと思う。

公職追放

第一回の選挙が行われた結果、当然総理になるであろうといわれていた鳩山一郎さんが当選したものの、直ちに追放になり、政局は少し混乱します。当初は幣原《しではら》喜《き》重郎《じゅうろう》さんが頑張って、各政党に幣原さんが手足を伸ばし、その上に乗って幣原内閣が続くような格好が見えた。けれどもしょせん無理で、幣原さんの政党的基盤は強いものではないから、自由党の鳩山さんに白羽の矢が立ちそうになっていた。それが追放で、あえなく消えてしまいました。

その時の私の思い出になったのには、三木武吉《ぶきち》という人がいます。武吉さんも戦前の政治家としてなかなか出色の人で、戦後当選してきた。しかるにこの人も追放になってしまった。鳩山さんが総理に、三木武吉さんが議長になるであろうと取りざたされていた。投票すれば議長になれたのですが、本会議の直前に武吉さんがやはり追放になってしまった。思い起こすのは、私が衆議院の玄関に行ってみたところ、そこに三木武吉老人が、飄々とした、痩せた恰幅の貧しい人でしたが、一人衆議院を去っていこうとする場面にぶつかった。守衛さんたちに「お世話になった」と挨拶して、玄関の所に出て行った。ちょうどその場に居合わせて、この先輩を慰めなければいかんような気がして、「先生、お察しいたします」というような挨拶をした覚えがある。そこに守衛が外へ出て、タクシーを見つけてきて、そのタクシーに乗って三木さんは飄々として消えていきました。

それから数年後に三木さんが追放解除になり、香川県の第一区から再び国会に現われた。武吉さんが、われわれ若い代議士を飯に呼んでくれたことがある。柳橋かどこかだったと思うのですが、招待を受けたから行ってみますと、三木さん、相変わらず飄々と現われて、私の所にお酌かたがた回って来て、「いつぞや、井出君、やっかいになったな」という挨拶です。私は意表を付かれたような気がしたのですが、ふと思い起こしたのは、追放された時に私が見送ったことを思い出してくれたのだろうと察して、「よく爺さん覚えていたものだな」という気がしました。

三木武吉はその後大活躍をした。鳩山一郎氏を支えて、吉田に渡した政権を再び取り戻そうと、大わらわになって立ち働いたのでした。すでに彼のおなかにはガンが発生をして、相当重体の時期にあったにもかかわらず、命を賭してガンを抱えながら、鳩山政権の後ろ盾のためにこん身の努力をしたわけです。武吉さんの執念は実を結んで、やがて鳩山政権ができます。

武吉さんが亡くなった後、私の所に「武吉さんからだ」と言って、形見が届いた。ご丁寧な話だと思ったのですが、開けてみると金一封が入っていた。察知するには、武吉さんではない。武吉さんがえらい金回りがいいはずがない。武吉さんと非常に親しかった河野一郎《こうのいちろう》氏が自分の勢力拡大を図っている最中であった。それで私に目を付けたのでしょう。武吉さんの形見だと言って、一封を届けることもあり、私としては、三木武吉という政治家に忘れ難いものを感じています。

さて話は元に戻しますが、鳩山さんが追放になったから、吉田さんが生まれる。吉田さんは持ち前のワンマンというか、なかなかわがままな人でした。御大の鳩山が追放になってしまって、いったい誰を大将にしたらいいのかわからないような、皆、慌てふためいていた時期である。その時に吉田さんを引っ張り出して、自由党の総裁に来てもらったわけですから、「あまり迷惑は掛けません、われわれでやりますからあなたはシャッポになって、上に乗っかっていてくだされればそれでいいのですよ」というような話で引っ張り出したに違いない。その時に、吉田さんが三条件を自由党へ突きつけた。おれは金の心配は一切しない。金はそっちで皆でこしらえてくれ。人事はおれが勝手にやらせてもらいたい。おれは辞めたくなったらいつでも辞めさせてもらう（笑）。勝手ですよね。自由党もしょうがない。吉田に押し切られて「結構です」ということが、その間にあったと伝え聞きます。

第二三回衆議院議員総選挙

昭和二二（一九四七）年に、選挙法の改正がだんだん話題になってきました。戦後第一回の選挙は、全県一区ですね。いわゆる人選挙区で、三名連記の選挙をやりました。なんとなく焦点がぼけているような選挙法だった。三名連記ですから、井出一太郎と高倉テルなどと平気で書いていた。こういうことでは思想分裂です。やはり一人に焦点を絞るほうがいいということで、いろいろやった末は、また元に戻ってしまった。大正一四（一九二五）年に普通選挙がしかれて、その時にできた選挙法、中選挙区の一名を選挙するやり方にまた戻りました。

それができてマッカーサー司令部のほうから、これで選挙をもう一度行えというディレクティブが出た。当時のマッカーサー司令部の日本政府に対するやり方はいろいろありましたが、ディレクティブは命令です。議論の余地はない。出たらそれを聞かなければならない。何といっても占領政策は、敗戦日本の無条件降伏の上に成り立っていますから、司令部の権限たるや絶対のものでした。ディレクティブが一番怖い。他にディフレックタブルなどいろいろな種類があり、一番重いのがディレクティブ。それが出たものですから、吉田内閣は選挙をせざるをえなくなり、四月に選挙をしました。

私はその時は調子がかなり良くて、最高点当選でした。私の一六回選挙で、最高点を取ったのは一度だけです。その前は、成績は良かったのですが、全県一区の時も、県下一四人中の四番目だから、まあいいほうだ。二回目の選挙は四万三〇〇〇を取ったかな。立候補する人が多く、当時はまだ猫も杓子も立候補したがる。だから四万三〇〇〇票、最高点だった。私の選挙は、その後は最高点ではなくて、二番か三番。人呼んでこれを、「銀メダル」ないしは「銅メダル」と言っている。「一遍金メダルを取ったらどうか」と言うのですが、そこはなかなか難しい。

中澤茂一《もいち》という代議士がいた。中澤茂一君はもと国協党ですから、私はたいへん親しかった。彼曰く、「井出さん、あなたの選挙は実に名人芸ですね」。つまり、二番か三番でどうやらくっついていくものだから、彼に誉められた。最高点で波に乗っては危ない。えらく取って気が緩んでしまって、その危ない目にあったのが中澤茂一君自身だ。彼は八万いくら取って、小坂善太郎も倉石忠雄も抑えて、一等で当選したことがある。その時に彼は何と言ったか。「投票は、馬に食わせるほどそんなに余計に取らなくてもいい」。選挙民は不遜なる言動だとみたわけです。その次は落ちた。私のやり方が、賢いといえば賢いのでしょう。それが長続きしたゆえんです。一六回も選挙をやって、とにもかくにも生き長らえているのは、選挙にむちゃくちゃな金を使わなかったということです。これは、自らの誇りにしていいと思います。

この第二区は、私の他に小林運美《かずみ》という人が出た。それから、私と一緒の国協党だった唐木田藤五郎《からきだとうごろう》さん。だから第二区は、自由党もいなければ、社会党もいない。つまり中道派といいますか、国協党が二人、民主党が一人と、全国から見ても不思議な選挙区のひとつであったと思います。

片山内閣の成立

選挙が終わって、社会党が一四三名で、第一党を占めました。各党代表者が集まり、初めは挙党的な政権が生まれようとした。しかし、そのうちに吉田さんの自由党が、ひとつ難題を持ち出した。社会党のなかには右派と左派がある。右派はまだ結構だけれども、左派は共産党とあまり違わない。「ああいうのと一緒は嫌だ」と言う。初めは話が通じていたものがだんだんおかしくなり、社会党は「そんなわけにいくものか、吉田がかれこれ言うのはけしからん」と、穏やかでなくなってきました。

吉田さんは、けんかを仕掛けたのではないかと思う。社会党がかれこれ怒っていたものですから、四党で話し合っている間に自由党だけ抜けてしまいました。民主党と社会党、われわれが属していた国協党と、自由党がいたけれども、これがいなくなってしまったから、三党だけ後に残りました。三党の間で話し合いをして、「自由党が抜けたのならしょうがないではないか」と。ともかく三党の数を合わせれば、過半数以上あるのですから、政権を維持していくのに足る。「第一党が社会党であるから、片山さん、あなた総理になったらどうですか」ということで、片山内閣ができます。

私は、片山内閣がいよいよできる日に国会へ行ったところ、どうも体調が思わしくない。体の具合が悪い。私は、ひとつ持病があった。突発性気胸といい、突然に左の胸が気胸状態を起す。いろいろあるようだけれど、気胸はどういう病気かというと、私の場合は肺のどこかに穴が空く。肺胞の一部に穴が空く。呼吸をしている間に、その穴から空気が漏れていって、肺の外へ空気がだんだんたまっていく。その空気の圧力でもっともっと肺が圧迫されて、肺が小さくなって、肪骨の後ろあたりにくっついている状態になる。左の胸が全部空気になってしまう。こういう状態が、三度か四度ありました。

そういう状態になり、片山内閣の生まれる日に、国会で医務室に飛込んで、そこのベッドに寝かされて、ついつい投票にも行けなかった。長い間には「君は健康で結構だ」と言われるが、やはり幾度か入院もしましたし、健康管理はできるだけ早いところ事前に手当てだけはするようにしていましたが、何回か病気に見舞われました。

さてその片山内閣に国協党から入閣したのが、三木武夫さんと笹森順造《じゅんぞう》さんでした。笹森順造さんから私に、「井出さん、私の秘書官になってくれないか」と。私とすれば、卑しくも一国の代議士が秘書官をやるという不見識なことは聞こえませんよ。そこで言下に、「笹森先生、せっかくのご要請だけれども、私はその任にあらず」と言って蹴ってしまった出来事がありました。その時、若い代議士は、かなり秘書官をやりました。

秘書官はともかくとして、政務次官というポストがしばしば話題になる。私は妙なことに、政務次官をついにやらずに済んでしまった。与党である以上、国会議員のなかで年配者としてこういうのはほと

井出と三木武夫。国民協同党時代のものと思われる〔明治大学史資料センター所蔵〕

んど少ないと思う。野党は政権と縁が遠いから駄目としても、与党になった人で、政務次官をやらないという議員は非常に少ない。けれども私の場合は、政務次官をついにやらなかった。いきなり委員長になり、最初にやったのは農林委員長でした。その後、予算委員長をやったけれども、私は政務次官をそんなに重く見ない。あれは英国製のビスケットである。誰かがそういう批評をしたことがあります。英国ではその程度の扱いしかされていない。

　私のキャリアを考えた時、秘書官はご免こうむった。政務次官も、自由党政権が長く続き、私は国協党、改進党と、野党が長かったから、ついにありつかなかった。これを私はひそかに誇りとしています。そういうまったくの閑職に就かなかったほうが良かったというぐらいに実は思っています。

　片山内閣は当初から非常に強力なコンクリートで固まったという政権ではなかった。社会党は、本質的に左右両派の確執が続いている政党です。右派は社会民主主義といいますか、英国労働党のような、まあまあ話は通ずるといいますか、時によっては政権交代も結構だという性格の党です。左派は共産党の親類のようなもので、なかなかこちら向きになってこない。そういうものが合体して、一緒になって社会党を構成しています。

片山内閣は三派合同内閣であるけれども、社会主義政党ですから、第一党として少しは社会主義的な政策を打ち出したいと考えた。その考え方の上に立ったのが、石炭産業の国家管理という仕事です。当時の石炭は、日本としては非常に大事な生産物でした。あらゆるエネルギーの源泉は石炭でした。「黒ダイヤ」という言葉も、その当時生まれたと思いますが、石炭産業は日本の重要な産業である。炭鉱節などは、九州の三池炭鉱の、一番盛んな時にできた歌だと申し上げていいかと思う。その石炭の国家管理というか、統制をきつくして、石炭産業はむちゃくちゃな自由は許さないと。国家が介入して、傾斜生産を行う。傾斜生産という言葉が当時あった。石炭産業に対しては、資金も思う存分に充実するような政策をとるべきである。あるいは物を配給するにしても、炭鉱労働者には軍手も地下足袋もふんだんにいくような配給機構を作り上げる。そういったような石炭国管の仕事をしました。

民主党も国協党も、石炭は大事だからそれぐらいはいいだろうと、社会党の政策に同調したわけですが、その時に民主党にいた幣原喜重郎さんなどの一党は、とてもこの社会主義政策とは一緒についていけないと言って十何人が抜けて少数政党を作り、後には自由党と合体するわけです。

片山さんが平野力三を首にしたことがある。平野力三も、なかなか古い社会党の政治家で、農林大臣をしていました。平野農林大臣が片山さんの言うことを聞かないものだから、首にしてしまった。戦前と戦後の内閣は、総理の罷免権が違う。戦前は、総理が閣僚を、こいつは具合が悪いから首にすることが許されなかった。一蓮托生といいまして、ある一人の閣僚が異を唱えて、内閣に反旗を翻した場合には、それに伴って内閣自体が責任上総辞職をするやり方が戦前の内閣制度でした。戦後の内閣はそうではなく、総理の権限が絶大なものになりました。もし気に食わない閣僚がいるならば、首にすることが可能である。こういうように変わりました。

片山さんは平野を首にして、その後に波多野鼎《かなえ》という学者を据えた。確か同志社大学の先生だったと思う。その時に左派が推したのは、長野県から出ていた野溝勝《のみぞまさる》。片山さんはそれをとらず、波多野さんをやったものですから、左派はどうしてもそれがしこりになって残っていた。片山内閣が補正予算を出した時、予算委員長が、後に社会党の委員長にもなりました鈴木茂三郎《もさぶろう》氏で、ちゃきちゃきの左派である。鈴木さんが予算委員長で、片山内閣が出した補正予算を否決してしまった。自分の仲間である片山内閣が出した予算案を、社会党の予算委員長が否決するのですから、妙な話です。片山内閣はにっちもさっちもいかなくなって、総辞職をせざるをえなくなりました。

芦田内閣の成立

次に出てくるのが芦田均さんの率いる、進歩党から民主党になっていた政権です。その時に私は片山内閣が一遍失敗したのだから、責任をとってあとは野にある吉田さんに任せてしかるべきでないかと、政権交代の憲政常道論を引っさげて、三木さんなどとは考えが違ったわけです。三木氏側の考えは、政治はマジョリティがあればそれでいいのだと。つまり、多数派であるならば、多数派が政権を担当していく行き方でいい。だから自由党はしばらく別にしておいて、社会党と民主党と国協党を合わせれば、確かに二五〇から二六〇名あって、政権を維持するには十分なる数です。だからそれでいいというのが三木さんなどの考えで、私とは少し違った。だから私は、その時の総理指名選挙において白票を投じた。その時は片山とも芦田とも書かなかった。白票を投じて、せめて自分の考え方をそこに表現しようとしたことがあります。私に同調してくれた人が、吉川久衛《きっかわきゅうえい》君と群馬県の野本品吉《のもとしなきち》君のお二人だった。

片山政権が芦田さんに代わります。これまた思うように進行しなかった。ことに芦田内閣末期に、昭電疑獄が起きました。昭和電工が、戦前戦時中は非常に盛んであったけれども、戦後どうも思うように行かない。日野原節三《ひのはらせつぞう》社長が政府側と連絡をとって、時の経済安定本部長が国務大臣栗栖赳夫《くるすたけお》という人で、この栗栖に賄賂を使ったということなのでしょう。一連の昭電事件が起こった。これに関連していろいろな人がなる。例えば、大野伴睦《ばんぼく》が実にたいへんな政治家なのだけれど、引っかかる。福田赳夫も大蔵省主計局長で、まだ役人です。これが引っかかったりしたのです。

そうして司法の手が入って、芦田内閣が危機になる。最後に芦田さんまで土建関係の政治献金を受け取ったのが関連して、芦田内閣は芦田さんが引っかかって存続するわけにはいかない。倒壊してしまうわけです。芦田さんは、非常に頭のいいスマートな政治家だったと記憶します。『芦田均日記』を読んでみると、私のことも少し触れている面があります。私は芦田首相に対して、国会で代表質問、国協党代表の一般質問をやって、いくつかの質問を浴びせ掛けたことがある。そのようなことなどを芦田さんは覚えていて、芦田さんの日記にも出てくる。しかしなんとしても昭電疑獄で、芦田内閣はあえなく倒壊をするわけです。

それではその後をどうするか。その時に、今はまったく幻になってしまっているけれど、三木政権が少し考えられた時期がある。すでに三派提携の内閣のなかで片山さんは済んだ。芦田さんも済んだ。残るは、三木さんだけだ。国協党は三四名しかいない少数だけれども、三派提携をすれば国会において多数党にはなりうる。そういうことで、少し三木さんが浮かんで、司令部もこれにコミットしたことがありました。実際問題としては少し無理な話で、「幻の三木政権」と言われています。

第二次吉田内閣の成立

そうして結局はしょうがない、吉田さんの元に政権は再び返る。吉田内閣は三派内閣から見ればずっと数は少ない。少数派内閣でしばらくの間歩みを続けていきます。吉田さんの狙いは、自分の手で選挙をやって一挙に現状を覆してしまいたいということにあったようです。

昭和二三（一九四八）年の暮れ頃から、吉田内閣が政権を担当するようになりました。その時に初めて佐藤栄作さんが官房長官として出てきた。大蔵大臣に、最初は泉山三六《いずみやまさんろく》という人が出てきた。この人が酔っ払いで、国会の廊下で酩酊をして、大トラになって山下春江代議士とキスをしたとかしないとか言うのだが、一種のスキャンダルとして弾劾されて、泉山三六が大蔵大臣を辞めざるをえなかった。

吉田さんは確かにひとかどの人物であったけれども、泉山三六などを簡単に起用するあたりは不用意ですね。吉田さんの親しかった三井の池田成彬《しげあき》から「三井銀行にいた泉山三六が今度国会に出て行った。どうぞよろしく」と言われただけで、泉山に大蔵大臣の重責を与えるとは少し手軽かもしれない。

その後大屋晋三《おおやしんぞう》が大蔵大臣をやって、その後に若き池田勇人が出てきます。吉田内閣も二度目には、その後も吉田さんを支える骨組みになる池田勇人や佐藤栄作が漸く頭を動かしてくる、こういう時代です。そこで第二次吉田内閣が昭和二三年からずっと政権を担当します。これは相当な長期政権になりました。なぜかというと、選挙をやった結果えらく取った。全体の二七〇名くらい、その選挙で圧倒的な大勝利をしました。芦田さんの率いていた民主党は、非常に減ってしまった。三木さんが委員長をして

衆議院本会議で代表質問に立つ

いた国協党も、半分に減ってしまった。社会党も同様であって、吉田自由党だけがべらぼうに太って、あとの三つの政党、三派連合内閣は惨めにも敗退して、吉田内閣が時の天下を謳歌する時代になり、それが昭和二六（一九五一）年ぐらいまで続きます。

その間にいろいろなこともあったと思うのですが、占領政策がおいおいと固められていく時期であった。したがいまして、時の占領政策は、マッカーサーを頂点にして、かたやGSと言われているホイットニー准将。少将の次ぐらい。アイケルバーガー、軍のほうの出身の人です。それから経済関係はマーカットという将軍が、支配する。司令部のなかもいろいろと暗闘といいますか、仲間割れをして派閥があったようです。GSとG2と、仲が悪かったように思う。その犠牲になったのは芦田内閣であったとも伝えられている。芦田さんが失脚するに至りましたその背景には、どうも司令部の争いがあったのではないか。それと吉田さんの関係とがしかるべく結びついていたのではないかと、取りざたされています。

戦後日本の骨組みの形成

司令部のなかにもいろいろな派閥があったことを申し上げておくにとどめますが、これと日本政府との間にいろいろな接触が行われまして、戦後の骨組みがだいたいこの時期にできたように思われます。

法律から申し上げますと、例えば大蔵省関係で、財政法。国会関係で、国会法。自治省関係であるならば、地方自治法。労働関係ならば、労働基本法、労働組合法、労働関係調整法。厚生省関係でいうならば、年金、社会保障、あるいは国民医療の法律。このようなものがこの時期にどんどんと公布されて、日本の法律的な骨組みがだいたい完成するわけです。

こういう時期に、アメリカから、日本の状況をもっと積極的にリードしていこうという人が現われる。その一人はドッジである。「ドッジライン」と俗に言われるドッジ公使が日本に来られて、日本の財政を根本的にメスを入れる仕事をしました。その頃までの日本の財政は、豊満財政といいますか、ドッジに言わせれば、竹馬財政である。竹の足を切ってしまわなければ本物ではない。つまり、補助金みたいなものが盛んに出されて、それで国の経済が甘やかされている、厳しくしてそういうものをなくそう、そして税金で国を賄っていかなければならない、というのがドッジさんの政策です。

それを真正面に受け止めたのは大蔵大臣、池田勇人氏。池田さんが失言したことがあったでしょう。中小企業の一つや二つつぶれてもしょうがないという放言をしたといって、不信任案が出て、池田は通産大臣だったのにそのために職を失うことになったように、ドッジの政策を踏襲しました。

それからやはり昭和二四（一九四九）年にシャウプさん。シャウプ税制、税金のほうです。当時までの日本の税金は、間接税と直接税がいい具合に配分されていたけれども、シャウプさんは、直接税中心、つまり所得税に重点を置いた税制を日本に広めました。これはこれなりに確かにひとつ意味を持っていたと思う。けれども、負担割合が給与所得者に非常に重くして、そうでない人には割合甘かったという弊害が出てきました。そこに、「クロヨン」という言葉が生まれた。あるいは「トーゴーサン」という言葉が生まれたように、税の割合が給与所得者に厳しくして、お医者さんの税制などは甘すぎる、一般の商業者も給与所得に比べればどこか余裕がある、というようなことがだんだん言われてきました。

私はその後少し弊害が出たかもしれないが、当時の日本としては、このお二人は非常に適切に税制なり財政を指導してくれたと思います。

昭和二四年は何か物騒な年だったと私は記憶する。下山事件が起こったのは二四年でした。国鉄総裁であった下山定則さんが常磐線の線路の上に、自殺であったか他殺であったか、未だにこれは謎に包まれていますが、非業の死を遂げた事件があった。中央線では三鷹事件があった。さらには東北線で松川事件があった。このように国鉄をめぐる非常な事件が、あたかも踵を接するごとく相次いで起こったことがあります。その春に国鉄の約三万何千人の人員整理をしたことが原因になっているのではないかと伝わっていますが、そういう事件もあって吉田内閣の最初のスタートは、前途険悪な感じがしました。

けれども税制や財政にそれぞれ実績を積み、吉田内閣は安定した政権として、着々と効果を上げていったように思います。

朝鮮戦争

昭和二五（一九五〇）年が朝鮮戦争が起こった年で、六月に北鮮と南鮮との間に確執が起こった。そして北鮮には中国人民軍が荷担しまして、両方の勢力で南鮮へ攻め込んできた。こういう事件が起こりました。南北朝鮮の争いだけではなく、一方においては中共国が加担してきた。一方においてはアメリカが、韓国側の援助をして戦線に加わったという南北に分けての、しかも国際的な、一方はソ連、中共、一方はアメリカの代理戦争みたいなものが起こりました。

アメリカはあそこで戦争をするためにいろいろな資材を必要としますけれども、太平洋を隔てたアメリカからいちいち運んでくるのは容易ではなかった。しかもアメリカはＮＡＴＯ、その他ヨーロッパの戦線に対しても補給の役をしなければなりませんでしたから、何もかも日本へ補給することは難しくなってきた。アメリカが戦争に必要な特需と称する注文をどんどんして、日本の経済や産業はそのおかげで非常に潤ったことは間違いありません。だから一種の特需景気が日本には起こった。

同時に日本も何か戦争の渦中に巻き込まれそうな気配になってきた。日本は新憲法で軍備を持たないことになっています。ましてや海外出兵をすることは許されない。それに対してどういうわけにもいかないが、マッカーサー司令部としては放っておけない。そこで吉田さんは承知して、ここで朝鮮動乱に備えて日本も心構えをしてもらいたいということから、警察予備隊を設置するようになりました。正面から軍隊というわけにはいかない。警察予備隊という名前のもとに、七万五〇〇〇人くらいの人員を新たに募集して組織化しました。海上も、今の海上自衛隊になる前の、言うならばその卵みたいなものを作ることをしました。そして万が一に備える。日本本土へ朝鮮半島から侵略が行われた場合には、そういうもので国土防衛をする。日本駐在のアメリカ軍は大陸へもっていって、向こうの戦争に当てる。日本の周辺も風雲がにわかに急になってきたわけです。

吉田さんは、司令部に呼ばれて警察予備隊を作らなければならなくなったという報告を、国会に来てしました。いろいろ聞いてみると、アメリカだけの力でなかなか支えきれない。海を越えた朝鮮半島における戦にはアメリカ自身が出ていくにしても、そうなれば日本を防衛する力が手薄になってしまう。それで日本国内のことはお前さんたち自分でやってくれということのために、警察予備隊を置かざるをえなくなったというのが吉田報告でした。

その前の年には、マッカーサーは「日本は東洋のスイスたれ」ということを言いました。スイスは永世局外中立であって、自ら戦争には手を出さないと。軍備は持っています。スイスはなかなか国が小さくても一人ひとりの厚い軍備は持っているが、外と戦をするという性質のものではない。マッカーサーいわく、「日本は東洋のスイスであれ、平和な国であれ」ということだった。一年経ったその翌年の正月の年頭教書では、昨年はこう言ったけれども、現実の要請の前には前言を取り消さなければならないと言い出した。つまり、「前年言ったことは、今日は反故だ、新しいこの戦争に際会した時代に入っては、日本もまた応分の協力をしてもらわなければならない」ということです。

警察予備隊は、警察という名前がつくから、あるいはお巡りさんの一部を回したかと思いそうだけれども、実はそうではない。まったく新しい兵隊をここへ作るということです。それがだんだん、陸だけでなく海のほうにも、空のほうにも広がる。

そういうことにまで拡大してしまったわけですが、これもいろいろな経緯上やむをえないかもしれません。けれども、日本の自衛力は外へ持っていく、海を越えて海外派兵をするわけにはいかない。軍事大国ではない。外を脅威するような戦力であってはならない。戦力の問題につきましては今までのいきさつがあり、例えば吉田さんは、「新しい憲法の第九条にのっとって、日本は兵力を持つわけにいかない」と言って、アメリカからいろいろ要求はありますものの、逃げてきたのだと思う。本当に最小限度に打ちとめていたということでしょうが、吉田さんは「自衛隊とは戦力なき軍隊であります」と答弁してみたり、できるだけ戦時色を打ち消すように自衛隊を今日まで持ってきたかと思います。

警察予備隊は、その後少しの間、保安隊という名前になりました。それが自衛隊に変わって、自衛隊法という法律ができてこれを規制することになりました。朝鮮戦争は、その後しばらくして幸いにして矛を収めることになりました。ある時期にはマッカーサーは、黄緑江を越えて向こうまで戦線を拡大する、場合によっては原子爆弾を使うことも辞さないという腹を決めた。訓令をワシントンへ仰いだところ、ワシントンは「待った、とんでもないことだ」と。

マッカーサーの軍における立場たるや、武勲赫々《ぶくんかっかく》として、日本で言えば、東郷平八郎と乃木希典《のぎまれすけ》を合わせたようなものです。そういうマッカーサーであっても、原子爆弾を使うとか、命令を待たないで黄緑江を超えて満洲へ攻め入るということは、兵隊の身分でやるべきことでない。そこがアメリカのいいところです。つまり、軍人よりも一格上に政治家がいる。文民統制という言葉がある。兵隊でない政治家が上にいて、兵隊を抑えることができる仕組みになっているのがアメリカの長所です。

日本の場合、満洲にいる関東軍は、中央の陸軍省はもとより参謀本部の言うことも何にも聞かないでどんどん兵を進めた。やはりアメリカのほうは近代国家で、そういうことは許されないと、さすがのマッカーサーが首になる。そんなことをするマッカーサーは危険千万で、いつまでも置くわけにいかないということで、マッカーサーを更迭してその代わりに来たのがリッジウェイ大将。マッカーサーは元帥ですから格は少し落ちるかもしれないけれども、リッジウェイがマックに代わってやってきた。

マッカーサーとしては、ワシントンの命令だからしょうがない、帰らざるをえない。アメリカへ帰る時に、私は羽田へマッカーサーを送って行った覚えがある。吉田さんが、マッカーサーと本当にお互いに抱きつかんばかりに別れを惜しんでいた姿を思い起こす。だから、吉田さんはマッカーサーとはかなり相通ずる仲ではあったけれども、アメリカの文官優位という原則の前にはマックといえどもどうしようもない。朝鮮戦争は幸いにして終結したから結構だと思うけれども、その後の朝鮮半島は南と北に分かれてなかなか融和しない。こういう形の朝鮮半島を眺めてきた時に、われわれはああいうふうな南北分断のような運命を受けていないところに有難さを感じないとならないと思います。

講和問題

ようやくこの当時から日本の講和問題が話題になってきました。日本国内においても全面講和と部分講和という二つの考え方が出てきました。全面講和は学者諸先生方が唱えるように、日本はこの際単にアメリカその他の国だけと講和条約を結ぶのではなく、全部の国と円満な条約を結ぶのが正しいやり方だ。こういう考え方がひとつありました。同時に、それは理想論である。そういうことを言っても、なかなか日本とおいそれと誼《よし》みを結ぼうという国はない以上、全部の講和が無理だったらやれるところからやるべきだという、部分講和の考え方がもうひとつあるわけです。当時アメリカから、ジョン・フォスター・ダレスが国務省の顧問として日本にやってきて、吉田内閣との間に平和条約、あるいは安保条約の原案を議論する時代になってきた。占領も五年、六年と経過して、日本国内もかなり安定してきましたから、ようやく時期がきたと考えるようになりました。

その講和会議が昭和二六（一九五二）年に、アメリカのサンフランシスコで行われました。オペラハウスで講和条約の調印式が行われた。私は当時アメリカに行っていて、たまたま講和会議の条約調印の現場へ参画することができました。

この講和問題の時はすでに民主党が二つに分かれて、一部は吉田さんのほうにくっついてしまった。犬養健《いぬかいたける》を頭に、保利茂《ほりしげる》、小坂善太郎が吉田に顔を向けて、向こうに行ってしまった。残っているのは苫米地義三《とまべちぎぞう》をはじめとして、そこに青年将校がいるわけです。中曾根康弘、桜内義雄が、野党派と称して残っている。それとわれわれ国民協同党が合体して、国民民主党という政党になりました。

そこで国民民主党が全面講和か単独講和かで非常に議論しましたが、最終的には苫米地義三委員長が吉田さんに説得されてしまって、講和条約に参加せざるをえないような状況におかれていました。

議員立法の提案

もうひとつ触れておきたいのは、いろいろな法律ができたとさきほど申し上げたことについてです。日本の場合は内閣が出して法律にする場合がある。議員が出して法律を作る場合もある。アメリカは三権分離がきちんと行われていますから、法律は役人が作るのではない。政府が出すのではない。議員が立法する建前をしている。日本の場合は議院内閣制ですから、内閣が法律案を出して、議員が賛成するか、しないかという法律のでき方が非常に多い。

まれに議員が作る法律があります。私は昭和二六年に二つ、自分が提案をして作った法律がある。ひとつは軽井沢国際親善文化観光都市法。軽井沢という都市をできるだけ国家の支援などをもらって、国際親善の立派な都市ができるようにという願いを込めた法律で、同じようなものは、例えば広島や長崎という原爆都市、熱海や別府というような温泉観光都市、こういう所にすでに法律ができている。軽井沢も、どうしてもそれに一枚加わりたい。軽井沢は町です。ほかは全部が市で、町はひとつもない。にもかかわらずそのなかに入りたいと運動をしました。法律を出してものにしたことがあります。提案者は井出一太郎、黒沢富次郎。この二人で軽井沢のために法律を作った。

もうひとつ、森林法という法律。森林に関する基本法といっていいでしょう。これを作るために、私は林野庁の委嘱を受けて、議員立法として森林法を作り上げた。数十条にわたる大きな法律です。これをもって、日本の森林の民有林を規制する。こういう基本的な法律で、これも私の生涯における思い出です。そのような法律を作ったために、私は全国森林組合連合会長にさせられてしまった。まず長野県

植樹をする井出。昭和20年代の撮影と思われる

の森林組合の会長にさせられ、続いて全国の会長になって、二十何年かやりました。私は団体関係にはできるだけ接触をもたないようにしよう、自分は議員として全力をあげよう、おかしな団体には関係しないと思っていたのですが、森林だけは自分が作った法律ですから、その会長にさせられたわけで、日本の民有林のために二十何年働いてきたことは、密かに誇りとしています。

訪米

昭和二六年に、私はアメリカの予算制度を勉強する意味において訪米しました。時の予算委員会の理事で、小坂善太郎君、桜内義雄君、富山県から出ていた橘直治《なおじ》君、私を加えた四名がチームをつくって出かけました。当時のことですから、まだ日米の間に交流は極めて少なかった。飛行機も日本の民間航空がない時代で、アメリカの軍用機に乗せてもらって訪米しました。ジェット機はなく、プロペラ機で羽田を発ってまずウェーキ島に行きました。南太平洋の島です。それからハワイへ行く。ハワイからサンフランシスコへ飛ぶ段取りで、今から見るとずいぶん時間もかかり、不自由な思いをしました。

当時は民間の旅行が自由にできなくて、私どもはアメリカの軍の客人と言えば客人でしょうね。飛行機に乗せてもらって行きました。乗ってみるとアメリカの兵隊ばかりで、そのなかに四つ席が設けてありました。初めての外遊ですから、お上りさんみたいなものです。見るもの聞くもの、珍しいものばかりで、サンフランシスコなどは実にきれいな美しい街。廃墟と混乱のなかに戦後復興をやっている日本から見れば、たいへん立派な街でした。毎食出される食事にしても、飛行機のなかからしてそうです。機内食とはいえ、われわれの及びもつかないようなごちそうが出る。こういう豊かな国と戦争をやって、勝とうと思うことがそもそも妙な話であって、えらい戦を始めたものだという感じを深くしました。

サンフランシスコからは汽車に乗り換えて、大陸横断鉄道に乗って、シカゴを通ってワシントンまで行きました。その間がちょうど三日二晩です。さすが米大陸は急行列車で横断するのに三日二晩かかるのですから、確かに広いといえば広い。七月の初めに出かけて、ワシントンへ落ち着いた。アメリカの予算制度の勉強ですから、毎日ステイトビルディングと称して、アメリカ国務省の分室に一部屋教室をもらい、われわれに講義をしてくれるのが、ドクター・ブラウンといって、まだごく若い、美貌の青年とでも言ったらいいでしょう。約四、五〇日の間にわたって、この人の解説を聞かされました。私どもの習った英語は、書物を読むことに中心を置いた英語ですから、しゃべってもらってそれを聴きとることになると、皆目思うわけにいかない。それでも、向こうは日本語ができるわけではないから、ゆっくりと、なるべくわかりやすく、英語でしゃべる。妙なもので、最初の一〇日や二〇日は何にもわからないぐらいだったものが、だんだん慣れれば大筋の見当だけはつくようになった。

そういう勉強をしながら、ワシントンを中心に若干の旅行もしました。ワシントンはポトマック川に沿った非常にきれいな都で、その川の周辺に、例えば、ワシントン・メモリアル、アブラハム・リンカーンの記念堂、あるいは、ジョージ・ワシントンの住んだ家が二〇〇年の久しきにわたってそのままの形で保存してあります。これがマウント・バーノンというところです。第三代目の大統領である有名な、独立宣言を書いたジェファーソンの記念堂も周辺にあります。あわせて、アーリントンというアメリカの兵隊さんの墓地がある。ここには有名な「われわれはソルジャーである前に市民であった」。これが民主主義の原点だといってもいいでしょう。兵隊である前に自分たちは市民であったという文句が彫りつけてある、有名なアーリントン墓地がある。こんな所を、観光かたがた歩いたりしました。

それから、キャピトルホールと言いまして、アメリカの国会議事堂が少し高いところに立っている。この国会議事堂を見学することはもちろんであったが、同時にそこにアメリカのコングレス・ライブラリーがある。日本でいえば国会図書館ですよ。そこを見て、案内してくれた婦人が、私を指差しながら、一冊の本を目指して、「ミスター・イデ、この本に記憶がありますか」と来た。その二、三年前に、私がアメリカのウォーバスという人の『協同社会論』という著書を訳して、日本で出版したことがある。それがちゃんと、二年か三年の後だけれども、アメリカの国会図書館に収められているのですから、びっくりした。アメリカは、そうした情報を仕入れて、一議員に過ぎない私の訳書を、アメリカの国会図書館に備えられていることを考えても、この国はたいへんな国だという感じがしました。

ワシントンにいて、その他あちこち歩いたのですが、例のペンタゴンに行った。アメリカの国防省です。建物が五角形をなしていますから、日本でいえば五稜郭とでも言うべきものでしょう。そういう特殊な建物であって、そのなかに陸海空三軍がそれぞれ蟠踞《ばんきょ》しています。そこで日本係の少将にごちそうになって、ペンタゴンのなかを案内してもらったことがありました。

臼田に当時住んでいた彫刻家の川村吾蔵さんが、マッカーサーの次に二番目に偉かったアイケルバーガー少将のレリーフを彫刻した。レリーフという薄い板のようなのを川村さんから託されて、「アイケルバーカーに会ったら、是非これを渡してもらいたい」と言われて持っていった。ところが、アイケルバーカーさんはすでに現役を引退して、郷里の片田舎に住んでいるらしい。だから、「アイケルバーカーにこれを是非、伝達してくれ」と国防省にそれを託して帰ったこともありました。

ワシントンを起点としてニューヨークまで行きました。ここが東海岸の最大の都会ですから、これを見てこない手はない。それへ行き、例のウォール街という金融の中心地もありました。マンハッタン島が彼ら実業界のメッカみたいな所です。有名なエンパイア・ステート・ビルディングがあります。たいへん高い建物で、当時はまだアメリカで一番高いのがエンパイア・ステートでした。その後これを抜く建物もできたようですが、私どもが行った時は、それがまさにアメリカ最高の建物でした。

メトロポリタン・ミュージアム、アメリカ最大の美術館です。世界の有名な美術品が集まっていて、大英博物館やパリなどに比べれば、新しいものばかりが多いことはお国柄から仕方がない。

昭和26年に訪米した一行。小坂善太郎（右）、橘直治（後列）、井出、桜内義雄（左）

当時、連日ロードショーをやっていた、キング・アンド・アイ（王様と私）という有名な芝居がありました。これは東洋の物語。ちょうど長期興行でかかっていて、それを見ました。

ヤンキース・スタジアムというヤンキースの野球場を訪問して、アメリカのプロ野球を目の当たり見てきた。ジョー・ディマジオが当時まだ現役で、ディマジオにも会った。

ハドソン川という川があります。そこの

周辺がニューヨークの港。世界最大の貿易港ですが、そこを船旅をして、ハドソン川の周辺をまわったりしました。

帰りには、フィラデルフィアを訪ねた。アメリカの独立運動の一番のきっかけは、フィラデルフィアに始まったのであり、ここをずっと見学したりして、またワシントンまで帰りました。

約二ヶ月を東海岸、主として勉強でワシントンを中心にそういう仕事をして、残りの一ヶ月を西海岸のほうへ来ました。もう一遍、大陸横断の汽車に乗り、シカゴで降りて見学をしました。牛、羊、豚、そういう動物の市場があります。有名なストックヤード。自動装置で牛や豚が処理されていく状況が目の当たりに見えます。シカゴが農産物の集散地ですから、そういうものを見た。その近所にUSスティールといって、アメリカの最大の鉄鋼工場。その製鉄をしている現場を眺めました。

それから、デトロイトへ行った。デトロイトはアメリカの自動車工業の中心地です。ジェネラルモーター、GMはつい見る機会を逸しましたが、三大メーカーのうちフォードとクライスラーは実際に見聞してきました。ほとんど全部がオートメーションで流れ作業でやっている工場ですが、その工場の二倍にも及ぶような広い空間がある。行ってみれば、その工場へ通う従業員の自動車置場です。何千というほどの自動車が並んでいる。みな乗用車で、職工が車で通う状況を目の当たりに見て、当時の日本からすれば、初めてそういう場面を見たわれわれとしては、びっくりしたという状態でした。

デトロイト銀行の頭取をしていたドッジに会いました。ドッジは、吉田内閣で、日本の再建をするためにアメリカから顧問として呼んできた。そして日本の再建のための処方箋をつくらせた。これが有名なドッジラインで、ドッジさんの書いたプランを元にして日本の復興ができたと言ってもよろしい。

日本のそれまでの経済財政は、赤字財政だった。国家の収入が足りなければ、公債を出して、借金をして、それでどうやら辻褄を合せる状態であった。ドッジがやってきて、そういう点に鋭いメスを入れて、いわゆる竹馬の足を切るという言葉が流行った。竹馬みたいなものであって、その継ぎ足している所を切って思い切った手術をしなければならないというのがドッジの処方箋です。ドッジのやり方は思い切った日本財政の再建策で、幸いそれが成功して、彼は日本で大いに評価されて、アメリカに帰って銀行の頭取をしていた。そこを訪ねて、ドッジさんにお礼を言上したり、日本のこれからの行き方について意見を聞いたりして帰ったこともあったわけです。

それから西海岸のほうへ来て、サンフランシスコを中心に動きます。折からサンフランシスコの対日講和会議が始まろうとしていた時期でした。サンフランシスコのオペラハウスで行われた。吉田さんが主席全権で、一緒に行った者が、自由党からは、星島二郎さん、池田勇人さん。国民民主党から苫米地義三さん。参議院を代表する意味において徳川宗敬《むねよし》さん、水戸の殿様です。これらの諸君が吉田さんと一緒に講和会議に赴きました。

その前に、全面講和か、単独講和かということで、日本の国内でずいぶん深刻な争いがあったが、結局は単独講和で、全面講和をやるわけにはいかないと。なぜとなれば、全部が日本と平和条約を結ぼうという気分にならない。五二の国がサンフランシスコへ現われました。ソ連の如きはグロムイコ。その後外務大臣、最後は国の最高国家会議の議長にもなった。グロムイコの政治生命がいかに長いかというひとつの証拠です。グロムイコが現れたきり会議には出なく帰ってしまった。

中国は二つに分かれていて、まだ収拾がつかない状態でした。インドは来なかった。インドは日本の戦犯裁判の時に、パール判事が代表でやって来ました。パールさんは日本無罪論、日本は戦争に対して責任はないという日本無罪論を提唱してくれました。インドは「全面講和でなければ駄目だ」と言って参加しなかった。ソ連の代理みたいなことで現れたのが、ポーランドとチェコスロバキア。この二国はこの平和条約に反対して帰ってしまった。賛成ではなかった。

若干のトラブルはありましたけれども、最終的にはアメリカの国務長官、つまり外務大臣のアチソンが斡旋をしてくれて、出てきた他の国は快く調印して、講和条約はここで成り立ったわけです。

やはりあの時期に講和条約を結んだことはひとつの考え方であって、あれを「全面講和でなければいかん」と言って、いたずらに時を引きずっていたのでは、日本の復興もありえない。時期としてはタイミングが良かった。このように見ているわけです。

日本代表はみなモーニングを着て、見ていると黒装束だ。そんなものかもしれませんよ。城下の盟をなさしめられたようなものだから。日本代表は皆モーニング。アチソンはじめ他の国は背広姿だった。吉田さんが巻紙に墨で書いたのを読むわけだ。日本はだいたい、祝辞、弔辞は巻紙に書く。あれを吉田さんは書いて、読んだ。向こうは、そういう場面に行き遇ったことがない。「ミスター吉田は何を読んでいるのだろう、トイレットペーパーを読んでいるのではないか」というような声も起こるほど、日本は国際社会から見れば非常に不思議な習慣がある国だと向こうは眺めたらしい。

平和条約はこのオペラハウスの華々しい舞台ででき上がった。日本代表が最後に署名して、パーカーという万年筆の会社が最高級の万年筆を寄贈してくれて、それを銘々が使って署名したのを見てきた。私どもは何も資格があったわけではない。ちょうどアメリカを旅行していたからそこへ参加して、言うならばオブザーバーだ。そういう立場で四、五日の間、講和条約ができるのを付き合いました。

さらに安保条約がある。ところが安保条約はまだ煮え切っていない。平和条約のほうは、日本国内でずいぶん論議をしたけれども、安保条約のほうはろくな議論はしていない。したがって行った全権が、

「私は賛成だ」と言うのには未熟だったということでしょう。吉田さんが一人で責任を背負って、「これはおれの責任でやる」と言って、オペラハウスではなくてアメリカの兵舎の一隅で安保条約に署名して帰ってきたというのが実際の状態でした。

　思いもかけない講和会議に臨むことができて、われわれも幸せであったと思います。西海岸で少し足を延ばしてあちこち歩いた。シャスターダムというダムを見に行った。これはカリフォルニアのセントラルバレーといい、中央が少し谷のように低くなっている。そこへ、シャスターという山の水を導入して、カリフォルニアの中部地方を潤している水利計画です。これを見る機会もありました。その時通ったゴーストタウン、幽霊の町と言ったらいいかな。その昔、カリフォルニアに金が出たゴールドラッシュという時代に金山を採掘して、大いに金儲けをした連中が山へ入り込んで、ひとつの大きな街を形成した時代があったらしい。ところがもう金を掘りつくしてしまって、みな引き上げてしまった。その家が荒れ果てたまま残っている。一軒や二軒ではないですよ。何一〇軒という家が荒れ果てたまま残されている。なるほどこれがゴーストタウンというものかなという感じで見てきたことも記憶にあります。

　そこは、鹿がやたらと出る。道路を横切って鹿の群れが時々現れる。自動車の警笛も鹿が出るから気をつけろと書いてある。そんな山奥、シェラネバダ山脈。ロッキーではないですよ。ロッキーよりずっと低い山。そのあたりを歩いたこともありました。

　カリフォルニアである以上は、サンフランシスコだけ見ていいものではなく、もっと南へ行かなくてはならない。そこで自動車を用意してもらって出かけた。途中バークレーで、アメリカの大学を視察しました。南カリフォルニア大学だったかと思います。それから、マンダレーという所へ寄って、これは漁港でした。アンチョビというイワシに似たような小さな魚がある。その缶詰を盛んに作っている港で、ここを見学して、フレスノを通りながらロサンゼルスまで行きました。カリフォルニア最大の都会であるし、新興の機運に漲っている街でした。近頃アメリカの中心は、東海岸のニューヨークなどから、経済の中心はロサンゼルスへ移りつつあるという状態で、東が自動車を中心に発展をしたとすれば、西のほうは飛行機を中心に発展をしているという感じがします。

ロサンゼルスにしばらく滞在しました。あそこには有名なハリウッドがある。映画の中心地ですよ。そこも見に行ったりして、当時クロスビーという世界でも有数な男の俳優がいました。これがどういう加減だったか知らないが、われわれを飯に呼んでくれました。軍のほうで手を回したのかもしれない。「ハリウッドへ行った以上は、一番有力な役者と飯でも食ったらどうだ」というようなことで、ハリウッドでクロスビーにごちそうになる。

当時のアメリカを見て思うことは、健康的な町であったということです。その後のアメリカは、あるいは堕落したといいましょうか、汚染されたといいますか。例えば、麻薬の問題が出てきたり、青年が堕落してきたり、労働者の質が悪くなってあまり働かなくなったとか、そういう傾向が出てきたけれども、私どもの行った時は、アメリカ人は非常によく働いていました。健康で、食事もえらい贅沢ではなかった。豊かではあったけれども、アメリカのごちそうの仕方は、一品料理です。ステーキなら、日本の大きさとは違いますよ。とても食い切れないほどでかいステーキだけど、それにサラダがついて、スープがちょっとついて、パンがあるというのがごちそうです。フランス料理みたいな、何品も出るという形ではなくて、アメリカの一品調理を見て、これは質実剛健なものだなという感じを持ちました。

サンフランシスコからロサンゼルスへ行って、そのあたりをあちこちしたわけだ。その途中で若干名所旧跡も廻らなければいけないということで、観光旅行みたいなことをしながら行ったわけでしたが、ロサンゼルスへ行ってみたら、平賀村から出た人で、片井正雄さんどいういい歳のおじさんがいた。私をどういうことで聞きつけたのか知らないけれども、新聞で見たという。

カリフォルニアだけでも日本人は何十万といますから、新聞が成立する。その新聞たるや、片一方は英文。同じ分が片面は日本語。この日本語の活字も古くて、明治時代の活字でしょうね。全部仮名が振ってある。ルビが振ってある。そういう古い漢字を使った新聞が五つも六つも出ている。それを見たところ、日本の衆議院の予算委員が、ロサンゼルスを訪問しているということが書いてあったと。そのなかに井出という名前もあったのでしょう。

片井さんはそれを見つけて、私を訪ねてきた。このおじさんが苦労話をする。一世として長いことアメリカに生活したけれども、戦争中にはキャンプへ連れていかれてひどい目にあった、それを今振り返りながら、ようやく何とかしてもうひと旗あげようと努力している最中だというようなことを言って、片井老人が、たいへん私を世話してくださったことなども思い起こすわけです。

帰りはヨセミテというところへ行く。これも有名な国立公園で、大きな巨岩。大きな岩が中心で、そこへ大きな木がある。アメリカシダーというアメリカの杉の木です。その大きなのは幹のところがぶちぬかれていて、このなかへ馬車が通る。一本の木のなかをくりぬいて、馬車が通るのだから、大きさはわかるでしょう。おそらく一〇〇〇年やなんぼ樹齢がかかっているだろうと思うのですが、そんなものを見ました。

ともかく、アメリカはやはりいろいろな意味においてスケールが違う。その当時はアメリカの気風がまだ非常に健康的でしたから、こういう国と戦をやるという馬鹿なことをなぜしたのかと、反省するような思いが至るところで感じられたわけです。

以上が私のアメリカ旅行。その後海外へ出かけること十数回。けれども戦後初めて行ったアメリカは、やはりいろいろな意味で印象が鮮明で、心に刻まれるものが多かったです。

追放解除

講和条約とかアメリカ旅行をやっている最中に、われわれの周辺にいろいろな問題がありました。講和条約は、その年の秋に日本の国会で批准され、自由党、国民民主党、社会党右派が賛成をしましたから、相当な数で国会を通過しました。しかし、安保条約については若干問題があり、社会党は安保条約には賛成してこなかった。だから自由党と国民民主党と、両方の力で通過させた次第でした。日本はようやく単独講和というか、多数講和というか、まだまだソ連をはじめ日本と条約のできていない。中国もそうだった。そういう状態ではありましたけれども、一応格好としては日本と戦った国のなかの四八ヶ国が講和条約を結んでくれたわけですから、これで独立をしたことは言えると思うわけです。

その頃国内では追放解除が始まりました。それまで公職の面に立ちえなかった人々が、息を吹き返して第一線に躍り出てきたというのが追放解除でした。前に極東裁判のところで申し上げましたが、A級戦犯の人々が気の毒だけれども処刑された。その他巣鴨の獄中につながれた人々も、この追放解除と同時に世の中へもう一遍現れてきたのが、昭和二六、二七年の状態であったと思います。

私どもは、先輩が第一線を退いたから国政に立ちえた、追放された人々の後を元々埋めていたけれども、その人々が復帰してくると、「お前ら、今までその場所を貸していたのだから、おれのほうへ戻せ」というようなことになってくる。あちこちにそういうトラブルが起こってきました。

政党にしても、何か政党再編成みたいなことが起こり始めました。例えば、長野県第二区を考えてみても、追放解除になったがために、小山邦太郎、羽田武嗣郎、小山亮、こういう人々が追放を免れてもう一遍政界に復帰しようと出てこられた。日本全体がそういうふうな状況になりました。それだから追放解除の政党再編成が起こってきたわけでした。

当時の第一党である自由党を考えてみますと、吉田さんが中心になって自由党をすっかり固めてあった。そこへ、鳩山一郎さんを中心に、かつて力のあった追放者の人々が現れてきましたから、なにかとトラブルが起こった。鳩山さんが追放になって吉田さんに自由党を任せた時に、二人の間で約束がありました。吉田はわがままな人だから、引き受けるけれども、金の心配はしません、人事は好きなようにやります、辞めたくなったらつでも辞めますと、これが吉田三条件です。鳩山さんもしょうがないからしぶしぶ承認して、それでもいいから君、あとを引き受けてやってくれということだった。

ところが、いよいよ鳩山さんが追放から解除されて出てくると、これにまつわるいろいろな強者もいる。河野一郎、石橋湛山。三木武吉は、元は民政党で政友会ではなかった。鳩山直々の人ではなかったけれども、三木武吉さんともなればそういうところにはこだわりなくして、鳩山をして天下を取らしめる、ああいう官僚出身の吉田はこりごりだからこれくらいにしてしまえというのが三木武吉さんの考え方でしたから、とてもしっくりいかない。自由党のなかが吉田勢力、鳩山勢力で争って収拾がつかない状態になっているわけです。

私は国民民主党にいたけども、国民民主党にも古い人が現れた。松村謙三、大麻唯男《おおあさただお》、清瀬一郎、堤康次郎《やすじろう》、こういう人々が現れて、「おれらは留守にしていたが、今度は一緒に仲良くやっていこうではないか」ときた。仲良くやっていくという言葉をひっくり返してみれば、「お前らに長いことやってもらったが今度はおれたちが代わるから、しばらく渡せ」というものですね。

あちこちにそういう人が現れた。社会党もそうです。河上丈太郎《じょうたろう》さん、三輪寿壮《じゅそう》さんという人々は追放されていた。それが出てきて、委員長になったりしました。

そういう時代がここに出てきて、第二区の場合は小山邦太郎さんは参議院だからどうこうはなかったけれども、羽田武嗣郎さんと小山亮さんは衆議院に出たわけだ。長いこと政治生命を維持できなかったけれども、失地回復をして元の勢いをもう一遍盛り返そうとしたに違いありません。

そういう状態の時に、私は今にして思うのだけれども、戦後の政治家があの際あまりにもお人よしといいますか、その古い先輩に対して謙譲の美徳というか、古い人々にもう一遍地位を譲ったあたりに問題がありはしなかったか。日本人は、長幼序あり、古い人に楯突くようなことをしないで、そういう追放者をもう一遍迎え入れたところに問題があると思う。

例えば、岸信介《のぶすけ》がいる。岸さんは確かになかなかの人物であった。東京大学でも有数な、頭の良さをもって鳴っていた人だ。しかし、岸さんはひとつの大きな瑕疵がある。それは何かというと、戦争の詔勅に署名をしている。当時国務大臣として、日本が世界各国に向かって戦端を開く詔書に責任を持って署名しているところに問題がある。そうすると天皇の戦争責任が少し台頭したわけですけれども、日本の旧憲法は、天皇は国務大臣の輔弼によって事を処理する建前になっていますから、やはり責任は国務大臣にあるといわなければならない。岸さんはその戦争詔勅に署名をしているのですから、そういう人が戦後大きな顔をして、口を拭ってもう一遍出てくるあたりはひとつの問題点ではなかったかと思う。

岸さんも過去の人になって、今や幽明境を異にしてしまったから、死者に鞭打つようなことはしたくないけれども、ドイツの例に比べますと、ドイツは非常に厳しいでしょう。ナチスにいくらかでも関係のあったものは、今世の中に出てきて大きな顔をすることは絶対に許されない。そういうのに比べると、日本の場合は少し寛容の精神に富んでいたというか、少しルーズであったといえるかもしれない。そういうことで、追放解除によって日本の政界が一層複雑になってきたことは間違いありません。

抜き打ち解散

それがその後の政局にもずっと伝わっているのであって、例えば、吉田さんの手によって例の抜き打ち解散が行われました。昭和二七（一九五二）年の話。その原因をよく考えてみると、二七年ですから、その前の選挙から見ると、約三年経っている。国会が解散して新しい議員が出てきてもいい時期にはなっていたのですが、その頃追放解除でいろいろなのが出てきた。吉田さんとその周辺の人々は、どちらかといえば、過去の政治にはあまり関わりのない人だった。吉田さんもしかり、その周辺を囲む者は大かたは官僚の連中が多い。池田勇人、佐藤栄作、増田甲子七《かねしち》。吉田周辺にはやはり官僚が多かった。そういう連中が、吉田さんと誼みを通じて一勢力をなしていた。

それに知恵を貸したのが当時参議院議長をやっていた松野鶴平《つるへい》です。松野頼三《らいぞう》のお父さん。松野頼三君もなかなか知恵者だが、鶴平さんは一名「ずる平」と言われたぐらい、知恵があった。これが吉田さんの最高顧問で知恵をつけるわけだ。やはり選挙はここでやってしまえ。あの追放解除の連中が、だんだん金でもできてきて、選挙が強くなったのでは遅い。今のうちならそんな大したことないのだから、ここで選挙をやってしまえというのが、あの抜き打ち解散の一番の原因だったと思う。やはりこれも追放解除をめぐる相克がそういうふうにさせたと思う。

いよいよ選挙をやってみると、吉田勢力が相変わらず多数を占めたことは間違いない。しかし、大勝利というほどではなかった。多数を占めたことは間違いないのですが、あの時「抜き打ち解散」となぜ後から言われたかといいますと、ことを非常に秘密裏に運んだ。誰も知らなかったというのが実情です。

解散という時には、解散の詔書が出ます。陛下が署名して、衆議院を解散するという詔書が出るのですが、これが紫の袱紗に包まれて官房長官の手から衆議院の議長に渡る。そして議長が立ち上がって、おもむろに「ただ今解散になりました」とその詔書を読み上げる。こういう手続きがあって、その時にバンザイの声が起こるわけですね。私は何度もそこへ立ち会ったけれども、何のための万歳だかよくわからない。人はこれをやぶれかぶれの万歳だと言うのですが、自分の首が切られて万歳もない。

吉田さんのやりかたを誰も知らなかった。側近は知っているでしょう。池田や佐藤は知っているに違いないけれども、大野伴睦議長さえ知らなかった。これもひどい話だ。議長などが怒ったそうだけれども、怒ったって間に合わない。林譲治《じょうじ》さんが自由党の幹事長で、益谷秀次《ますたにひでじ》さんが総務会長だった。この二人も知らない。与党の幹部がまったく知らない。まして議長が知らない。そういうのに解散の詔書が下ったのだから、恐れ入った話です。合法的ですよ。だけど議長が立ち上がって、読まなければならないというのは要件ではない。そういう形式があるだけで、議会に詔書が届けばそれで解散になる。抜き打ち解散は、今返り見ましてもかなり無茶苦茶な、突然の解散という感じがします。

ところが、その後約半年を入れずして、また解散がある。人呼んでこれを、「バカヤロー解散」と呼ぶ。そういう解散が続いて起こる。これはなぜかと申しますと、吉田勢力がだんだんと衰えてきた時代。その前に、池田勇人氏が通産大臣をしていた頃に、中小企業の五人や一〇人がぶっ倒れてもしょうがないというような放言しました。池田は、正直と言えば正直でしょうが、そんなことを言ってみたり、「金持ちは米を食って貧乏人は麦を食え」ということを言う。そういう癖のある人だった。

純情なところはあったと思う。私は、石橋内閣の時分に、私は農林、池田さんは大蔵をやっていた。

その時に、何か国会の都合で、院内の閣僚食堂で、私と池田さんだけが遅れて飯を食ったことがある。他はみんな済んでしまった。その日は鰻飯、蒲焼ご飯が出た。私のは蒲焼きが出ているけれども、池田さんにはそれが出ていない。幕の内かなにかが出ている。池田氏に聞いてみた。「あなた、鰻嫌いなのか」と聞いたら、「いや、実は嫌いなわけではない。ただ若い時に、体中におできができる難病をやったことがある。その時にわしの母親は、白装束に身を固めて、四国八八ヶ所の霊場をご遍路をやった。その時の母親の立てた念願のひとつは、私は元来鰻が好きでしたけれども、わが子勇人があの病気で悩んでいるのを見ると私は忍びない。これからは鰻を絶ちます。私は一切鰻を食べませんから、どうか息子の病気を治してやってくださいという願をかけて四国八八ヶ所を周った」と言う。それを勇人先生は私に話す。「だからわしはどうも母親を思うと鰻を食う気にならん。爾来わしは鰻を断ったぞ」という話を池田さんがする。そういうあたり、なかなか純情なところがある。

加藤勘十《かんじゅう》さんは「池田通産大臣、どこかで中小企業の五人や一〇人死んでもしょうがないと言ったそうではないか。今はどう思っているのか」と、こういう質問をした。私は本会議の議場にいたから覚えている。池田さんは、それを引き取って、もう少し表現をうまくやれば良かった。「そういうこともありましたけれども、今は決してそんなことは考えていません」とか言えば、それで済んだ。しかるに「中小企業の五人や一〇人死んでもしょうがないと言った」と、同じことをもう一回言った。

だから議場は騒然となり、とんでもない通産大臣だということで池田国務大臣不信任決議案が出ました。数でいえばまだ吉田自由党が野党勢力よりも多かったから、普通の考え方で行けばそれは通らないはずだけれども、その時に少しおかしい行動をしたのが広川弘禅一派です。広川弘禅たちがその時に欠席をした。広川一派が一〇人も欠席すれば、天秤が狂って野党勢力のほうが多くなってしまいます。とうとう七票の差で池田の不信任案が通った。池田さんもついに通産大臣を辞めなければいけなくなったのですが、そのあたりが吉田さんとしては、すでに桐一葉落ちて天下の秋。自分の一番の最愛の池田。サンフランシスコ講和会議にまで連れて行った池田勇人が首を取られることになったあたりから、吉田さんにもケチがつき始めたということでしょう。

バカヤロー解散

そうしているうちに、その翌年のバカヤロー解散です。私は予算委員が実は長かった。一五年くらい予算委員をやりました。だから予算委員会で起こったことはたいていは覚えている。

バカヤロー解散という時には、こういう順序だった。西村栄一という人がいました。後に民社党の委員長になる人です。当時はまだ社会党だった。雄弁家でもあったし、話は非常に論理的な人だと思う。西村栄一さんが何か吉田さんの気に障ることを言った。「もうあなたも辞めたらどうだ」という意味のことを言った。そうすると吉田さんが、「何を無礼な」と言った。すると西村は、「無礼はどっちだ」と。そうしたら吉田さんが腰かけたまま、立ち上がって言ったわけではないですよ。腰かけたまま、つぶやくがごとくに「ばかやろう」と言った。でかい声で言ったわけではありません。

事は重大だけれども、その瞬間はまだそんなにひっくりかえるような騒ぎではなかった。なぜかと言えば、その時に勝間田清一《かつまたせいいち》君がいました。彼も社会党代表の筆頭理事。社会党の西村が火をつけて起こった事件ですから、その筆頭理事である勝間田がもう少し動かなければ本当は嘘なんだ。ところが勝間田先生、やはり反応がない。それで委員長がすぐ機を逸せずして、「暫時休憩いたします」とやったから、休憩になった。皆昼飯に帰ってきて、さっきのあの吉田さんの言動は何だ、あれはけしからん、バカヤローとは何だ、国会を侮辱しているではないかときたわけです。社会党のあたりから、これは放っておけないということで問題が持ち上がり、私ら改進党も野党ですから、それに対して野党の間で話し合いをしました。その時は、私は理事ではなかった。確か中曾根康弘氏が理事だった。もう少し本腰を入れて大騒ぎになるかと思ったが、あまりならなかった。

約一時間たって、昼飯が済んでから問題が蒸し返されてきて、「今の吉田のあの言動は何だ」となった。吉田を懲罰にかけろというわけ。いきなり吉田不信任ということよりも、「吉田を懲罰にかけろ」と言う。前代未聞のことですよ。一国の総理大臣を懲罰動議で可決したらいったいどうなるかということで、吉田はだいぶ痛められた。懲罰にかけろというのは、三木武吉の知恵だという説もある。不信任なんかやっていたのでは回りくどくて、結局不信任案が、自由党がまだ多数ですから、それで否決されたのでは何にもならん、懲罰へかけろと言ったのは、どうも三木武吉ではなかろうかという。

例の『小説吉田学校』という書物がある。これを読んでみると、密かに三木武吉が社会党の浅沼稲次郎に向かって、「おい君、ちょっとぜひ話したいことがあるから外へ出てくれんか」と。二人が別々の人様の車に乗ってわからないように、お昼でも済んだところで、行った先は皇居前の広場だったという。これは少し話ができすぎている。そこで武吉さんが、「おい浅沼君、ちょっと来いよ」と、自分の車のなかへ浅沼の巨体を招き入れて、「時に吉田を懲罰にしようと思うが、どうだ」と、「そんなことできますか」と、「そんなことは簡単だ。不信任なんかやっていればとても駄目だから、早く懲罰にしちまえ」と。それはできれば結構と二人で話はついて懲罰動議になったというのですが、真偽のほどは知りませんよ。その『小説吉田学校』の著者もすでに亡くなったからよくわからない。

吉田は、懲罰で責められたりしてしょうがないから、解散になったわけです。半年を入れずしてですから、議員にしてはかなわない。吉田はそういう癇癪玉を破裂させると、意表をつくことをやる人だったと思います。よく吉田さんについて言われるように、新聞記者が後をついてがたがた、「総理、総理」なんて言って行ったところが、壇上にあったコップを持ってコップの水を新聞記者にぶっかけたとか、そういう癖のある人だ。南原繁東大総長が、全面講和を唱えた。吉田さんは単独講和です。全面講和を唱えている南原繁に向かって、そんな馬鹿なことを言うのは曲学阿世である、学者のくせにあれはひん曲がっていると、そういう言葉をぶつける。労働組合の幹部に向かって、「不逞の輩」という言葉を使ったこともある。吉田は直情径行というか、そこがあの爺さんの面白いところだという人もある。爺さんを非常に買っている人はそう言うけれど、時折、そういう失言をする人です。

いよいよバカヤロー解散で選挙になる。その時に自由党はさらに追い込まれました。状況はかなり変化してきた。自由党は第一党ではあるけれども、比較多数ではあるけれども絶対多数ではなくなった。改進党の勢力、社会党は、当時まだ両派、右派と左派とあった。こういう勢力を合体すると、自由党・吉田勢力よりも上回ったという時代でした。

改進党国会対策委員長

バカヤロー解散後の状況がどうだったかといいますと、私はその時に改進党の国会対策委員長になった。私の前は川崎秀二《ひでじ》君で、彼が代わってくれないかということで、私が国会対策委員長になった。

ともかく吉田をやっつけるには面白いのがある。まず、議長を野党側で取ろうと考えた。野党が本当に結束すれば、優に数においては優勢で議長を取れる。本当は松村謙三さんを議長にしたかった。私の若干師匠みたいな人でもあるから、松村さんをと思ったけれども、松村さんは頑として聞かない。「井出君、議長なんてあんな馬鹿なことができるか。あれは交通整理だよ」と言う。松村さんはもう少し深謀遠慮、つまり、中国外交をやりたかった。

議長になんかに祭り上げられたのでは駄目だということで辞退されて、堤康次郎さんになった。これを大いに支援したのが、大麻唯男さんです。堤さんは、柔道の大家、立ち技の方です。大麻唯男は寝業のタイプだ。大麻を寝業師と書いたのは、中央公論に論文を書いた三木武夫。大麻のことを寝業師だと言った。以来寝業で通った。その大麻が堤康次郎さんを推して議長にしようではないかと。自由党の側は益谷秀次。後に議長にもなりました。目を覚ましているのだか寝ているのだかわからないような人物だった。向こうから益谷が出てきて、こちらは堤。野党はいくつもある。社会党の左派もあれば右派もある。そういうところとも渡りをつけなければなりませんから、野党が一本化して堤議長をつくることは、相当骨の折れる仕事だった。それは成功して、野党の側も改進党の候補に入れるということに話はついた。選挙をやってみたら、確かに堤が勝って益谷はペケになった。ここに堤議長ができましたから、国会対策委員長としての私は第一着手は成功だ。

それにますます力を得て、常任委員長の案分比例という案を出した。その前は自由党が多数を占めていましたから、常任委員長は全部自由党で取った。それはそうでしょう。本会議で多数決で勝負すれば全部とれるわけです。多数持っているのだから。今度は多数ではないですからね。そこが面白いところです。議席数に応じて案分すると。したがって、野党が三〇〇議席を持っているならば五分の三を取れる。与党が五分の二しか取れないという理屈になるわけですから、案分比例で委員長を決める。これまた成功しました。自由党は本当に癪に障ってかなわない。歯ぎしりして悔しがった。けれどもしょうがない。やはり、議会政治は多数の政治ですよ。

それから、最後に重光葵《まもる》内閣を作ろうという腹だ。しかるに、重光さんがどうもテキパキしない。この人は吉田と争うのはあまり好きではない。外交界における先輩、後輩ということもありましょう。その辺が、重光は政治家でない官僚であったということでしょうね。ついに重光内閣まではいかなかったのですが、私の国会対策は野党側からは相当に評価されました。

衆議院農林委員長

そうしているうちに、改進党のなかでも、私の態度、様子が野党側だと見られるように至った。それを特に強調したのが北海道の椎熊《しいくま》三郎。実をいえば、椎熊三郎君は国会対策委員長になりたかった。それが横合いから私が出てそれを取ったから、癪に障ってかなわない。どちらかといえば、自由党と誼みを通ずるようなことで、私の行き方が思うようにいかなくなってきた。そういう際だったものですから、改進党の様子が私の思うようにいかない。堤康次郎さんはわれわれの画策で野党勢力の結集によって議長にはなったけれども、この人自体がどちらを向いているのかわからない。吉田のほうを向いているらしいが、これではこの国会対策もさっぱり功をなさないので、こっちも嫌気がさした。

その時に常任委員長は案分比例ですから、改進党の割り当ても五つ、六つある。私は思いきって乗り換えた。「国会対策はすっぽかそう、常任委員長になってしまえ」と。そういったことが良かったか悪かったかわからないけれども、政治は往々にしてそういうことがある。目をつぶって、谷から飛び降りるようなこともしなければならん。私がいくらか手掛けてきたことは農林政策ですから、常任委員長のなかで農林委員長を取って国会対策は捨てた。後に文部大臣になった荒木万寿夫《ますお》君が私の後の国会対策委員長をやって、私は農林委員長に逃げ出した。

良いか悪いか問題だったのですけれども、この農林委員長もいろいろ事件がありました。昭和二八（一九五三）年には災害が非常に多かった。西日本は台風が幾度もきて、九州から始まって四国、あるいは関西、大荒れに荒れて、いたるところに災害復旧問題が起こりました。同時に、北から東は未曽有の冷害が起きて、長野県も当時は青立ちで、おそらく米は半分もとれなかった状況でした。

そこで農林委員長たるものなかなか用事があり、農林の仕事ならば魚の水を得た如くと自分で言ってはおかしいけれども、他の仕事よりはやりやすい。救農臨時国会と称するものを提案しました。当時吉田さんは、もう少し嫌気がさしていたのでしょう。あまり細かい政治の事には口出さなかった。主として緒方竹虎副総理と折衝して、救農臨時国会を一〇日ばかり開くことに成功しました。

委員長はそれが得意ですから、災害対策の基本策如何から問題を出発して、予算措置、金融措置としては何をする、共済事業はどういうふうに持っていく、という項目を一〇くらいこしらえて、それを農林省なり、大蔵省なり折衝することによって成功して、この年の農林政策は非常に評価されたことは確かです。同じことは、昭和二九（一九五四）年も二八年ほどではなかったけれども、ある規模の冷害が生じて、私は東奔西走した。その二年間で北海道だけでも五回ぐらい行っています。一番冷害ひどかったから。忙しい思いをしました。

吉田内閣総辞職

吉田内閣が末期症状になってきました。造船疑獄が起こった。これは大きな問題でした。ましてや、犬養法務大臣が指揮権発動したのだから、とてもえらいことだったと思います。造船利子補給。造船業に対して国庫が利子の補給をするという法律をつくる。その法律をつくるために、造船業界、例えばその代表たるや、三盃一太郎がいたと思う。そういう造船の主要メンバーが代議士諸君に贈賄をしたということです。その代議士たるや、有田二郎、その他数名いました。

特に大きな額は約二〇〇〇万円。佐藤栄作自由党幹事長の手元に行っていることがだんだん明らかになってきて、佐藤栄作も逮捕しようとなった。自由党幹事長でしょう。佐藤栄作逮捕になれば、これこそたいへんなことになるわけです。そこで吉田ワンマンは、時の法務大臣である犬養健氏に対して、検察庁法第一四条をもって当該検事に指揮権を発動して抑え込んでしまう。ずいぶん荒っぽい話ですよ。これをあえてしたわけですから、佐藤さんは助かった。有田二郎は逮捕されて、懲役何ヶ月かになった。

そういう造船疑獄なる事件があり、これも吉田内閣にとりましては、桐一葉落ちて天下の秋を知るようなものだ。何となく時期が来たという感じですよ。ワンマンの威力は地に落ちてしまったというのがその当時の様子だったと思います。

吉田茂さんはワンマンの名をほしいままにした非常に個性の強い政治家で、自分の思うままの、一種独裁に近いような政治をやった人です。またそれだけに、何かあの人の持っている個性の魅力が、国民のなかにひとつの信者というかファンを醸成して、一部には人気があった人でした。けれども、権力者はよほど注意をしませんと、それだけの人でありながら最終的には寂しい終焉を遂げるのが往々です。吉田さんもまた、その誹りを免れなかったように思います。

昭和二九年の秋からヨーロッパ・アメリカを旅行して、御本人としては態勢を立て直して、心機一転してもう一遍花を咲かせようと思ったのでしょうけれども、もはや時すでに遅かった。各国をめぐっても最盛期の吉田さんを遇するようにいかなかったようで、一種の寂しさをもって帰ってこられました。帰ってきてからまだ強気の面があり、解散して態勢を立て直そうと考えたようでしたけれども、自分の後継者というべき緒方竹虎さんは、吉田さんに解散はいけませんよ、ここまで来れば総辞職以外にはありますまいと進言しました。「もしあなたがどうしても解散と言うならば、私は署名を致しません」とまで言い切った。あの時分の状況から言えば、緒方を罷免して吉田さんが自分のわがままを通すこともできない状態にまで力が弱っていたようです。

そういう次第で寂しく内閣を去っていったわけです。亡くなった時、戦後に国葬の礼を以て報いられた人は吉田さん一人で、他にはない。そういう意味では、まさに位人臣を極めた、大勲位菊花大綬章首飾りといいますか、日本の最高勲章を受けました。

歴史は棺を蓋いて事定まるとよく言われますけれども、吉田さんの功績、あるいは欠陥、いろいろな人々がこれに論評していますからあえて申し上げません。確かに終戦直後の日本の政治を担当したという意味において、非常に大きな存在であったことは間違いありません。

鳩山内閣の成立

吉田さんの次に一体誰が登場するか。舞台は鳩山さんにめぐり来たわけです。鳩山さんは終戦直後に自由党党首として登場してきたけれども、鳩山さんを待っていたのは追放というあの厳しい掟でした。日本はマッカーサーの下、占領下にありましたから、この最高命令には日本人は誰でもこれに服しなければならなかった。鳩山さんも寂しく国会から去っていきました。

しかし、昭和二七年に追放が解除されて、それから後は三木武吉さん、河野一郎さんの助けを得て、鳩山さんが再登場をしてきたわけで、吉田さんとの兼ね合いもいろいろあった。吉田に対して、かつての自分が作った自由党をおれのほうへよこせと言いたいところだけども、片や吉田は必ずしもその言うことを聞かない。両様相俟って、片や自由党、片や若干の経緯があったけれども、鳩山さんは日本民主党を作って、相拮抗していたわけです。

すでに鳩山の成果が国民的人気がずっと引き立ってきましたから、鳩山政権がごく自然に生まれてきたと申してもいい。鳩山さんの天下になったけれども、まだ国会において絶対多数を取るところへは行かなかった。吉田自由党も腐っても鯛である。まだまだ相当の数を擁していましたから、鳩山さんが絶対多数ではなくして、少数党内閣でスタートしたわけでした。そこで鳩山さんが何をしたかということですが、保守合同が待っていて、それがやがて鳩山政権を数において支える力になるわけです。スタート直後の状態は、過半数を持たない少数政権でした。

日ソ国交回復

鳩山さんもいろいろやりたいことはあったと思います。吉田さんが自由主義国家と窓口を開いて、アメリカを中心に講和条約を結んで、日本が国際国家の仲間入りをしたというのがひとつの功績であったとするならば、何かそれに対抗するものを鳩山さんとしてはやりたかった。そこで、まったく今まで交流がなかった共産圏のソ連、中国と誼みを結んでみたいというのが、鳩山さんの心のなかに浮かんだ願いでした。これは外交的には吉田さんに対抗しうる、十分なる科目であったと申していい。

その当時、ソ連とは国交が回復をしていませんから、大使館がお互いに設置されているというわけにはいかない。ソ連代表部が狸穴《まみあな》の旧ソ連大使館の跡に細々と何名かの人間が来、日本との細い絆をつないでいた状況でした。このなかにドムニツキーという男がいた。得体のしれない人間で、ソ連の大使館もまだないのだから、資格も別にありません。大使館ならば、参事官や書記官と名がつくけれども、そうでもない。新聞記者のようにも見えるが、そうでもなさそうだ。

当時外務大臣が重光さんで、非常に手堅い人ですから、ドムニツキーなんて得体のしれない男が来たって受け付けない。だから、外務省相手にはどうにもならないということで、音羽に鳩山さんの私邸があります。その鳩山の自宅をドムニツキーが訪問して、鳩山さんと会見する。二度ばかり訪問しているのですけれども、ドムニツキーの持ってきたメモなどを見ると、日本に対してソ連も手を差し伸べているらしく見える。そんな次第で、日ソの間が何とはなしに窓が開くような状態になってきました。

　鳩山さんも、慎重に事を運ばねばいけないものですから、外務省を通じて国際連合へアメリカの手を借りながら、一体ソ連は日本にどのような感情を持っているのか、ドムニツキーは一体何なのかと国連を通して調査をしたところ、まんざらでもない、その男はソ連の意思を伝えている男という情報も入ったものですから、鳩山さんはこの人と若干の接近を持ちながら、ソ連に興味をつないでいたわけです。

　だんだん問題が熟してきて、日ソの間にもう少し接近していくという状態が生まれて、日本からの全権を派遣して、向こうの人間と接触する方向が出てきました。日本は、かつてイギリス大使をして代議士にもなっていた松本俊一《しゅんいち》氏を全権として、場所はロンドンということでこの人が行く。相手はソ連の英国大使をしていたマリクという男。マリクと松本俊一さんとの会見で日ソの間を打開していこうと。ドムニツキーが持ってきた案とそれほど違わないものをソ連も引っ提げて、それを原案として松本さんとの交渉に当たったということでした。

　いろいろ議論した挙句、日本とソ連との一番厄介な問題は領土問題です。歯舞、色丹、それに南千島の択捉、国後という二つの島、あわせて四つをどうするかという問題があります。向こうは、歯舞、色丹についてはかなり弾力的であるけれども、肝心の択捉、国後については断固として譲らないという状態である。領土問題は厄介だから後回しにするとして、その他の外交案件、例えば、大使を交換する、漁業問題をどうするか、あるいは、抑留日本人、シベリアへ連れて行った日本人を戻すという問題もある。賠償問題はお互いに放棄して、どちらも主張しないことにしようではないか。

国連は御承知のように常任理事国があります。安保理事会とも言っている。安全保障理事会は、米、英、仏、中国、ソ連が席を連ねており、特にソ連が今までは日本の加盟に対してはいい顔をしなかった。それを今度は日本の国連加盟を認めようではないかというところへ来て、相当マリク会談がある程度煮詰まってきたけれども、肝心の領土問題が解決しないものですから、平和条約を結ぶわけにはいかない。戦争終結宣言という程度でお茶を濁すところまで、松本―マリク会談は煮詰まっていったようです。しかしそれでは日本国民の満足するところではない。

外務大臣は重光さんで、改進党の総裁になった人です。非常に手堅い人物で、石橋を叩いて渡るような人です。ですから、松本交渉を必ずしも十分評価しない。もう少し突っ込まなければいかんというのが重光さんの考え方でした。できるならば自分の手で領土問題を解決しようと思って、松本に代わって重光自身がソ連へ乗り込んでいく段階が生まれてきます。二九年秋から三一年のことで、重光さんが自ら出かけていくことになった。

ソ連は、重光を知っている。あれは非常に堅い人間で、特にソ連には好感を持っていない人物だとソ連は重光を評価しています。したがって、ソ連へ行っても、向こうが重光を遇するのはあまり温かではなかったようである。ブルガーニンやフルシチョフに会見を求めても快く会わないという状態で、重光さんは勢い込んで乗り込んでいったけれども、とても択捉、国後をこっちへ取り戻すというわけにいかない。そうしているうちに、重光さんが松本さんを呼んで、「どうもこの調子では日本の案を貫くわけにいかない。どうだ君、ソ連の案で妥結しようではないか」と。

これには松本さんもびっくりした。本来ならば重光さんもそういう線まで降りてくることはありえない。松本さんにも従来、例えば国後をどうしても取らなければ駄目だぞと言った重光さんが、ソ連の案で行こうではないかというところまで降りてきたものですから、松本さんはびっくりしてしまった。その間の消息が、いかにも不思議だ。あれだけソ連に強硬姿勢を持っていた重光が、ソ連にはいかにも弱気になってしまったのは一体何だろうかということが、その後もいろいろ取りざたされるわけです。

本国に対して請訓をしてくる。それは、「ソ連の案で行こうと思うがどうだろう、これより他に道はない」ということを、日本外務省を通じて鳩山本陣へ賛成を求めてきたわけです。日本側は、「冗談を言ってはいかん、そんなことで承知できるはずはない」と。日本は相変わらず択捉、国後を求めて止まない状態ですから、重光さんに、そこを早々引き揚げて、ちょうどイギリスでスエズ運河の問題が国際的に議論が始まっているから、そっちへ向かってくれということで、重光さんはついに涙を呑んでイギリスへ向かわざるをえなくなったわけです。

この重光の心境の変化は、その後いろいろ取りざたされます。重光自身、その翌年にあの世へ行ってしまうわけですから、なんとはなしに一種の虫の知らせとでもいうか、運命的な、重光が弱気になったのは何か魔がさしたのではないかという見方もある。あるいは、重光は鳩山の後の天下を狙っていた、鳩山がどうせ引退するであろうから、その後は重光総理を目標にして、ソ連との間に妥結をしておくほうが、国民はガタガタ言うかもしれないけれども、やがてはこの道以外にはないのだから、後世の日本国民は評価してくれると重光さんが考えて手を打ったのだろうという見方もある。いずれとも言えませんけれども、重光さんが急に変化したことは事実で、非常に失意の下に、ソ連からあまり見送りもない

鳩山一郎・薫子夫妻と井出

ままに、モスクワの空港を発ったのが重光さんの取り組んだ日ソ交渉の顚末です。

重光さんがそういうことになって、さりとて放っておけない。ソ連からも重光を置いておいて、頭越しに鳩山なり河野なりへ働きかけが及んできた。昭和三一年の秋深い頃になって、重光さんが帰った後に、鳩山さんの手でソ連の意向をもう一遍うかがいます。重光さんは領土を放棄して、歯舞、色丹で手を打とうとした。鳩山さんはそこまでは行かない。歯舞、色丹、択捉、国後の四つの島は保留しておいて、平和条約発効後も継続審議をするということにして、とりあえずは領土には触れないで戦争終結宣言をすると。講和条約でなくて戦争終結宣言をする、そして、大使の交換、漁業問題、賠償問題、抑留者の問題、国連加入、こういう問題をさきほど申し上げた線で妥結しうるならば、自分もモスクワへ赴くに決してやぶさかではないと向こうに打診しました。ソ連からは同じことが返ってきた。「鳩山閣下のおいでを、われわれは喜んで歓迎をする」という返事が来た。そこで、鳩山さんは薫子夫人を携えて、河野一郎氏が付き添ってソ連へ出かけて行ったというのが、鳩山さんによる日ソ交渉の顚末です。

果たせるかな、ソ連は、鳩山訪ソには重光さんとは打って変わったように大変な歓迎をする。ソ連の飛行機が出迎えてみたり、迎賓館で宿をとって十分な接遇をする、ソ連の有力者がことごとく出てきて皆鳩山を歓迎するということで、鳩山さんはいい気持ちで日ソ交渉を終結に持ち込んだ。

ただ、これは平和条約ではない。日ソ共同宣言で戦争は終結したということを天下に宣明しただけにとどまっているわけです。ましてや領土問題はいずれ後ほどということで、解決に至らないまま終わったというのが実際問題でしょう。鳩山さんは自分の目標だった日ソ国交打開ができて、満足して日本へ帰ってこられたというのが実際のところだろうだと思います。

鳩山さんは、自分が吉田に対抗してやろうとする共産圏との話し合いが成功して、まずひとつは目標を達したということでしょう。鳩山さんは、政治の家柄から言えば、お父さんが有名な法学者の鳩山和夫博士。この人以来の政界の名門ということでしょう。息子の威一郎《いいちろう》さんと、孫の二人が東京と北海道で国会議員に出ています。和夫先生から言えば四代政界に籍を置くという家柄で、他には類例を見ない御宅です。お母さんが鳩山春子さん、奥さんが薫子さん。薫子さんはなかなか行き届いた人で、私も鳩山邸には両三回伺っていますけれども、若いほやほやの代議士の気持ちをよく察して、「わずかですが、お車代にお持ちください」といった気の利かせ方をするのが薫子さんです。

たいへんに恵まれた立場におられたけれども、追放中に高血圧でしょうか、病気でおられたことが、本人としては非常に残念だったと思います。それゆえに、気が少し弱くなった点もあったのでしょう。ソ連の問題さえ解決すれば自分はいつでも引退をするということを、早くから言明していました。

鳩山内閣の内政

鳩山さんは日ソ交渉をものにしたのですが、そのほかに鳩山さんが特にやりたいと思ったことがいろいろあった。そのひとつに憲法改正を目論んだ。鳩山さんの前に、昭和二一年に私どもが出て行った当時、新憲法を作りました。その憲法は、鳩山さん、岸さんといった、戦前の日本の政治家からすると、何か少し民主主義が行き過ぎていて気に入らない点もあるのではないか。ことに憲法第九条。吉田さんに言わせれば、「自衛隊は戦力なき軍隊である」と言うがごとく、日本が独立国家として軍隊を持たないことが物足りない点だったかと思います。この憲法を改正したいというのがこの人々の念願で、改憲論、憲法改正を目論んではいたけれども、鳩山さんの代にはなかなかそれを具体化することができなかった。岸さんの時代になって憲法調査会が設けられるわけですが、憲法はそういう状態だった。

それから、選挙法を改正して、小選挙区制を施行しようとした。鳩山さんの時代にすでに小選挙区制が打ち出された。かなり突き進んだところまで行って、衆議院は通った。これは悪口ですが、俗に「ゲリマンダー」と言われる。ゲリマンダーの意味は、アメリカのゲリーという政治家が、マサチューセッツ州の自分の選挙区を少しおかしく割り振りした。その選挙区の地図がギリシャ神話かに何か出てくるサラマンダーに形が似ている。そういうことから、ゲリーの名をひっかけてゲリマンダー、ゲリーが勝手に作った選挙地図だと言われてだいぶ評判が悪かったことがある。

鳩山さんがやろうとした小選挙区制は、あちこち不自然なところもある。あちこちに飛び地があってみたり、おかしな選挙区制になっていて、当時人呼んで、「ハトマンダーである」と。昔のゲリマンダーは二〇〇年近く前の話だけれども、ハトマンダーと言われたのがその当時の小選挙区制でした。例えば、この第二区も、南北佐久両郡を一区にして、小選挙区だから一区一人です。そういうふうな区制に改めることをあえてしたわけでしたが、これは結局衆議院だけはあの手この手で無理して通ったけれども、参議院でついに通らなかった。

今にして思えば、あの時あまりハトマンダーをやらないで、国民世論が承服するような選挙区制をこしらえて小選挙区をやっていたならば、よほど日本の政治は変わっていたと思われる。一人一区ですから、政党に拠らざればなかなか政治にスタートができないようなものです。一人一区で政党が選挙を主として担当することになれば、自ら二大政党の仕組みができてきます。一対一の勝負が行われてくる。

ところが今のように少数党がどんどん出てきてしまって、公明党がある、民社党がある、共産党も入ると、本来の二大政党は自民党と社会党だと言ってみても、少数の政党がいくつかできてくると、なかなか二大政党制には行かない。二大政党制であれば、政権の交代が時々思うようにできる。ある政党が行き詰まれば、選挙をやれば今度反対党が勝って、次の政権は交代されることになるのだけれども、中選挙区制の下においては反対党がすぐに勝利を収めることも難しい状態ですから、あの時にもう少し小選挙区制を推進していたならば、政治の状況はもう少し変わったのではないかと、今にして思うのです。

政権が交代しないものですから、自民党が万年与党です。その自民党のなかで、派閥があり、そのなかに主流と反主流がありました。主流、反主流が時々政権を交代するがために、国民の魅力というか、興味を惹きつけて、岸政権の後には池田政権、池田の後には佐藤ができたという具合に、少し持ち味が変わったものが時折生まれて、本来の政権交代を派閥交代がその役割を務めていたような状態でした。

私は必ずしも小選挙区万能論者ではありません。小選挙区にも欠陥はありますよ。欠陥がありますから万能ではないけれども、あの時小選挙区制がもしできていたならば、少しは日本の状況は変わったのではないかと思われてならない。

したがって、鳩山内閣でやろうとしたことは、日ソ問題、それから憲法、あるいは選挙法の改正。選挙法の改正が当時は憲法改正につながるように見えた。選挙法を改正して小選挙区制をやったならば、自民党が全体の三分の二を獲得しうるのではないかと見られた。表向きそれを口には出しませんけれども、小選挙区をやったならば三分の二の多数が得られる。三分の二を得れば、憲法改正の発議も可能になるわけだから、そこで、憲法改正が可能となるというのが背景にあった、そういう魂胆が腹の底にあった、それゆえの選挙法改正だと実は見られたわけで、そういう点がついに選挙法の改正がものにならなかったひとつの理由ではないかとも言われているわけです。

その他、鳩山内閣の仕事としては、教育委員会の制度を選挙制から任命制に改めたことがありました。反対闘争が強くて、非常な抵抗がありました。かなり無理をして、国会は徹夜に近いような状態でこの法案を通すことになったわけです。これなどは、むしろ本来の教育の中立性を考えると、私は従来の選挙制のほうがよかったと思うけれども、しかしできたことはしょうがない。

鳩山さんや岸さんは、戦前回帰と言いますか、昔が懐かしいわけ。憲法改正にしても、選挙法にしても、教育委員会制度にしても、昔へ戻すことが良いという考え方だったのではないかと思う。われわれは少し立場が違うかもしれません。こういう人々が少しく反動立法といいますか、民主主義の前進の方向ではない、これを後退させる方向へ政治が行われたのではないかという気がしています。

鳩山さんが、日ソ交渉が済んだならば、自分は政権を投げ出して苦しくないという表明を三一年の秋頃にして、次に一体どういうことになるか。その前提として申し上げておきたいのは、保守合同の問題と、社会党が一本化した問題です。

第3章 自民党政治のなかで

保守合同

保守合同は必然性があって実現されたと思います。従来の日本は、保守党が二つあった。政友会と民政党が長い間日本にありました。政友会の流れをくむのが自由党、憲政会や民政党の流れをくむものが改進党でした。どうも二つの保守党があったのでは力が一本化しない。こういう点に非常に注目を払ったのが、三木武吉さん、緒方竹虎さんです。保守合同をして、本当に力強い保守党を作り上げなければ、日本は大きな損失であると見ていた人々です。

三木武吉さんはそのために政治生命をかけた。晩年は癌の病を持ちながら、自分の肉体が蝕まれていくことを顧みないで、東奔西走、保守合同のために身命を擲《なげう》ったと思う。武吉さんの最後の如きは体のなかから鬼気というか、一種の妖気が漂うとわれわれに見えたぐらい、保守合同には熱心でした。

緒方竹虎さんも、日本の保守党は一本にならなければいかん、「爛頭《らんとう》の急務」であると、難しい言葉を残していった。爛頭の急務というのは、「爛」は爛《ただ》れる。この辺に火がついて頭が爛れるような急務であるというのが緒方さんの表現でありました。それくらい、この二人は保守合同に熱心でした。

日本の政界は一本化するばかりが能ではない、保守党が二つあってもいいのではないか、日本の場合は社会党の政権は少し難しい、将来の問題としても保守党がお互いに政権を交互に担当していくほうが安全ではないか、という考え方も私はもっていました。ですから、保守合同の前に私は松村謙三さんを訪ねて、松村さんは保守二党論者でしたから、「先生、しっかりしてくださいよ。保守合同には参加しないで、保守二政党で行こうではありませんか」というふうな話し合いをしていました。

そこへ現れた人物があった。誰であろう、中曾根康弘さん。中曾根さんも松村さんのところへやってきて、「私と同じ考えだ。日本の場合は、保守二政党あっていいと思う。それで先生、行きませんか。聞いてみると、井出さんも同じような考え方だそうだが、二人で先生を助けます。他にも大勢そういう同志がいます。保守合同へは行かないでくださいよ」というような話をしたこともあります。

実を言うと時すでに遅かった。大麻唯男さんという策士がいました。三木武夫さんに言わせれば、有数なる寝技の大家である。松村さんもすっかり寝技に仕掛けられてしまい、われわれが行った時には「保守合同に自分も参加する」と、大麻に返事してしまった。こういうことで、われわれの考え方は実現しなかったのですけれども、保守合同に対してはそういう立場の人も実はいたわけです。三木武夫さんなどは、大麻の動きを知っていたものですから、「井出君、そんなことを今言ったって無駄だよ」という考え方でいた。そんなこともあり、保守合同が鳩山さんの時に実現しました。

保守合同はできたものの、最初はなかなか総裁が決まらない。総裁代行委員というものをつくり、鳩山、緒方、大野伴睦、三木武吉の四人が、総裁代行委員で党の切り盛りをしたのが当時の実情でした。それ以来ずっと自由民主党が、一党独裁と言われるのを、主流と反主流ができて、どうやら持ち味の違うような政権がその場その場ででき上がってきた。

さてこういうようにどっちが先、どっちが後かということはいざ知らずして、片や自由民主党が一方に保守合同を完成すると、社会党は当時、左右両社、左右両方があったのが、期せずして統一されて、一本化します。委員長が鈴木茂三郎、書記長が浅沼稲次郎と、社会党も時世、時の赴くままということでありましょうか、一本化して二大政党の対立がそこに生まれました。二大政党のまま小選挙区制で天下を争ったならば、時に自民党の天下、時に社会党の天下。その二つの政党が非常にイデオロギーが違って、お互いにこの政権が交代するごとに革命的な状態に変化することは許されない。よほど政策その他が接近してくるであろう。ちょうど、英国の保守党と労働党との差のように、あの二つの政党が時折交代して政権を維持していくという同じような状況が、日本の場合にも自民党と社会党との間にできはしないかという期待がかけられた。

しかし、小選挙区制が実現しないから、そうもいかない。社会党は、やがてもう一遍分裂する。西尾末広さんの民社党が分かれ出るようなことにもなってしまった。公明党やその他が生まれてきました。

石橋内閣の成立

その次の政権は、石橋内閣になる。鳩山さんが引退した後、自民党で次の政権を担当するのは誰かということになったが、なかなか一人には絞れない。岸さんは、当時日本再建連盟を組織して、追放解除の人々などをたくさん集めた。その他、割合広範囲に岸勢力を自民党内に扶植して、一方の雄であったことは間違いありません。石橋湛山《たんざん》さんは戦前『東洋経済新報』に長く身を置いて、時の軍部をも恐れないような侃々諤々《かんかんがくがく》の議論を展開してきたジャーナリストでした。この人も特殊な持ち味の人でしたから、自民党内に一大勢力を築いていました。石井光次郎《みつじろう》さんは緒方竹虎さんの後を引き継いで、緒方さんが朝日新聞の有力なメンバーであったのと同じように、石井さんも朝日の出身でした。したがって、緒方勢力を継承するという意味において、石井さんの存在もまた相当に大きなものがありました。

鳩山引退後の自民党は、天下三分の計というか、この三人によって分かれる状態になった。私は、実は石橋内閣で農林大臣として入閣をした。石橋を担いだわけです。なぜ石橋を担いだかと申しますと、石橋さんの言説というもの、ジャーナリストとして、あるいは経済学者として、石橋さんの持ち味を『東洋経済新報』を通じてかねがね知っていました。

石橋さんが書いた「日本小国論」という論文があった。日本は大国意識を振り捨てなければいかん、日本は資源もなければ、国土も狭い、あるのは人間だけだ、こういうところで国を立てていくためには、人間が立派になって、日本は小国でいい、徒に軍備を擁して、軍事大国になる必要はない。こういう議論を展開したあたりの石橋論理は、目覚ましいものがあったように私は記憶をする。かねがね石橋を尊敬していました。だから一番真っ当な候補者だと私は見た。

岸さんは、なるほど勢力は相当に自民党内に扶植しているけれども、宣戦の詔勅に署名をしたことがやはり傷ではないかと私は見た。大東亜戦争に入る時に東条内閣の閣僚であって、世界に対して日本が戦端を開く時の詔勅に署名をしたことは、岸さんの本意がどこにあったか知らないけれども、他の国であるならばこういう立場の人が戦後の政治の上に大きな存在になりうるはずはない。ドイツなどの例を見てもそうです。私は、岸さんにはそういう致命傷があると見ていて、岸さんには与しえなかった。

石井さんは善良な紳士です。ジェントルマンであるには違いない。けれども石井さんの見識というか、抱負経綸というか、それほど優れたものをわれわれは印象に受けていない。そう考えてみると、石橋へ走ったのはごく自然であったともいえるわけです。

当時すでに派閥が形成をされていて、岸さんに参加したのは、岸派閥はもちろん、吉田派閥の若手である佐藤栄作さんの一味が岸さんへ参加していました。兄弟ですから無理もない。それから、河野一郎氏が岸さんを応援した。石橋には、石橋派はもちろんです。石橋派は小さかった。それほど大きな派ではなくて、一〇数名しかなかった。それに三木・松村派が加わりました。その上に大野伴睦一派が支援した。石井さんは、石井派と言っていいでしょう。旧緒方派が主力で、それに吉田の一派である池田勇人系の人々が参加した。まさに天下は三分の計になって相争う状態が現出されました。

この総裁選挙が、後の自民党の選挙にいろいろな影響を与えているとよく言われる。派閥がこの時から大きくものをいうようになった、そして、黄白乱れ飛ぶと言いますか、お金の動く量が大きくなるのもこの時からだと言われる。特に、代議員が各府県で二名、選挙権を持っていた。自民党所属の国会議員はもちろん全部有権者ですが、そのほかに一票を行使しうるものが各府県二名出てきた。この二名は、大方の場合は府県会議員であったわけです。そうすると全国で約一〇〇名近い人があるわけですが、こういう人がどうもお金に支配されたということがよく言われる。

あるいは、地位をもって誘うこともあったらしい。つまり、この選挙でおれを応援してくれたならば、例えば、通産大臣はあなたのほうへ必ずやりますよと。約束手形を切ると言う。これが空手形。通産大臣がそういうふうにできるわけではないでしょう。しかるに、ある派閥は、通産大臣を約束すること八人に及んだと言うのだから、ちょっと話が大きい。そういういろいろなことが、この総裁選挙が原型になって、それから悪いことがずっと展開されたと伝えられています。

私は石橋の側に立っていろいろ考えてみた。それほど世上言われるようなことはなかったように思う。例えば、石橋の一番主役になった運動員が石田博英《ひろひで》君だった。石田がどっさり金を持ってあちこち配って歩いたと言われますが、私の知っている範囲で、そう大きな黄白が動いたとは思われない。後々の総裁選挙に比べれば、まだこの選挙は、欠陥はそれほど大きなものではなかったと私は思っています。

私がこの石橋選挙を通じて、今でもひとつの印象を持っているのは、私がこの時選挙管理委員の副委員長という役をさせられた。委員長は、愛知県出身の草葉《くさば》隆圓《りゅうえん》という参議院の長老でした。他に数名の議員がいたのですが、忘れもしない、総裁選挙は大手町にあります今の産経会館で行われた。

開票の結果如何を待ち望んでいた。蓋を開けてみると、第一回投票は岸さんが圧倒的に多かった。二五〇から二六〇取ったように思う。石橋、石井はこれに比べると岸の半分ほどで、一四〇から一五〇ぐらい、片や一二〇から一三〇ぐらい。それが第一回投票の結論でした。総裁公選規程を見ると、過半数を得るものがなかった場合は上位二名で再選挙を行うことになっています。当然その規定に従って、上位二名、岸と石橋の間で決選投票をやることになるわけです。

そこで第二段の投票が行われた。投票を開いてみますと、名刺みたいな紙へ「岸信介」、片や「石橋湛山」と書くのですが、その紙を一〇票ずつゴムテープで結わいまして、壇上に机の上に並べる。われわれ事務局がそういう仕事をやるのですが、それをずっと目を凝らして見ていった。さて、岸・石橋両氏の票は、どちらも同じ二五一票です。岸と石橋がまったく同じ票数が現われた。これにはみな固唾を飲んで、顔色が変わった。一体これはどういうことだと。別に総裁公選規程は、細かいことはない。二人が同数であった時には、くじを引くとか、あるいは年長者に譲るとか、そういう規定は一切ないのですから、果たしてどう裁断したらいいか皆迷った。それは一瞬ですよ。私が口で言えば少し話は長くなるけれども、一瞬そういう状態になったわけです。

私がずっと見回したところ、そのなかに少し厚めのテープで括った札がある。少し厚めなんだ。そこで事務局員に「それを計算してみなさい」と言ったところ、なんとそれが一七票あった。その時石田博英は選挙管理委員の一人だった。石田君が、そのことを朝日新聞に「その時、みな顔色変わって眺めていた時に、井出一太郎君のわなわなと震える手の中から七票が現われた」と書いている。しかし、事実はそうではない。石田君は新聞記者上がりですから、少し脚色を用いて書いてある。事実は私が言ったとおりで、その計算のなかから七票が現われたものですから、前もって打ち合わせしていた時に、「石橋が受かったらわしは左の手をあげる」と皆に言ってある。それで手をあげた。一瞬ざわめきまして、勝った、勝ったということになった。

その選挙を振り返ってみますと、いろいろなことが教えられる。前の日に、明日の大事な選挙だから少し予定を練習しておくほうがいいだろうと、選挙管理委員で集まってリハーサルをやりました。その時に私は草葉隆圓委員長に、「明日のあなたの役割は非常に大きい。第一回投票で決まらない場合は第二回投票が続いて行われるであろう。その際は途中で休んではいけません。間髪を入れず、これより第二回投票を行います、それは党則何の何条によって、上位二人で決選投票になりますと宣言して、第二回投票に持ち運んでくださいよ」と、よく念を押しておきました。

もしその時に、どちらかから休憩動議でも出ますと厄介だった。第一回投票で岸さんは圧倒的多数をとっています。石橋、石井よりもずっと余計にとっていますから、どんなことになるかわからない。石橋の部隊の一番の参謀である石田博英君さえも、私のところへ来て何と言ったかと言いますと、「井出君、これだけ岸が余計に取ったのでは、もうあまり見苦しいことはしないで、岸の当選にしたいと思うがどうだ」と来た。石田がそんな弱気ではどうにもならないですからね。「馬鹿言いなさいよ。ちゃんと予定どおり、第二回目の投票に入る以外にはないよ」と石田を私は退けた。

この場合二・三位連合が非常にうまくできました。もし石井さんが崩れて、岸さんへ余計に票が行ったりすれば、これは目も当てられないことになるが、そうならなかったということは、前もって石井派の大参謀の池田勇人と、石橋派の大参謀の三木武夫の間で、信義を守ろうではないか、お互いにどっちが多数になっても、お互いに相手を入れようではないかという約束をきちんとしておいたわけです。

三者三様と言いましょうか、岸さんは第二回投票をやれば、石井なり石橋なりの相当の部分が崩れておれのほうへ来ると高をくくって、トップになるに決まっている、トップ間違いないと踏んでいたわけです。石井と石橋の間も二・三位連合がきちんと成立した理由は、どちらも自分が二番になると思っていた。だから相手に協力しようと言ったわけです。言ったことを忘れずに、石井さんはよく紳士協約どおりに石橋に大部分の票を入れてくれました。ですから七票差で石橋が当選して、岸が落ちた。奇跡と言えば奇跡ですけれども、そういう党則だから、しょうがない。そこで石橋政権ができあがります。

石橋首相の組閣と総辞職

そういう経過ですから、石橋内閣はなかなかスムーズに組閣ができなかった。当時は、閣僚が一六名でした。岸派は半数近いものをおれのほうは取っているのではないか、だからおれに八名の大臣をよこせときた。そうかといって、そうやるわけにいきません。大野伴睦は、池田勇人の大蔵大臣はけしからん、おれのほうから水田三喜男《みきお》を出すから大蔵大臣にしろと出た。あちこちからクレームがつく。しょうがないから、石橋さん一人が総理大臣兼国務大臣みな兼ねた。十何人の肩書を全部石橋が代理で背負って、天皇様の前で認証式を受けた。これも珍しいことですね。

石橋内閣が本当に発足するのは、やはり一週間ほどかかったと思います。私はそこで初入閣をしたのだけれども、当時は派閥推薦ということではあるけれども、割合に簡単にいった。

石橋内閣で農林大臣として初入閣（昭和31年12月）

　愛知県の出で、私と同じ国協党以来の仲間に河野《こうの》金昇《きんしょう》君がいました。海部俊樹の親分です。海部は、河野金昇の秘書をしていた。河野金昇は私とスタートが同じで、当時二人とも六回生という立場に置かれていて、河野の言うのには、「井出君、今度はチャンスが来そうだ。もし通産大臣がおれのほうへ来たなら、おれがなるよ」。これも厚かましい話だ。「農林と来たら、君が行かないと」と言う。ところが農林と来た。だから、「おれがもらうよ」ということで、当時は何も派閥の頭領が推薦をしてなんてことではなかった。割合にふんわりしていましたよ。それで私が初入閣をしたということです。

　岸さんが副総理兼外務大臣になりました。副総理は、法律による副総理ではありません。副総理格とでも言ったらいいのでしょうね。その時に非常に勧められたのが、石井さん。石井さんは、何と言ったって、石橋・石井合同内閣ですからね。非常に重きを成していいわけです。

ところが石井さんは「外務大臣は不適当だ」とか言って逃げた。「そのかわり、おれのほうの閣僚を余計に取ってくれ」とか言って、石井さんが推薦して出たのが、後に議長になった灘尾弘吉《なだおひろきち》とこれまた議長になった坂田道太。それからロッキードで活躍した田中伊三次。自分の仲間から三人か四人を閣僚に入れて、石井さんは閣外にいて静かにしていました。

ところが、まさか石橋が病気になって辞めるとは誰も思いませんからね。あの時、もし石井さんが外務大臣兼副総理になっていたら。なれたのですからね。もう要求しなくても石橋は石井を尊重するのだから。なっていれば、石橋後の石井内閣ができたかもしれません。ですから、人間の運命は紙一重みたいなものですよ。まあ、そういう次第で岸さんが、副総理格から総理大臣になります。

私は石橋がもう少し政権を長く担当していたならば、少しは日本の政治は変わっていたろうと思う。鳩山さんが日ソ外交をやったごとく、石橋さんならば日中外交をもっと早い時期にやったに違いない。そういう意味で、石橋が早く倒れたのは、その後の日中外交の面から言うと残念です。岸、池田、佐藤と来て、田中角栄の時になってようやく日中が打開されるのですからね。一〇年以上も手間とってしまった。石橋さんがならなかったのは惜しまれてなりません。しょうがない、病気ですから。

石橋さんが何の病気だったかというと、高血圧でしょうが、少し飲みすぎですよ。やはり正直な人だな。早稲田の出身で、早稲田へ行って学生諸君が大先輩が総理になったから大歓迎。早稲田の出身が総理になったのは久しぶりでしょうね。寒い校庭で、グラウンドで大歓迎があった。そこへ外套も着ないで出て行って、風邪をひいてしまった。帰ってきて一杯飲んで、高血圧で倒れてしまった。

そこで何とか医者も宥《なだ》めすかして、石橋さんの病気はそんなに重くはないということできたけれども、そう隠しようにならない。特に、いよいよ予算をつくって、予算委員会を開かなければならないという時期になって、予算委員会に出席ができない状態になったのでは、とても弁解の余地はない。石橋周辺はもっと粘れと言ったにもかかわらず、最終的には時の幹事長であった三木武夫氏が判断して、「やむをえない、残念だけれども静かに退陣をしていく以外にはない」と言って、自ら筆を執って、あの辞職の理由を書いた。非常に簡潔だけれども名文です。これを書いて、世に発表をしたということでした。石橋周辺の石田博英やそのほかの諸君は、大変残念がった。けれども、致し方なく石橋は退陣です。

だから、石橋は実際には何にもしなかった。何をしたかと言えば、辞めっぷりが非常に良かった、石橋さんが淡々として立派なものだということで評価が高い。石橋さんは退陣していったわけです。

農林大臣としての業績

私はわずかな期間、約二ヶ月、石橋さんのもとで農林大臣をやり、岸さんになってからも約四、五ヶ月間、農林大臣をやった。だから私は辞令を二度もらっています。天皇様は、「国務大臣に叙す」というのをくださる。総理大臣からは、「農林大臣を命ず」と、二枚くる。二度だから、四枚もらっています。そういう次第で、石橋さんから岸内閣へ移る。

短い期間でありましたから、特にこれだという、法螺《ほら》を吹くほどのこともありませんけれども、何をやったかと申しますと、ひとつは日ソ漁業交渉をやりました。河野さんがその前の年にソ連へ乗り込んでいって、イシコフというのが向こうの漁業大臣。ブルガーニンが向こうの議長みたいな役だったと思います。これらを相手にして漁業交渉をして、条約を結んで帰ってきました。

それに基づいて、第一回の漁業交渉をやった。向こうから日本へ来たのは、クータレフという男で漁業省の次官でした。それと交渉したのですが、なかなか手ごわい相手で、ちょっとやそっとでは融通が

日ソ漁業交渉の議事録署名式でソ連のクータレフ主席代表と握手（昭和32年4月6日）

利かない。昨日言ったことを今日取り消して、平気でいるような男です。それを責めると、彼は「井出大臣、ソ連にはこういうことわざがある。紙に書いたものは、土で打っても破れない」と言う。つまり、「口約束は破っても構わないけれども、紙に書いたものは破れないということわざが私の国にはありますよ」と言うのだから話にならない。何か責めると、「そんなことを言っても、お前の国は負けたのではないか」と来る。根はそんなに悪い奴ではないようだった。二〇日ぐらいの接触だったから、よくわからないけれども。確かにソ連が豊かでないことは、彼の履いている靴を見てわかった。靴がひび割れています。日本なら、とっくに廃物にするような靴を履いている。「ああ、日常生活はなかなか容易でないな」という感じを持ちました。

鮭を取るほうになれば、なかなか頑固で聞かない。それでも当時は、鮭マスの沖取り漁業で一二万トンという数字を確保しました。一二万トンは大成功ですよ。船団をみんなで一〇船団ぐらい出したけれども、オホーツク海のほうへも二船団を出しています。その翌年から、オホーツク海はシャットアウトになってしまった。そういうことで、私の第一回は成功だったと今でも思っています。クータレフがどうしているか、その後ソ連へ行った時少し消息を調べようと思ったけれども、さっぱり消息がわからなかった。ソ連は、何一〇年か経てば駄目です。そういうところを詳細に調べるようにはいかない。

それから、食糧増産の時代でしたから、米の問題が喧しかった。河野一郎さんが私の前の農林大臣で、河野が曰く、「井出君、農林という仕事は、魚と米がなければ面白い仕事だよ」と。だから、あのやり手の河野さんにしても、魚と米は厄介だったとみえる。私は国営土地改良特別会計というものをつくり、土地改良を盛んにやった。秋田県の八郎潟という大きな湖水があって、八郎潟の干拓を推進した。私がこの干拓命令の判子をついた。オランダからヤンセンという干拓の大家を呼んで八郎潟を調査させた思い出もあります。その当時は何といっても食糧増産一点張り。今にして思えば八郎潟は具合悪いですよ。闇の温床みたいになってしまった。先見の明がなかったと言えばそれまでだけども、なかなか先を見通すのは困難です。半年ばかりの期間でしたが、いろいろなことがありました。

岸内閣の成立

石橋内閣から岸内閣に入ります。岸さんについては申し上げたように、確かに能力のある人ですよ。岸は東京大学の開校以来の法学部の秀才のようなことも伝えられている。非常に頭がいい。頭がいいものだから、頭が切れすぎて、「両岸」なんて悪口を言われるでしょう。どっちへ行っているかわからない。両方の岸に足かけるなんてことを言われるほどに頭の冴えた人ではあるけれども、岸さんは戦後の政治に登場すべき人ではないと今でも思っています。

岸さんが手がけた仕事はいろいろあるけれども、岸内閣になり、憲法調査会法という法律を出しました。鳩山さんに次いで、岸さんも憲法改正論者でした。それまで自主憲法期成議員同盟の会長をずっと長らくやっておられた。そういうことで、憲法調査会法という法律を国会へ出して、衆参両院を通過しました。だいたい五〇人ぐらいのメンバーで、法律の大家を揃えて、国会議員も二〇名ぐらいメンバーになって加わる。私もそのメンバーの一人にされて、月に二回ぐらいは憲法調査の会合へ出かけて何年か継続しました。賛否両論あり、非常に憲法改正に熱心な人もいれば、いやそうはいかんと消極論の人がいました。憲法調査会の会長だった高柳賢三《たかやなぎけんぞう》博士は、どちらかと言えば消極論でした。

結局、憲法調査会は、結論は出なかった。賛否両論を併記して、池田内閣になってから答申をこしらえたのですけれども、結局はお蔵入りして、どこか首相官邸の倉庫あたりに入っているのではないかと思われる。憲法改正は、うやむやな形になっているのではないかと思うわけです。

それから、岸内閣時代にありましたのは、警職法の改正。警察官職務執行法という法律がある。この法律の改正を岸内閣でやろうとした。警察が非常に民主化して、昔のように、「おいこら、ちょっとこい」というわけにいかなくなった。あるいは、やたらと人の家へ踏み込んで、臨検することもできなくなった。それを元のほうへ戻そうというのが警職法の改正です。これに対しては、非常な批判もありました。岸さんや鳩山さんの仕事には、何か昔へ戻すようなアナクロニズムというか、時代錯誤のやり方があったように思います。警職法についてもそういうことが言えるのではなかろうか。これに対しては、野党がたいへんな反対で、体を張って抵抗して、結局は通らなかった。

これに関連して、三閣僚の辞任問題が起こった。岸さんが、時代錯誤みたいなことばかりして困るのではないかということから、夜を徹して、池田勇人国務大臣、灘尾弘吉文部大臣、三木武夫経済企画庁長官の三人が連袂《れんぺい》辞職をしたことがありました。これには岸さんもかなりショックを受けたようですけれども、少し岸に反省を求めるという意味で三閣僚が辞任しました。

松村謙三の訪中

三閣僚辞任の後、松村さんが岸さんと総裁選挙を争いました。自由党と改進党の争いみたいになったわけですが、岸さんが絶対優位の立場で勝利しました。松村さんは岸さんの半分くらいの票しか取れなかった。これは致し方ありません。改進党という政治勢力が少なかったうえに、池田勇人さんの勢力も松村さんに加わって岸さんと対抗したように記憶していますが、歯が立ちませんでした。

松村さんがその直後に、私と二人だけの時に言った言葉を思い出す。非常に謙虚な人だから、後輩である私どもに対してもさん付けで、「君」とは言わなかった。「井出さん、わしも、もう少し歳が若かったならばな」と述懐したことを覚えている。その時、松村さんは七〇を超えていました。もう少し若かったならば、総裁選挙に十分な準備をして一戦を挑むという気持ちが松村さんのなかにあったように思う。政治家は一遍は天下の権を握ってみたいというものではないかと思う。松村さんのような非常に謙虚な人といえども、やはりもう少し歳が若かったならば、何とかしたいという気持ちを如実に物語っていた、それが政治家の真骨頂ではないかと思い出します。

松村さんは、私から言えば、先生というか、お師匠さんというか、私自身も松村門下の一人であると自ら任じています。三木さんに対しては、私は友達扱いでいい。この人は、畏友という扱い方ですが、松村さんに対しては、何かお師匠さんみたいな感じがします。

私は昭和三四（一九五九）年、松村さんの第一回訪中に参加して、旅をしたことがあります。その一行は、その後ずっと松村さんに付き添っておりました古井喜実《よしみ》君。後に静岡県知事になった竹山祐太郎君。田川誠一君。こういう連中が、私も含めて松村さんに付き添って中国入りしました。それからその

訪中の際、周恩来首相と乾杯（昭和34年11月）

報道のために、新聞記者団が、有力な新聞社、ＮＨＫ、共同通信まで含めて、やはり一〇人近く参加をしたように思います。そのなかには日本経済新聞の後の社長である新井明君なども、新進気鋭の一記者として参加したのを覚えています。ちょうど、岸さんの安保騒動の一年前の話でした。

まだ国交回復にはもちろんなっていない、中国といえば何か薄気味の悪いところだという印象を持っていたにもかかわらず、松村さんが中国から非常に尊敬を受けていましたから、実際に中国へ入ってみるとまさに国賓待遇みたいなたいへん手厚い待遇を、われわれ松村一行は受けました。

当時は、もちろん北京へ直通の飛行機があるわけではない。御承知のように、まず、香港へ参りまして、香港から深圳を通って、まず広東、今は広州と言っていますが、そこへ辿り着くのが最初のコースであって、それから後は中国大陸を鉄路で行くわけだ〔以下、聞き取り不能〕。

安保問題

岸内閣ができて、最大の事業は安保改定の問題でした。昭和三二（一九五七）年の秋に、藤山愛一郎さんが外務大臣になっていた。時の米国大使は、マッカーサーです。マッカーサー将軍の甥になる人です。その人と話をして、安保改定にだんだんと乗り出してきたような事態でした。

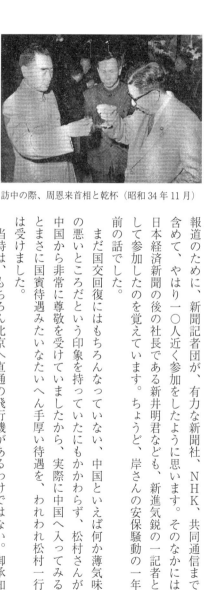

安保条約は、そもそも昭和二六年にアメリカで吉田さんが講和条約の調印に行きました際に、吉田一人で調印して帰ってきた。それは当時日本で安保条約にはかなり議論の余地があったからです。アメリカが日本の万が一という時には、全面的に出て日本を守ってやるという感じの条約でしたから、その後それではいかにも日本の自主性、独自性がないということで、従来の片務条約を、双務の条約、両方が務めなければいけないという対等の条約に変えようというのが、安保改定の狙いでした。

従来は、日本に万が一、安全が危険に冒される時があれば、アメリカが全面的に出てきて助けてくれると。これは結構なように見えるけれども、いかにも日本の自主性がない。そこで、今回は日米対等である。日本はもとより軍備がそれほど多くあるわけではないから、当面の侵略を日本の武力でどうやら自衛隊で防いでいる。その間にアメリカが乗り込んできてくれて加勢するのが、安保の仕組みです。日本は、そういう援助を受けることは受ける。同時に、日本も少しは何か負担しなければならないということから、日本の基地をアメリカに貸与する、基地を提供することで向こうとバランスが取れる状況に変えようというのが、安保改定の狙いです。

極東の平和と日本の安全のために、双方の国が力をいたすことが文言に書いてある。当時安保の問題で、極東は何ぞや、極東の平和とは何ぞや、極東の範囲はどこのどこまでだと。フィリピン以北、日本の主権の及ぶ範囲であるとか言うようなことで、ずいぶん議論がありました。安保に対しては、改定について日本の国内は、このことによって日本が国際的に非常な大きな負担をしなければならなくなるということから、安保改定反対論が澎湃《ほうはい》として起こってきた。

安保がだんだん具体的になっていくにつれて、反対運動が巻き起こり、国内騒然と大騒ぎになってきた。ことに全学連が表面に出て来て、主役を演じるようなことになってきた。労働組合は全部決起して反対運動を起こす。市民運動にまで発展して、はじめは国会の周辺を取り囲むのは約一〇万、あるいは多くの場合一五万と言われたけれども、全国の動員数は何百万をもって数えられるほど、猛然として反対運動が起こりました。いろいろなスローガンが巷にあふれた。「安保反対、岸倒せ」。ひどいのは、岸さんが出っ歯だから、「出っ歯殺せ」なんて言う。ともかくもひどい状態になりました。

最後には国会の塀を破って乱入をする、そのために警官のほうにも、あるいは学生その他の市民の間にも、多くの負傷者が出る状態でした。樺《かんば》美智子さんが国会の周辺で押しつぶされて、亡くなったことが一層問題をエキサイトさせて、騒ぎが大きくなりました。

国会にこの条約案がかけられる。政府側は作戦として、とてもわずかな期間で条約を通すわけにはいかない。そこで国会の会期延長をする。五〇日間の会期延長をしたのですが、自民党のなかでも、これを推進する側は少しこの作戦を練りまして、会期延長五〇日と併せて、この条約の衆議院承認を、一緒に片づけてしまおうという作戦を立てた。

条約は予算と同じで、衆議院を通って三〇日経てば、参議院を通らなくても自然成立をする。これが憲法上の規定ですから、三〇日の余裕をもって衆議院を通せば、条約は自然成立することになる。当時の川島正次郎《しょうじろう》幹事長の知恵とも言われています。

すでに安保条約はアメリカと調印済みになっています。藤山愛一郎さんが外務大臣になって、いろいろと向こう側と交渉をしました。だんだんこれが実ってきて、昭和三四年の秋には自民党の党議として、この条約の承認を決定しました。三五（一九六〇）年の正月に、岸さんはこの条約承認案を持参しながらアメリカへ行って調印した。もう判子はついた。批准が残っている。調印の後の国会通過を批准といいます。あとの問題は、国会をどうするかが残っているだけである。国会をめぐる批准の問題について国内が騒然とした大騒ぎになりました。

私どもは、清瀬一郎さんが議長ですから、そんな無理はしないだろうと思っていたのにかかわらず、清瀬さんは川島幹事長などの提言を容れて、この条約の承認と会期延長を一緒にやってしまった。ことは片づいたようなものですが、われわれは条約承認と会期延長は別と考えていた。会期を延長してこの条約をもっと慎重審議するという意味での会期延長と了解して、条約を通すのは会期を延長して、しかる後に十分慎重審議をして通せばいいと了解していた。まさか一遍にやるとは思っていなかった。どうもおかしいなと考えていたところ、河野一郎や三木武夫が、これに乗っていくわけにはいかない、出てから考えようということで、本会議の議場から、席を外して廊下のほうで協議しようとなった。だから私どもはそれと符節を合わせてすぐ外へ出た。ところが同じ河野派、三木派といえども、そういう指令が伝達しない人は、国会の議場のなかに残されてしまった。だから、外へ出た者は一〇数名だったと思いますが、外へ出ている間に清瀬さんは採決してしまったわけです。

だから、何とはなしに、私らは「安保に反対した」とその後もよく言われる。河野や三木、あるいはその一党は安保に反対したと言われるのですが、実はそうではなく、会期延長をやって後に安保をやるという了解だから、会期延長だけならいいけれども、それで慎重審議をするという話ならわかるけれども、一遍に安保まで通すことは了解していないということで、外に出たまま、安保は通ったというのが実際の話でした。

時恰《あたか》も安保は三〇日間を残して衆議院を通ったのですから、あと参議院のほうへ行ってどうなろうとも、それはもう三〇日という期間を残して通った以上は、自然成立して、安保はここで結論が出たということです。

岸さんはこの安保に生命をほとんど託して、通過に骨を折った。その際に岸さんの考えたことは、警官の動員はもとより、自衛隊まで動員しようということ。するとその時の防衛庁長官が赤城宗徳《むねのり》さんでしたから、赤城君に「何とかしてくれ、最悪の場合そういう準備をしておいてもらいたい」という話をしたところ、赤城が、「それは総理、いくら何でも困ります。日本の自衛隊は国の安否に関わる国家の安全危機管理という時にのみ活動、出動できるのであって、国内の警備の問題で自衛隊を出すわけにはまいりません」という答えをした。岸さんもその論理の前には返す言葉もなくして、そうかしょうがないかなということで、赤城さんの言うなりになったことがありました。もし赤城さんが岸さんの命に従っていたならば、日本の自衛隊に汚点を残すことになったのではないかと思われる。そういう次第で、警察だけで事は済んだということでした。

岸さんは事ここに至って、いよいよ退陣するのですが、それまでにハガチーというアイゼンハワーの新聞関係秘書が、アイクが日本へ来る前触れのような具合に来日したことがあります。安保の結論の出る少し前だった。ところが羽田でデモに食い止められて身動きが取れない。最後はアメリカのヘリコプターが救出して運んだ事態もありました。なかなか険悪な状態になったわけです。

アイゼンハワーは、極東の旅行をして、すでにフィリピンへ来ていた。岸さんが正月、アメリカへ行った際に、「大統領閣下、あなたがアジアに旅行なさるその頃には、日本の安保条約も通過しますから、日本で御目にかかりましょう、お待ち申し上げます」という約束をして、アイクを迎え入れる段取りになっていた。

ところが、この状態をもってしては、とても平穏なうちにアイクを迎えるわけにはいかない。もしもアイクを迎えて、この人の身に万一なことが降りかかったことになるならば、国際問題としてたいへんなことになる。それが、岸さんが退陣をする最大の原因であったのではないかと思う。さもなければ、安保条約はここで承認をした、改定ができたと、岸さんは胸を張ってまだ政権を続けるはずであったろうと思う。それがアイクを迎えることができないという国際的な不手際に責任を感じて、岸さんは静かに退いていった。これが実際のところではなかろうかと思う。

そういう次第で、岸内閣が約三年前後の寿命で終わったわけですが、その後を受け継ぐのは池田勇人ということになった。

〔以下、池田内閣期の回顧の記録は欠落している〕

佐藤内閣の成立

佐藤さんの政権は長かった。七年八ヶ月。佐藤内閣ができたのは、昭和三九（一九六四）年の秋のことです。池田さんの病気がいよいよ重くなって、再起不能という時期に際会して、その時の川島正次郎副総裁、三木武夫幹事長の二人が池田さんの枕元へ立ち会い、池田さんから一通の手紙を受け取った。その手紙には副総裁と幹事長に後事を託して、おれの亡き後は宜しく頼むという意味の一文を認めて、そのなかに次期総裁のことに触れている。皆が括目して、この手紙を見守っていました。

当時池田さんの後を誰が継ぐかという大方の衆目は、佐藤と見られていたようです。その時に河野一郎さん、藤山愛一郎さんは、おれのところへも政権が転がり込んできて不思議はないという気持ちで、池田信書を期待していた。私は三木幹事長との関係もあるものですから、当時ずいぶん新聞記者諸君には追い回された。いったい池田さんの後は誰になるだろうかと。そういう記者諸君のなかには、河野派もいれば藤山派もいた。それぞれ身びいきがありますから、自分のところへうまい風が吹いてくるであろうと期待していたようです。

河野さんは、佐藤さんの師匠である吉田茂さんと非常に相性が悪かった。河野をまるで無頼漢呼ばわりしたのが吉田さんだった。ですが、その両翼と言われる池田、佐藤両氏のことですが、池田内閣当時に河野さんは池田さんに非常に協力しました。池田さんはやはり吉田さんの息がかかっている人だけれども、それに対して河野は大変に協力をしたから、そのお返しの意味において「おれのところへ指名が来ても不思議はない」というぐらいに自信を持っていたようです。

藤山さんは、微力ではあった。藤山の派閥はそう大きな数ではなかったから、微力ではあったけれども、鷸蚌《いっぽう》の争い漁夫の利という言葉がある。ハマグリとカラスと喧嘩していた時に、どちらも戦い疲れたところを、側にいた漁師がごっそり両方を捕まえたというたとえのとおり、河野、佐藤で争っていれば場合によればおれのところへ転がり込んでくることも考えないではなかったようです。

私は当時新聞社の諸君に追い回されて、いったい三木さんどう考えているのだろう、あの中身は何だろうという時に、佐藤へ行くと確信を持って読んだ。なぜならば、その前に総裁を争ったのは、池田、佐藤、藤山でした。佐藤と藤山の札を合わせれば、池田に肉薄した。ほんの五、六票差で池田が勝ったということで、そういう実績を踏まえて、池田は佐藤を指名するであろうと見てとったわけです。

私は新聞社の諸君をミスリードしたのでは具合悪いから、ミスリードせんという決意のもとに、「これは佐藤だ」と話をしていました。手紙を開いてみたら、そのとおり佐藤指名になったわけです。

ですから河野さんなどは、がっくりしたようです。特に河野洋平さんの如きは、その後に至るまで何かそこにこだわりがあり、洋平君は三木さんに対して常に快く思わない、そういう時間的経過がかなり長いこと続いたように私は見てとりました。

佐藤内閣の諸施政

そういう次第で、佐藤政権がここで生まれました。その最初の昭和四〇（一九六五）年に何があったかといえば、池田内閣当時に三木答申が出されて、三木さんが組織調査会の会長になって、党の近代化を図ろうとした。大きな声で第一頁に派閥解消を掲げたけれども、なかなか思うようにはいかなかった。三木さんが池田さんに言ったことは、「総理自身が本当に腹を決めて、あなたが第一線に立って、率先垂範しなければ、こういうことは到底できるものではない」と。池田氏はそれに応えて、「そのとおりだ。おれはやるよ。三木君、最後は二人っきりになってもやろうではないか」と言って党近代化を誓い合ったのですけれども、実際問題となれば、池田さんが病気になったこともありましょう。なかなか思うようにいかなかった。佐藤政権になってからも、その委員会の継続した延長戦のうえに党近代化がもたらされましたけれども、これも単なる掛け声に終わったようです。

佐藤政権の初年度はいろいろ問題がありました。農地報償の問題がひとつの話題であったように思う。終戦の時に、地主の所有地をだいだい一町歩しか認められなくて、あとは耕作者がその権利を譲り受ける、自作農主義が貫徹されました。

これについてはいろいろな批判もあったでしょう。けれども、大筋から言って、この農地改革が日本の農村を民主化したことは間違いない。地主制度に縛られていた小作の人々は、自分の耕地を自ら所有することになったひとつの変革が行われた。そこで農村は大いに民主化した。また、自分の土地であるから、耕し方が違う。よほど精出して自分の土地を耕すことになりますから、生産性が上がる。農業生産力が増大をしたことも間違いない。そういう意味で、私どもは農地改革を是認する立場をとります。

しかし立場を変えてみれば、地主にはかなり厳しかったと思う。当時俗に、立派な田地が一反分、まるでピース一箱の値段で取られてしまったと、よくこぼす人もありました。確かにあの値段は、当時としては厳密な米の生産性を考えて、どれだけの収量があるから、それを資本還元すればこの田圃はいくらになると、きちんとした計算の下になされたとは言うものの、社会通念からはかなり安いものだったと言われる。その後何年かの間、地主を中心に失地回復というか、田圃を元どおりよこせと言っても無理ですから、何らかの国家補償を求める声が高くなってきました。佐藤内閣ができた当時にその声が上がってきて、だんだん実現の方向へ行ったことも事実のようです。

佐藤内閣の二つの功績を考えるならば、ひとつは日本と韓国との正常化、日韓問題があったと思う。もうひとつは、沖縄、小笠原の返還問題。アメリカとの外交交渉を通じて沖縄が日本へ戻ってくる。こういう二つの大きな課題があったのですが、そのなかでまず起こった問題のひとつとして、椎名さんが外務大臣で韓国へ渡って、日韓問題の処理をし始めた。

佐藤内閣は池田さんの手紙でできあがりましたものの、まだ自民党のなかで総裁としての洗礼を受けていない。つまり、党則によって総裁は党内の選挙で決めるのが本則である。そこで、その年の秋に、自民党のなかで総裁をそういう形で決めなければならないという声も起こってきました。

その前に参議院の選挙があり、自民党が半数以上を占めて七一、社会党が三六。ここに初めて公明党が顔を出してきて一一議席を占める。これが佐藤内閣の初っ端に行われた参議院選挙の結論です。

黒い霧解散

明けて昭和四一（一九六六）年になると、いろいろ厄介な汚職問題が起こってきました。世の中が黒い霧に包まれたような時代で、その初っ端に出てきたのが田中彰治《しょうじ》。新潟県の代議士で、なかなかの強者で、詐欺罪であるとか暴力で相手を縮こめるといった、知能犯であり、強力犯であるような人間だった。この人物が司直の手にかかって、かなり話題を賑わした。

荒舩清十郎《せいじゅうろう》が運輸大臣になり、高崎線の駅に急行を停めることを、運輸大臣の立場で強引にやりました。これが世の非難を買って荒舩糾弾という声が起こって、ついに辞職をせざるをえなくなりました。

共和製糖という砂糖会社の問題が起こりました。これに農林中央金庫が不正なる貸し出しをした問題が起こって、その時の共和製糖の社長であった韓国系の菅貞人が、あちこち議員を篭絡して、買収したことが表ざたになり、議員にまでは及ばなかったけれども、菅貞人自身は司直の手を煩わしてえらい目に遭った。いわゆる共和製糖事件。議員もいろいろな人が噂をされた。例えば、重政誠之《しげまさせいし》がいました、この人もどうも菅貞人と関係があるやの噂をされました。

農林大臣だった松野頼三君がアメリカへ行ったついでに、メキシコへ行ったり、ラスベガスという賭博をやるところがある。そこで博打を張ったことが暴露して、農林大臣を辞めました。

上林山栄吉《かんばやしやまえいきち》防衛庁長官。鹿児島県出身の代議士でした。この人も郷里へ帰って、自衛隊のヘリコプターを乗り回して、あちこち郷里へ自らを示そうということをやった。あまつさえ何か演説をして、社会保障の問題などにケチをつける演説をしたように記憶をしています。この上林山事件が問題になって、ついにこの人も辞めざるをえなくなった。こういうふうなことがあったわけです。

そのほか、時の衆議院議長が交代する。山口喜久一郎《きくいちろう》さんが綾部健太郎さんに代わったのですけれども、この人も当時「東京大証事件」ということに災いされて交代した。

数え上げれば毎月一人ぐらい疑惑を招くような事件がある。大臣が何人か退陣をせざるをえなくなった。当時、「とかげの尻尾切り」という言葉が生まれたように、佐藤内閣はその都度尻尾であるところの大臣を首にして、自分だけは身を全うしたということを言われた時期がありました。

佐藤さんも人心を一新するためには、解散して国民に信を問う以外にはないと決意し、四一年の秋頃に解散をした。それが俗に言う「黒い霧解散」。世の中がまったく黒い霧に覆われた時代の解散だから、黒い霧解散と言われるようになった。その選挙の結果は、意外に自民党は減らなかった。佐藤内閣ができてまだ日も新しい時で、いろいろな事件はあっても、佐藤に対する期待がそんなに冷めていなかったこともあったのでしょう。それほど自民党が負けることはなかった。自民党が二七七を獲得しましたから、議会の過半数は制していたことは間違いない。社会党一四〇、民社党三〇といったような数字です。

ただ、国会の議席の数は二七七で相当な安定多数を得ましたけれども、全国の自民党の取った票数を計算しますと、五〇％を割るに至った。こういうところが注目されました。議席は二七七で六割近い数字を得ていながら、票数では五〇％を割ったのはなぜかといいますと、選挙法は、中選挙区制度である。したがって自民党にとっては都会地において非常に厳しい。しかし農村地帯においては割合に甘く選挙法ができている。選挙区をずっと眺めてみると、非常に過密地帯の東京や横浜の選挙区は、鳥取県や兵庫県第五区に比べれば、三分の一の権利しかない。片一方のほうで一人しか出せないところを、片一方は三人出せるというアンバランスが、この選挙区において行われていることから、中選挙区制は割合に自民党に楽にできていることが、この選挙の結果にも明確に表れています。

美濃部亮吉東京都知事の誕生

昭和四二（一九六七）年になりますと、大した事件はなかったけれども、春の選挙において美濃部亮吉さんが東京都知事になった。この人は三期続きます。美濃部さんは、自民党に対立する立場をとって、東京都民の革新的な部分を代表するような人でした。この人は、政治的な力量がたいへんに勝っていたとは言えない。学者から出た都知事ですから、それほど実績をあげるには至らなかった。社会保障、社会福祉などを優先させて、そういう点から東京都の財政が非常に悪化したことも否定はできなかった。だから、美濃部さんが一方において出た。その秋には、吉田茂さんが亡くなる。何か時代のひとつの転換を意味するような感じを持つに至りました。

沖縄・小笠原返還交渉

この年の秋には、佐藤さんの仕事のひとつであります、沖縄・小笠原返還という問題が煮詰まってきて、秋に日米共同声明が出た。これによって小笠原は今後一年以内に返還になる、沖縄については日取りをいつと決めないけれども、日本に返還をする、こういう内容の載った日米共同声明が出され、沖縄、小笠原については大いに希望を持つに至りました。この問題については、外務大臣でした三木武夫さんがかなり力を入れて、影の人で佐藤さんがその主たる功績を独占するような格好になったけれども、外務大臣として下働きをした三木さんの功績をやはり没するわけにはいかない。「核抜き本土並み」という言葉がある。沖縄には核戦力は配備されていない、そして、まったく本土と同じような形で日本へ返還すると、核抜き本土並みが米国との間に約束をされたのもこの時期でした。

倉石問題

昭和四三（一九六八）年、私は衆議院の予算委員長という仕事をしていました。予算委員会で倉石忠雄さんが妙な発言をしまして、たいへんな騒ぎになった。予算委員会の席上で言ったのではありません。農林大臣としての倉石さんが、食堂か何かで記者団に囲まれて語った一節が問題になった。表現も悪かった。それは、今の日本国の憲法は借りものの憲法である、アメリカによってもたらされたお妾の憲法みたいなものだという表現をしたことが、舌禍問題を起こして大騒ぎになった。

倉石君が少し気を許したのでしょうね。共同通信の若い新米の記者が聞き手になって、「倉石さんは憲法はどう思っているか」という質問にごく気軽に答えた。ところがその若い記者は、これはもうたいへんな獲物を得たような感じでそれをすっぱ抜いて全国へ送った。共同通信だから、ほとんど全部の地方新聞へそれが回った。これが非常な波紋を起こして、当然国務大臣は他の何にも増して憲法を守らなければいかん、憲法を尊重しなければならないのが国務大臣の役割である、いやしくも国務大臣倉石忠雄なる人物が憲法をまるで無視し、しかもこれを軽蔑するようなとんでもない発言をするとは何だと、直ちに予算委員会の話題になって、倉石を攻め立てた。倉石もなかなか取り消すとは言わない。一日、二日どころではない、だんだんと日が経って、とうとう一八日かかりました。一八日間、毎日毎日が倉石問題でさっぱり前進しません。

当時、二階堂進君が予算委員会の筆頭理事でした。筆頭理事は委員会の運営を中心的にやっていく立場の者で、委員長はその上に立って議事の裁きをする役割です。筆頭理事はなかなか力がある。ところが、さっぱり前進しないものだから、二階堂君をみんなでかまって、「二階堂君、さっぱり二階堂進まずではないか」と。彼は「進」という名でしょう。ところがさっぱり前進しないから、「二階堂進まずだ」と言った覚えもあります。

その時の幹事長は福田赳夫さんでした。予算委員長である私は、時あっては福田幹事長とも話をしなければならない。倉石さんは、福田さんの派閥です。つまり、福田・倉石は切っても切れない間柄。ですから倉石を擁護して、倉石の首を取るとはなかなか言わない。田中角栄氏は、主たる役職には当時は就いていなかった。田中角栄はその点はあっさりしていて、彼と相談してみると「井出君、倉石の首を取らなければおさまらないよ」と。やはり、あの辺は政治家としての見通しが田中角栄にはあったと思う。一八日間揉みに揉んで、結局倉石自身が農林大臣の椅子を投げ出さなければ収まりがつかなくなった。これが倉石問題で、私は同じ長野県出身で倉石君には同情せざるをえないけれども、そういう性質のことですからやむをえない。倉石の辞職を見るに至った事柄でした。

佐藤内閣期の中国問題

この頃から中国問題が、だんだんと煮詰まってきて、日中の間に覚書貿易の協定が承認されました。佐藤内閣は、もともと中国問題はあまり得手ではない。むしろ、台湾寄り。台湾の蔣介石政権と非常に親交の度合いが強くて、北京へはあまり向いていなかった。しかし国際的な世界の大勢は、中国の民が多く住む中国本土を無視して渺《びょう》たる孤島である台湾、人口にして千数百万の台湾だけを相手にしているような外交でやっていけるはずはない。だからそういう意味においては、佐藤内閣はどうも少し見当違いの方向を見ていたといえる。

しかし、国内の大勢、あるいは自民党のなかの力関係は、台湾よりはむしろ中国へ向いてきたわけで、その前はLT貿易と称して、Lは廖承志《りょうしょうし》、Tは高碕達之助。廖承志と高碕さんとの間にできあがった約束事がLT貿易です。一種の物々交換みたいなもので、どれだけ輸出すればどれだけ輸入するといったことを決めたもので、なかなかそれ以上は伸びなかった。この時代に高碕さんも亡くなった。そこでそれを日中覚書貿易というものにして、さらに発展させようという機運がその当時起こっていました。

この年には、小笠原返還が成立して、小笠原諸島は日本へ無傷のまま帰ってきたということで、沖縄がまだあと少し手間が取れているというような状態です。

三木武夫の総裁選出馬

この年に佐藤さんの任期が到達して、総裁公選が行われました。この時に三木武夫氏が立候補して、佐藤さんに立ち向かった。これはどう見たって三木に勝ち目はない選挙です。けれども、佐藤さんが独走することはよくない、やはり批判勢力がどれだけあるかを示さなければ、佐藤内閣自身もいい気になってしまう。三木武夫なる人物は、佐藤さんに立ち向かうのが、やはり憲政の常道からしても意味があると立候補したわけです。

そのために三木さんは、大会一ヶ月前ぐらいに外務大臣の職を辞して、身軽な体で佐藤さんと立ち向かった。その結果は、佐藤さんが圧倒的な多数を占めたことは間違いありません。しかし三木さんもこの時は、一〇〇票を超えていた。前尾繁三郎さんが一緒にこの時は出ました。前尾さんのほうが派閥が大きいですから、誰でも順序は、佐藤、前尾、三木であろうと見ていたにもかかわらず、前尾よりも三木のほうが余計になって、三木が一〇七、前尾が九五という成績で、佐藤は二四九という圧倒的な多数ですが、ともかくここで総裁選挙が行われて、党内の情勢が投票の上に明らかになった。私どもはこの時はもちろん、三木武夫氏を担いで大いに選挙運動をやりました。三木の見積もった票数よりも余計取れたところにやや満足に近いものがあったと記憶しています。

大学紛争

昭和四四（一九六九）年の特筆すべき問題のひとつは、東大紛争です。大学運営臨時措置法が話題になってきて、日本の大学は学問の自由だけを中心に考えて、大学自身が大学の自治を盾に取って、時の国家権力と対立するような状況になったわけです。大学の歴史から見て、大学の自治、あるいはその独自性は尊重されなければならないとは思いますけれども、それもある限度はなくてはならない。国家の一定の秩序の前には、大学自身も従ってもらわなければならない面もあります。

大学運営臨時措置法が話題になったところ、真っ先に東大が反対運動を起こし、全国の大学が呼応して同情的な態度を取って、佐藤政権と真っ向から対立する事態が生じました。東大はその象徴的な存在で、大学生が安田講堂を占拠して、国家権力に反抗しました。したがって、佐藤政権も最後は機動隊を動員して、ひどい奴は検挙し、拘束することにもなった大騒動が起こりました。

昨今の大学生の様子などを見ると、本当に様変わりして、東大紛争などを思い起こすと、まったく今や羊のようにおとなしくなってしまって、大学生はいったいどこにいるのかというふうな声さえも起こっている。東大紛争当時の、昭和四四年の日本の大学生と、今の大学生は、非常な違いがあることは指摘しておいていいと思われるわけです。

この年の夏に大学運営臨時措置法が衆参両院を通過しました。これもかなり無理をしました。自民党は、これを通すために強行採決をやった。野党は野党で非常に抵抗しました。最終的には衆寡敵せずして、自民党の多数が大学運営法を通過せしめたことでケリはついたものの、この年のひとつの大きな出来事であったことは間違いありません。

中南米訪問

私はこの大学紛争の盛んに起こっている最中に、中南米へ旅立ちました。別に特別な要務で行ったわけではない。一遍は中南米を見ておきたい、その帰りにカリフォルニアのサンタバーバラで日米国会議員会議があった。これに帰りに列席する予定で中南米へ行きました。行ったところがブラジル、アルゼンチン、ペルー。主としてブラジルとアルゼンチンを見ようというのが狙いでした。南米はやはり広々とした、牧畜を中心とした発展途上の地帯であると深い認識を持って帰ったわけです。ブラジルは一番大きな都会のリオデジャネイロで泊まり、アルゼンチンはブエノスアイレスで、二、三泊しました。

その時に、妙ないきさつで、後に大変な国家的な人物になった土光《どこう》敏夫さんと、ブラジルでもアルゼンチンでも同じ宿屋に泊まりました。土光さんは何に行ったかというと、あの人は石川島播磨という造船所の大将だった。東芝の仕上げをやった後、石川島播磨を主宰していました。この会社がブラジルに子会社を設けて、そこで船を作った。これは南半球最大の造船所であるということでした。土光さんは、その時にそこでできた二万トンの大きさの船の進水式があるのでわざわざやってきた。土光さんとはブラジルでもアルゼンチンでも同じ宿で、大いに面識を深めた。ちょうどいい機会だからその進水式に列席してくれと、直々の招待で私はそこの造船所の進水式に列席しました。土光さんが私のことをしきりに「先生」と呼ぶわけだ。いささか恐れ入ったけれども、それ以来土光さんとは昵懇《じっこん》にしました。

帰りにメキシコを通って、カリフォルニアのサンタバーバラという、非常な景勝地で海も近く景色もいいところで日米議員会議が二、三日、開かれました。主宰したのは、宇都宮徳馬《とくま》さんでした。宇都宮さんの招請によって、私のほかには、江崎真澄《えさきますみ》君、赤城宗徳さん、黒金泰美《くろがねやすみ》君。こういう顔ぶれで、アメリカ側もそれに似たようなメンバーを揃えてくれました。日本から留学生を盛んに招いてくれたフルブライトもいて、話題となったのは極東の問題、後進国の問題、日米文化問題などです。私は文化面の一部を受け持って、そのシンポジウムに臨みました。日米議員の間の親交を深めるに、たいへん意味のある会合でした。一月いっぱい暮らして、日本へ帰ってきました。

この年に佐藤さんが一度渡米して、沖縄返還をさらに確認したことがありました。沖縄返還が実際に行われるのはもう少し後のことになりますが、着々として沖縄返還の準備ができてきました。この年にやはり総選挙があり、自民党が引き続いて多数を制しています。

郵政大臣就任

昭和四五（一九七〇）年は第三次佐藤内閣ができあがって、私はこの時に佐藤さんのもとで郵政大臣を務めることになりました。第三次佐藤内閣が約一年半続いて、その間郵政省を担任したのですが、当時の状況を申し上げますと、郵便財政、あるいは電信電話の財政が、今から見るとたいへんに窮屈でした。郵便料金や電話料金も上げなければならない。歴代の郵政大臣は何かの値上げにはぶつかるけれども、郵便と電信電話、両方にぶつかったのはどうも私が初めてらしい。値上げはあまり割のいい役ではないけれども、さもなければ事業を担っていけない。ただし、郵便料金はその時に上げたし、その後も上がっていますが、電話料金は私の時に決めたのが今日までほとんどそのままできている。

電信は、能率がまことに上がらない。配達料その他で食われて、電報は郵政省としては一番儲からない仕事。電話はそうでない。技術革新が常に行われて、例えば、市内電話は一通話一〇円でしょう。東京であろうが、田舎であろうが、市内に関する限りは一通話一〇円。今でも物価は何倍かに上がってい

第3次佐藤内閣で郵政大臣に就任（昭和45年1月）

るにもかかわらず、電話料金は据え置きであるのは、電話は技術革新が行われるから、年々改良されて安上がりに通話ができるので、これが今日まで維持されています。

そんなことで二つの値上げ問題にぶつかったというわけだが、それもだいたい順調に済ませた。

郵政大臣当時に、私はヨーロッパへ行くことがあった。万国郵便会議が毎年行われる。スイスに万国郵便の本部があります。その年は日本が議長国をやる年だった。スイスの首都ベルンでそれが開かれた。郵政省の幹部諸君を一緒に帯同して、ベルンの万国郵便会議に臨んだ。議長国といっても、何もそう大したことがあるわけではない。同時通訳ですから、言葉がそんなに十分にできなくても日本語でしゃべれば、通訳で英語にもフランス語にもなるのだから、議長はそんなに難しい役ではない。

その後、イギリスとドイツへ行きました。イギリスでは放送大学。私の時に放送大学の基礎を作るために、英国のほうが先進国ですから、その様子を視察することが任務でした。西ドイツへは、ちょうどその時に日本と西ドイツの間の直通電話が開通した。ドイツの郵政省から日本の郵政省へ電話をかけることを儀式として行うというので、それにも立ち会って帰りました。

郵政省という役所は、特にこれという政治問題があったわけでなく、割合に気楽に楽しく過ごしたというのが、その一年半の実態です。

三木武夫の二度目の総裁選出馬

その秋、佐藤さんの四選という動きがあって、ここでまた三木さんが立候補した。佐藤独走を許してはいけない、たとえ佐藤には及ばないにせよ、対立候補が立つことが民主主義の原則である。こういう立場に立って三木さんが立候補したわけですが、佐藤さんの三五三に対して、三木さんの票は一一一だった。多くの人々の注目するところは、いったい三木がいくら取るであろうか、一〇〇票を超すか超さないかということを言われたのが、一一一票を取ったものですから、選挙の集票の行われた場所においては、なんだかまるで三木が勝ったようなどよめきが起こったのが偽りのない私の印象です。

公害問題

この頃から公害問題が出てきました。佐藤内閣の時代は、日本の経済が一路前進して、言うならば経済高度成長の時代に入りました。だから各企業が非常に活発になった。同時に公害をまき散らす弊害が一方に起こってきました。例えば、水俣病とかイタイイタイ病、こういうものがあちこちで話題になるようになった。経済発展もいいけれども、公害を一体どうするのだということが国内の話題になってきた時代である。やがてそれが実って、行政機関も環境庁が新たに生まれる機運になった時代でした。それがだいたい四五年の状態です。

河野謙三参議院議長の誕生

続いて昭和四六（一九七一）年。私は七月まで佐藤内閣に籍を置いた。七月に郵政大臣を辞任するわけですが、この年の特筆すべき問題は、時代のひとつの転換でしょうか、参議院で長い間「天皇」と呼ばれて君臨をしていた重宗雄三《しげむねゆうぞう》議長が、次は立候補をしない。議長の職は降りることを言明して、そのあとの議長に、木内四郎《きうちしろう》さんと河野謙三さんが争った選挙がありました。

私らは衆議院だから、別に参議院にどうということはないけれども、自民党における主たる候補は木内四郎さんだった。自民党の圧倒的多数は木内四郎に投票したわけですが、木内四郎さんでは面白くない、少し自民党のなかの変わり種みたいな人が河野謙三さんを擁立して、野党に呼び掛けて野党の札を一本化したうえに、自民党の一部の人々の票がそこへ行った。河野謙三さんのことだから、参議院における河野派といわれる人々が何名か、一〇名近くいたかもしれません。それに相呼応して、三木派といわれる人々が参画しました。鍋島直紹《なべしまなおつぐ》君、小山邦太郎先生も河野謙三を応援した一人であった。その他数名の三木派がこれに参画して、衆議院と相呼応して、衆議院のほうでもそれに対する応援の意味で誰と誰を押さえるというお手伝いをして、開いてみた結果は木内四郎さんには悪かったけれども、木内四郎さんは落選して、河野謙三議長がここで生まれたわけです。

自民党のなかが非常に固定してしまって、そういうふうな自由闊達なことがあまり許されなくなってしまった。そういうことやると、いきなり「除名だ」なんて脅かされて、みな恐れをなして闊達な行動をすることが、だんだんと自民党のなかでは薄れてきていると言える。議長選挙は記名投票ではない。無記名で投票しますから、誰が誰を入れたなんて、実はわからない。除名しようにも、しようのない。だから、いたずら気味と言っては失礼だけれども、少し軌道を外れたことも、なにか政治に活力をもたらすためにはひとつの手段であったようにも今は考えられます。

沖縄返還

沖縄返還協定がだんだんと煮詰まってきました。日本とアメリカで合意をみて、両者の調印になる。佐藤さんは昭和四七（一九七二）年一月に、これを携えて訪米をして、最後の決着をみました。五月には日米両国ともに最後の批准をみて、沖縄が「核抜き本土並み」で日本へ帰ってきた。

めでたしめでたしであるけれども、沖縄の人たちの感情はまだなかなか今日といえども穏やかでないものがあるようです。それは、「日本国のなかで戦場になったのは沖縄だけである、沖縄だけは軍人だけでない、一般民間人も多くの何万という犠牲を生じている。一体日本は沖縄を見殺しにしたのではないか」。こういう潜在的な感情が残っている。あそこには嘉手納をはじめとして、非常にたくさんの基地が残っている。「沖縄のなかに基地があるのではない、基地のなかに沖縄がある」というたとえがあるように、沖縄は今でも主要な地域のほとんど半分以上がアメリカの基地であるという状態です。

昭和天皇陛下も、一度は自分の足で沖縄の地に踏み入れて、沖縄の人々の気持ちをねぎらわなければいかんと思われながら、ついにいろいろな事情からその機を逸して、非常に残念なお気持ちで薨去《こうきょ》、崩御されたと拝察するわけです。

韓国との平和克服の問題、沖縄の返還問題の二つがやはり佐藤内閣の大きな功績であったと思います。

しかし、沖縄の感情はまだ十分に穏やかでないものがある。朝鮮も、韓国とは一応の決着をみた、また韓国との間には賠償協定、在日韓国人の地位の問題と、漸次解決しつつあるけれども、朝鮮半島の半分を占めている、三八度線以北の北鮮との間の問題はまだ解決されていない。北鮮に言わせれば、「日本はおれのほうにも戦争責任を持っている、おれの侵略の相手方であった、賠償を請求しなければならないこともとよりである、日本の北鮮敵視政策を改めてくれなければ困る」と言うわけです。北鮮問題が解決しなければ、真の意味の戦後は終わったとはいえないとも思われるわけで、この問題が残っています。残っているが、韓国との和平問題、沖縄返還の問題等は佐藤内閣のあげた功績と言えるだろうと思います。

佐藤内閣の退陣と評価

佐藤内閣は七年半という長い政局担当の記録を仕上げて、佐藤さんが退陣していきました。佐藤さんの七年余りに上る長期政権は、佐藤がたいへん優れた面もあったろうと思いますけれども、あの人はあまり面倒なことは避けて通ると言いますか、一年にひとつの問題くらいを片づけるというような、比較的要領よくこなしていった感じがあります。

岸さんとは兄弟の関係ですが、確かに頭の良さは岸さんのほうが優れていたと思う。岸は大学で教授として残ってもらいたい、学者で終始してもらいたいという希望が、先生方からしきりに勧められた人でしたが、佐藤さんはそういうことは必ずしもなかった。むしろ早いところ鉄道省へ入りました。

厚生大臣を少しの間やった政治家で私の友人の川崎秀二君が、「佐藤栄作さんの愛読書は何か知っているか」と言う。「何を愛読書にしていたか、私は知らないのだけども、何だねそれは」と聞いたら、彼曰く、「人事興信録だよ」という答えが跳ね返ってきた。「人事の佐藤」と言われたほどに、佐藤さんは人事についてはひときわ優れていた人のようです。

総括して、佐藤内閣の七年半にわたる長い政治キャリアを振り返ってみますと、佐藤さんはいかにも幸せな人であったという見方がある。そのことは、まず佐藤さんが政権に携わるようになってからは、競争相手がみな亡くなってしまった。池田さんが死んだ。河野一郎、大野伴睦も死去した。「三角大福」といわれる三木、田中、福田、大平や前尾も含めて、こういう人々は佐藤さんから見れば一馬身も二馬身も遅れていて、佐藤と首を並べるところへはまだ到達していない。先輩がいなくなった、後輩はまだ後からついてこないという時期に、七年半の政権を担当したところに、佐藤は非常な幸運に恵まれた人であったという評価があります。

また佐藤さんの時代は、日本の経済興隆の時期である。戦後の高度成長の最中である、何かやればみな当たった、仕事をすれば儲かった、こういう時期に佐藤さんが登場してきた幸運さが、彼をして成功せしめたゆえんであるという見方があります。佐藤さんは七年半の長い間、韓国の問題と沖縄の問題には成功したけれども、その他はあまりこれという仕事をしなかった、仕事をしないことがかえって傷がつかないゆえんであると、こういう少し皮肉な見方もあるようです。

割合に早く亡くなってしまいました。新橋の料亭の新喜楽で脳溢血で倒れて、しばらくして慈恵医大の病院へかつぎこまれ、そこで終焉を遂げました。私ども三木内閣にわたる時期です。

佐藤さんも、最後はだんだん飽きがきたと言いますか、少し長すぎたという感じでしょうか。最後は新聞記者との折り合いも必ずしも良くなかった。記者会見も、あまり深入りをしないで早々と引き上げるような状態であったものですから、新聞記者諸君が総理にそれをなじると、「おれは新聞なんか読みはしない」というようなセリフを残して立ち去るという状態で、最後のところは少しまずかったようですが、それにしても七年余りの長期政権を維持した記録保持者であることは間違いありません。

田中内閣の成立

佐藤さんの後を誰が継ぐか。おそらく、佐藤の後は福田赳夫か田中角栄かということが長い間取り沙汰されました。佐藤さんのあと総裁公選が行われて、これに出馬したのが、田中、福田、大平、三木の「三角大福」。当時次の総理を狙うといわれた四人の派閥の頭領が立ち、田中氏が最高点で総理の椅子を仕留めました。私は、佐藤内閣の長い間、この台所もとは田中角栄が賄っていたと見ています。角栄さんの集金能力は相当なもので、これが佐藤政権を支えていた、こういうことが、佐藤の次に福田を飛び越えて田中という線が出たゆえんではなかろうかと思う。

田中内閣ができたのが昭和四七（一九七二）年七月七日、七・七・七ということで覚えています。その時に田中政権が成立しました。田中は一種特異な個性を持った人で、学校はその当時の中学校程度、中央工学校、土木関係の技術をやる学校を出た程度の学歴でのし上がったのだから、たいへんなものだと言わなければなりません。その前の総理を考えてみても、岸さんは一高・東大、佐藤さんは五高を出た後の東大、池田さんは五高を出た後の京都大学といった具合に、みな最高学府を卒業している。田中さん自身はそれとはうって変わって、本当に学歴は見る影もないようなものだったけれども、あそこまで行ったことは、彼の個性が然らしめたものだと思います。

「田中は刑務所の塀の上を走っていて、なかへは決して落ちない、外へ落ちる」というような悪口を言う人もいました。今太閤、ちょうど太閤秀吉は草履取りをしていながら、信長に仕えて天下を取るに至った。田中角栄も、学歴からいえばそういう程度のものであったが、総理の印綬を身に帯びたという意味においては、確かに特異の人物であったと言えるようです。

田中内閣が成立すると同時に、彼は「私はこれから日中国交回復に力を入れる」と宣言しました。私たちは必ずしも田中にそう深い縁があるわけではないけれども、田中を支持した。田中の手でもって日中国交回復をやり遂げしめたいという希望があったからです。福田さんと田中さんをよく比較するけれども、福田はどちらかと言えば、韓国、あるいは台湾寄りで、北京政府とは必ずしも友好関係にはなかった。だから北京とやるのには、田中でいくほか仕方がないということで実は田中を支持しました。

私は田中氏とはそんなに悪い間柄ではなかった。佐藤政権の当時に政局が交代して、新しい内閣ができ、党の役員も代わる時期でした。私のところへ電話がかかってきた。出てみると、田中角栄。私に「政調会長をやってくれないか」という話だった。私も党役員に興味がないわけではないけれども、当時は田中幹事長ですから、田中幹事長のもとでの政調会長は大して意味はない。田中が一から一〇まで取り仕切ってやるのですから、そういうところへ出てもつまらないから、私は「ちょっと都合があるから勘弁してくれ」と政調会長を断って、その時に私の口からは、「河本《こうもと》を優遇してくれないか」と。

河本敏夫君は三光汽船の親方で、実業界には相当な実績を持っていた。その時に河本を推薦して、ともかく人物だから、河本を優遇してやってほしいという申し入れをして、それが効いたか効かないかはともかく、組閣の様子を見たら、河本が郵政大臣に入っていました。田中とはそういう機微の感のものも言える間柄でした。

佐藤政権時代のある時に、衆議院選挙の前でしたか、党の公認候補を決定する段取りになった。私は三木派を代表して、その交渉委員みたいなことで出場した。各派からみな代表選手が出てきました。その時に、幹事長田中角栄が取り仕切って進行係を務めたわけですが、私に言うのには、羽田孜君のことを申し出た。「羽田孜が、今度出る。お父さんの武嗣郎さんからおれは頼まれた」と角栄氏は言う。「君と同じ選挙区だそうだが、この若者をどうか面倒見てやってくれ」という話で、私も羽田武嗣郎さんとは親戚の間柄だし、知らない仲ではありませんから、片や上田、私は佐久ということもあり、そう抵触しない間柄にもありますから、「いいですよ。ぜひ一緒に当選したいものだ」と話をしたことがあり、羽田武嗣郎さんも倅を田中角栄に身を託することが、当時ありました。角栄さんとはいろいろな交渉があったのでした。

田中首相の訪米

昭和四七年八月の終わりに田中角栄氏はハワイへ飛んで行きました。その目的は、ニクソン大統領がハワイへ来て田中と会いたいということで出て行ったようでした。

その間の消息は、まだ明らかではありませんけれども、例のロッキード社が作っているトライスターという飛行機をぜひ日本で採用してくれないか、全日空でそれを買ってもらいたいということがニクソンの口から出たという。田中も、よろしいとそれを請けあって帰ってきたと。当時日航と全日空とは競争場裡にあったが、まだ全日空は大型のジャンボ機を採用するまでには至っていなかった。そこへ目を付けたわけでしょう。ロッキード社がトライスターを全日空へ売り込もうとしたわけで、ニクソンの手を通して田中角栄にそれが耳打ちをされるというように、日米の最高首脳がハワイで会談して、この問題を具体化せしめたことが後に伝わってきました。ニクソンに会いに行くために、角栄さんがハワイへ飛んで行ったことは紛れもない事実です。その話の内容が、今私の申し上げたようなものであったかどうかは必ずしも最終的には確認されていません。

日中国交正常化

翌月の九月になり、田中訪中が行われる。中国の要人に会って、日中国交回復を宣言するわけです。日本と中国との間は、当時まだ戦争状態が続いていたと等しいわけです。それを戦争は打ち切りだ、これから両国の国交関係は正常化して、いずれは平和条約を結んで、平和の裡に両国がこれから一層発展していくために尽くそうではないかということを、この年の秋に角さんが北京へ乗り込んでやりました。角さんは、彼の身上かもしれませんけれども、あまり自分に学がないことは苦にはしない。体当たりで、自分の生地のままに相手にぶつけあうという人でしたから、毛沢東に会うにしてもそんなに身構えずに、角さんの素そのままの姿をもってぶつかっていったような気がします。

この時にその角さんが飛行機のなかで作った詩を、私は聞かされたことがある。七言絶句を作っていった。ところがこれが、平仄を踏んでいるわけでもなし、韻が正しく読まれているわけでもない、かなり乱暴な詩です。それを国の一番の御大将である毛沢東にその詩を見せようというのですから、心臓たるや大したものだ。田中角栄は、そういうタイプの人でもあったと私は見ています。

第三三回衆議院議員総選挙

その年の暮れには、衆議院の総選挙が行われました。その結果は自民党が二七一を取った。社会党一一八、共産党三八、公明党二九、民社党一九という内訳になっている。田中政権ができた時に、国民は歓迎した。佐藤さんが何となく窮屈な、あまり明るくない最後でしたから、そこへこの無手勝流みたいな、当たったらごめんよという調子で出てきた田中角栄ですから、国民は割合に歓迎した。もう少し自民党の数が増えると思っていたが、自民党は二七一だった。ただし、そのほかに無所属が一四～一五あったわけですから、それをやがては自民党へ吸収して、数としては過半数をもちろん維持できたけれども、角さんとしては必ずしも満足ではなかっただろうと思う。

小選挙区制導入の検討

田中角栄は、この頃小選挙区をやりたいと言い出した。彼は昭和四七年暮の総選挙が自分の意に反して思うような議席を獲得できなかったことが頭のなかにあったのかもしれない。中選挙区制では駄目だから、小選挙区にして一対一の勝負をすればだいたいの選挙区で自民党が勝つに決まっている、そういう小選挙区制をやろうと彼は考え始めた。東北方面の遊説先でそれをぶった。やはり一国の総理総裁がそういうことを言い始めると刺激が大きい。全国的に伝わって、いよいよ小選挙区になるのではないかという声が、澎湃として高まってきました。

しかし野党の側から言えば、そう簡単に承服できるものではありません。すでにその当時日本の野党は、社会党、民社党、公明党、共産党という具合に小党分立している形で、これらの諸政党は中選挙区制であるがゆえに相当な数を取りうるようになった。田中角さんの言うように、小選挙区になれば一対一の勝負になる。一名をめぐって政党が争うことになる。そうすると、大きな政党は有利で、少数政党が非常に不利になる。だから、野党はあげてこれに反対運動を起こし始めたわけです。

野党と表裏一体をなしている労働組合も、田中角さんの言うことはとんでもないことだ、そんなものに引きずられて野党が壊滅するようなことになればたいへんだと反対することになりました。

自民党のなかでも、今の選挙法、制度に慣れている人が非常に多いですから、ことさらに小選挙区にして今までと変化の多いようなことをわざわざしないでも、慣れた制度のほうがいいという人も多いわけです。ですから、自民党の総務会は田中総裁の唱道する小選挙区制に、「お返しを申す、そんなことは反対だ」という決議をすることになりました。

これを見て黙っていられなかったのが三木武夫氏で、三木さんはこの時に副総理で田中内閣に入閣していた。三木を副総理で送り込むことに対しては、当時の三木派としては、かなり躊躇するものがあった。「田中角栄のもとに副総理で入るのはおかしいではないか、そんな権威のないことは止めたらよかろう」と、副総理入閣に対して三木派は相当に反対が多かった。しかし、あえてそれを押し切ったのは、日中国交回復を田中がせっかくやろうとしているのだから、これを助けてやって日中問題の解決を田中の手でやらせたいという一念から、三木さんの入閣がありました。

しかし、この小選挙区制を出すに至っては、黙って見ているわけにもいかない。そこで三木武夫が立ち上がって、総裁に向かって、「小選挙区にはおれも反対だ、取り下げるほうがいいよ」と強く忠告したこともありました。昭和四八年の終わり頃には、小選挙区制はついに流産して、実現の見通しから遠ざかっていきました。

金大中事件

昭和四八（一九七三）年八月に、金大中事件が持ち上がりました。かつて韓国の大統領選挙で野党から出馬して、時の朴正熙大統領に肉薄して、僅少差で敗れた金大中《キムデジュン》という人がいた。いずれ再起を期して、時にはアメリカへ身を潜め、あるいは日本に知己を求めながら滞在していました。その金大中が九段のホテルグランドパレスに泊まっていた。何者か、数名の者によって拉致されて、どういうルートを通ったか明らかではありませんけれども、そこから自動車で連れ出されて、東海道のどこかで船に乗せられて、瀬戸内海を通って韓国へ連れていかれた事件が起こった。生命の危険にもさらされました。

日本に滞在をしている以上は、金大中の身柄を日本国の責任において守らなければいけないのが国際慣例です。ところが日本政府は、それを怠った。いつのまにかその警戒の目を逃れて、金大中が連れ去られていったわけですから、日本政府も大きな責任があると言わなければなりません。途中で生命を脅かされることなくして、韓国へ上陸した金大中は、向こうで監禁同様の状態に置かれた。

こういう事件があり、田中・三木両氏の間には見解の相違があった。もうしょうがない、起きてしまったことだから、向こうが遺憾の意を表してくれれば政治的決着はついたことにしたいというのが角さんの考え方である。三木さんはもう少し生真面目に考えて、そんなことではいかん、日本政府は金大中を守る責任を十分に果たしえなかったのだから、こちらも韓国に詫びなければいけない、金大中当人に対しては深甚なる遺憾の意を表さなければいかん。これが三木さんの意見でした。

結局は向こうから当時の金鍾泌《キムジョンピル》総理大臣が、大統領の意を受けて日本へきて、「どうも悪うございました、はなはだ遺憾です」という台詞を述べて、それが落着しました。

田中首相のソ連訪問

この秋、角さんは遠くモスクワへ飛びます。日ソ国交を正常化しようという意図のもとに、ソ連のモスクワへ行った。会ったのがブレジネフでした。その間にいろいろな折衝をした。問題は北方四島です。択捉、国後、歯舞、色丹の四つの島をどうするかという問題で、少し時間がなかったこともあるでしょう。角さん、ちょっと慌てん坊ですから、もう飛行機が出てしまう、まだ十分協議はなし遂げていないというところで、少し慌てて最後のところが釘が抜けていたように思う。

日本の解釈としては、「この未解決の問題はいずれ両者の間で再度話し合いをする、この未解決の問題というなかに北方四島の返還問題が入っている」。これが田中解釈。ところが、ソ連ブレジネフ解釈は、それは島の問題ではない、その他にもシベリア開発の問題もあれば、サハリンにおける朝鮮人の残留者の問題もある、そういうことを言っているのであって、島を指したのではない、という言い逃れを向こうはしていますが、角さんに聞いてみると、「そんなことはない。確かにこの表現には未解決の問題として島が入っている」ということです。

鳩山さんが昭和三一（一九五六）年にソ連へ出かけて、日ソ国交を正常化して以来、一七年目に角さんが行って、そういうところまで行った。ところがそれからまた一七年経って、宇野宗佑《そうすけ》外務大臣が出かけて行って話をしたけれども、どうもうまい返事には至りません。

第一次石油ショック

昭和四八年の秋頃から、石油ショックが起こった。ＯＰＥＣ各国が共同して、国際社会に送り出しているアラブの石油はあまりにも安すぎる、したがって生産制限をしてもっと産出量を少なくする、同時に値段も高いものにしてＯＰＥＣ諸国がもっと恵まれるようにしたいというところから出発して、石油がべらぼうに高くなった事態が持ち上がりました。

国内にも一種のパニックみたいなものが起きて、トイレットペーパーがなくなった、石鹸が売り切れたとか、いろいろな事態になった。そこで、国内は石油関係あるいは石油製品を約二〇％節約することにもなった。三木さんがちょうど副総理をしていたものですから、政府特使としてアラブ諸国を訪問して、石油を迎えに行くという使命を帯びたわけです。この時は確かに国内騒然としていて、日本のようにエネルギーを外国から受ける以外にない国は、何とかして節約しなければいけない、そのために暖房や冷房はこれ以上はいけない、テレビのスイッチをひねっている時間も短縮するというような措置に出ざるをえない状態でした。

三木さんの出かけて行った効果は、確かにあったようです。サウジアラビアがアラブ一〇ヶ国のリーダーである。サウジアラビアの国王と談判することによって、かなり巨額の石油の量を確保することが可能となったこともあり、三木特使の奮闘した効果はかなり高く評価されて宜しかろうと思う。

この半年ぐらいの間はピンチで日本国内も緊張したわけですが、その間の物価騰貴もたいへんだった。給料は三割も五割も上がった。そういうのに対して、ソフトランディングという言葉があるように、いきなり急激に着陸するのではなく、じわじわとそろそろと着陸するような仕組みで日本経済が指導されたわけでした。石油ショックという問題が起こったことも、田中内閣当時の大きな出来事のひとつであろうかと言わなければなりません。

田中首相の東南アジア訪問

石油ショックは何となくうまく解決しそうな時期になってきましたが、日本がこの危機を乗り越えたことは、世界に対して日本経済の持っている力を大きく評価せしめたことにもなった。こういうものを背景にして、田中総理は東南アジアを歴訪します。東南アジアからも、日本にはいろいろな注文がついてきた。日本は経済はよくなってきたけれども、もう少し気前よく日本が外国、特に東南アジアのタイ、シンガポール、インドネシアへ援助してもらいたいという声が、非常に強く起こってきました。

それに応えて、田中首相が四九（一九七四）年一月に出かけて行った。しかしどうもまだ当時の対日感情は十分沈静していなくて、タイのバンコクで学生が大勢集まって、田中さんに対してデモンストレーションをかけてきました。インドネシアへ行ったら、同様に学生のみならず労働者も入って田中に対する攻勢をかけてきた。角さんとすれば、散々な目に遭ったわけでした。それでも無事にその所期のとおり東南アジア諸国を回って帰ってきました。

スト権問題

国内では、三公社五現業の問題がありました。専売、電電、国鉄、国有林野など国が力を入れて経営している事業があります。こういう方面が労働運動を盛り上げてきて、半官半民みたいな仕事なものですから、これらは争議権はない。労働基本権の大きなひとつである争議権がない、これはやはり付与してもらわなければわれわれとても浮かべない、どうしてもスト権をわれわれによこせという運動に高まっていったわけです。スト権ストは、その後の三木内閣において大きくクローズアップされますが、その火種は田中内閣の終わり頃に起こってきて、それに対して当時の政府は、いずれ一年後ぐらいには解決するということで、スト権ストの問題を押さえます。三公社五現業が労働問題について大きな要求をしたことも、この時分の一つの出来事でした。

第一〇回参議院議員選挙

昭和四九年七月に参議院選挙が行われました。この時の結果は、自民党六二、社会党二八、公明党一

四、共産党一三、民社五で収まったわけですが、これも自民党の成績がそれほど奮ったというわけにはいかない。角さんとしては不満であったように思います。

私としては、この選挙の時にひとつ思い出がある。徳島県に現職の参議院議員として、久次米健太郎《くじめ》さんがいました。三木武夫氏の腹心で、徳島県における城代家老みたいな人でした。この人が参議院議員を一期務めて、委員長などもやりました。何ら落ち度はない。非常にまじめな人物です。ところが、その選挙においては、徳島県の公認を決定するにあたり、田中角さんは自分の派から後藤田正晴を担ぎ上げて、これを公認して久次米の公認を取り消してしまった。だから穏やかではないわけです。

三木の一連の者としては、久次米健太郎が当然公認になるべきところを、横合いから出た警察官僚として切れ者であるという名代の人物ではあるにしても、後藤田が後から出てきて公認されることは、とても我慢ができないことでした。しかし、諸般の情勢から後藤田の公認が決定して、久次米は外されてしまった。そこで、収まらないのは、三木武夫ならびにその一群の連中で、三木さんは約一週間、久次米の応援のために四国徳島へ行って駆け巡りました。けれども参議院の公示になれば、副総理である三木武夫が非公認の候補者である久次米を応援して歩くわけにはいかない。だから三木の応援も、そこに限界があります。当時三木派の面々の勇ましいのは、非公認の候補を応援すれば自民党が除名する恐れはある、しかしそんなことは構ってはいられないということで、約十数名の者が徳島へ乗り込んで後藤田に対抗する久次米を応援しました。

私もその当時東京にいて、ある日三木さんから連絡があって、「井出君、徳島へ行ってくれないか。君が見てきて、もし久次米がどうしてもおれを必要とする、三木武夫が乗り込まなければ最後の勝利が得られないという状況ならば、君、知らせてくれよ」と、その使命を帯びて、久次米が勝てるか勝てないかという見当をつけるために、私は徳島へ乗り込みました。徳島へ行った私は、世論調査みたいなことを徳島新聞などと一緒にやり、久次米が勝つか、後藤田が勝つかを見定める仕事に携わったわけです。最終的には、「久次米に同情があって、後藤田よりも久次米のほうが勝てる、だから三木さん自身は徳島へ乗り込んで来なくてもよろしい、副総理の三木武夫が非公認の候補を応援に乗り込んだということになったら厄介だ、そういうことをせずに久次米で行ける」という報告を、私は東京へ電報を打ちました。ふたを開けてみたら、確かに久次米が勝って、後藤田が敗れ去った。それを顧みると、私としてはひとつの思い出の多い選挙でした。

久次米応援のために乗り込んだ三木派の面々も、勝ったものですから、それを咎め立てられることなく、自民党もそれ以上深追いをしなかったのがその時の参議院選挙で、久次米君はその後、ついに病気を得て亡くなってしまいました。後藤田正晴君はその後衆議院に鞍替えして当選します。人生の非常に不可思議な一幕がそこにもあったことを付け加えておきます。

三閣僚の辞任

田中内閣は一種の混成旅団みたいなもので、田中にどうしてもついていけない傾向が出てきたのは、田中がやはり万事金で解決する体質の持ち主であったことです。彼の金脈はいろいろな手を用いたかもしれません。後でロッキード事件が生まれるような具合に、そういうふうな金も手にしたかもしれない。それから、幾多の会社、土地会社を田中自身が作って、信濃川の埋め立てをどうしたというようなことを盛んにやり、言うならば土地転がしで政治資金を獲得したこともありました。

だから、どちらかと言えば潔癖である福田赳夫さん、保利茂さんは、田中にはついていけないということになった。四九年七月、久次米選挙の後でもあったし、三木武夫氏はこの田中の金脈を思うにつけて、とても一緒に事をするわけにはいかないと判断して、田中首相に対して、目白に乗り込んで、辞表をぶつけました。福田赳夫に電話をしたところ、「一足先行ってくれ、おれは三日と遅れずにあなたの後をついて辞表を出すから」ということで、三木、福田、保利の三人が相次いで辞表を出しました。

佐藤栄作のノーベル平和賞受賞

昭和四九年一〇月、佐藤栄作さんがノーベル平和賞をもらうことが持ち上がりました。佐藤栄作の功績は果たしてノーベル賞に値するかということを言う人があるけれども、同じ日本の総理大臣がもらうのだから結構な話だと私は思う。どういう功績があったかと、取り立ててどうということもなかろうと思うけれども、七年間平和な事態で日本を維持したことも大きな功績である。その間に韓国との間に国交の正常化を図った。沖縄、小笠原を無条件でアメリカから返還を受けたことも、ひとつの大きな功績であると見て宜しい。それに対してノーベル賞が授与されました。

ちなみに、佐藤さんがこの賞を受け取ったのは、三木内閣になってからでした。その時に私も側にいたのですが、佐藤さんはえらい喜んで、総理大臣である三木さんにノーベル賞を見せたいといって、総理官邸へノーベル賞を持参して現われたことがあります。そのいくばくもなくして佐藤さんは亡くなるけれども、ノーベル賞をもらった時の嬉しさは今でも眼に浮かぶものがあります。その時に私が感じたことは、佐藤さんは三木さんから言えば先輩です。ところが、現総理に対して、佐藤さんが非常に丁重な折り目筋目の正しい扱い方をしている。決して、三木さんの一歩前に出るようなことをせずして、現職の総理を非常に尊重することを、佐藤さんの挙措動作から私は感じました。

田中金脈問題と田中内閣総辞職

いよいよこの田中内閣が末期症状になってきます。『文藝春秋』の昭和四九年一一月号に、ひとつの論文が載った。立花隆の作で、ずいぶん長文なものです。五〇から六〇頁に上るものだったろうと思う。田中金脈を抉《えぐ》って、田中は、一方においては脱税している、一方においてはたいへんな土地転がしをして金を儲けているということを詳細に記述した文章が載りました。これはやはり田中氏にとっては致命的であった。その論文を中心にして、外国人記者会、例えばワシントン・ポスト、ニューヨーク・タイムズ、ないしはタイムという雑誌、そういう国際的な多くの新聞記者が田中に会見を申し込んだ。そこでの応答がしどろもどろで、さすがの角さんも外国人記者団の印象が非常に悪かった。いよいよ田中政権も年貢を納める時期がきた感じを抱いたわけでした。

それにもかかわらず彼は、最後の勇気を振り絞ってでしょうが、外遊を試みます。オーストラリア、ニュージーランド、ビルマの三ヶ国を、田中総理が訪問することもあって、しばらく日を費やしたけれども、そんなことで収まる政局ではなかった。

彼は外遊から帰るや否や、内閣改造を行った。総辞職をさせて、内閣改造をした。けれども、末期症状ですから、どうもあといく日も持つ気配ではなかった。私はその時三木派に属するある政治家から、「入閣を勧められているがしたほうがいいのか、どうしようか」と。「それは君、長いことはないぞ、まあひと月持つかな」ということを答えた覚えがあるのですが、入閣はやはり千載一遇のチャンスですからね。仮にひと月の寿命であっても、入閣しておけば前大臣になる。ですから彼はひと月になるかどうかは知らずして入閣したこともありました。果たせるかな、私の予測したとおり、ひと月足らずでその内閣は倒れてしまった。

田中角栄が異色の人材であったことは間違いない。ただ、心掛けがわれわれとは少し違ったかと思う。田中派閥という大派閥を作り上げて、これを中心に政局を担当しました。学歴から言えば昔の中学校程度の卒業ですから、マルクスを語りケインズを勉強しろと言っても無理な話で、そういう深い理論を期待するわけにはいかない。しかし、現実政治の面からいいますとなかなか勘の良い人でしたし、持ち前の実行力がものをいって大を為しました。

何と言っても「金権政治」とよく言われるように、誇るべきものは金の力にどうしてもならざるをえなかった。そのために悪く言えば土地転がしみたいなことをして、例の信濃川河川敷に表れるような土地投機が彼の財源の中心であったようです。

あるいはロッキード事件に象徴せられるような、外国の企業から日本の総理大臣が賄賂を取るというような、ずいぶん無茶なことをした。田中は刑務所の塀の上をつたわって歩いているような人であるが、決してなかのほうへは落ちない、外へ落ちる人とよく言われるように、非常に危険な綱渡りをしてずっときた人ですが、ロッキードという問題に関わり合って、政治的な使命をついに失ってしまいました。

けれども、人間としては何か優れたものを持っていたようで、ひとつは金でしょうし、ひとつはあの人が持っている人情みたいなものでありましょうか。例えば国会議員のなかで不幸ができた、葬儀ができたと言えば、必ず角さんはそこへ顔を出している。そんなところへまで来るのは不思議だと思われるようなところまで丁寧に顔を出していて、そこへなお人心の機微を捉える意味においてはなかなか普段たいへんな努力を続けていた人のように思います。

しかし、最後は『文藝春秋』へ立花隆が田中批判を書いた。あるいは外国記者団との会見において、外人の記者から鋭く追及されたことに端を発して、とうとう田中金権は行き詰まってしまいました。

第4章　内閣官房長官

椎名裁定

田中の後を継いだのが三木政権になります。その際、椎名副総裁がなかに立って、椎名裁定を下して三木総理が生まれました。私は、椎名は自分が総理になろうという野心はなかったと思う。人によっては、「椎名は自分のところへ回ってくれば、行司が軍配を持ちながらまわしをつけて土俵に登ることをあえてしたかもしれない」というような椎名批判をしますけれども、私はあの時に椎名さんが「神に祈る」と言ったように、そういう気持ちで後継首班を決めたと思っています。

あの頃、三木、田中、大平、福田が「三角大福」と呼ばれて、総理候補で順番に政権を担当しました。おそらく椎名老の考え方のなかには、この四人、あるいは中曾根も加えていいのかもしれないが、これらの人々を評価した際に、いろいろと脳中に去来したものがあったと思う。ひとつずつ椎名さんは不適格な者を消していく消去法をもって総理を三木に決めたと、そういうふうに言われています。

椎名は商工官僚です。岸信介氏と少し遅れて商工次官、通産省の前は商工省と言いましたが、この役所の役人としての最高位に座った人です。有名な後藤新平という人がいる。総理にはならなかったけれども、なかなかスケールの大きい、日本の政界で有名な後藤新平の甥になる人です。血を分けた甥である。そのあたりも何か一角筋が通っていると言えるかと思う。

椎名氏の眼に浮かぶ三角大福のなかで、田中はすでに済んでいる。福田、大平となると必ずしも椎名の好みではない。どうも福田とは馬が合わなかったようですし、大平も好きになれないような感じだったのではなかろうか。三木と椎名は特に懇意ではなかったけれども、だんだんと総理適格者を選んでいくと、最後に残ったのが三木になるものですから、よく椎名さんが党へ向かって言ったように、神に祈る気持ちで三木を最後に選んだと言われております。

当時三木さんが「青天の霹靂《へきれき》だ」と表現しているようです。青天の霹靂とは何かといえば、「青天」とは晴れている天。天気のいい下に、一転にわかにかき曇って夕立が轟然《ごうぜん》として起こってきた。「霹靂」は雷です。晴れた天の一角から雲が巻き起こって、雷が鳴って落雷のような状態になった。つまり、自分としては総理を何ら予想もしていなかったのが、思いもかけず自分の頭へ夕立が降り注いで雷が落ちてきた。そういう気持ちで椎名裁定を受け止めたというのが三木さんの表現です。

私は側にいて、だいたいその経緯を承知しています。果たして三木さんの言葉であったかどうかという点においては疑問を持っている。三木さんが存命のうちに確かめておけば良かった。「あなた、あれ本音で言ったのか」と聞いておけば良かったのだけど、それには及ばなかった。

三木さんは、自民党総裁の座を目指して総裁選挙に三度立ち上がりました。佐藤さんと戦うこと二回、それから角、福、大平の三人を相手にして、四人で総裁選挙を争ったこともあります。三回にわたって総裁選に出馬したということは、三木さんは常に総裁の座を目指していたわけです。決して青天の霹靂で、思いがけない、意外なものが降って沸いたように起こったのではないと私は思っています。

椎名裁定が下って、三木総理なるものが生まれてきます。昭和四九年の暮れ押し詰まった頃でした。

一二月に入って椎名裁定が行われたのですが、それが正式な自民党の手続きとして両院議員総会で三木総裁を決定したのが一二月四日で、首班には九日に指名されました。

三木総理大臣が生まれて、世の中は非常に気分の良い、世論調査をやってみれば三木支持票が非常に多い結果が生まれました。田中金脈に皆やりきれない思いをしていましたから、それが「クリーン三木」というか、金脈とは非常に縁の薄い三木さんの登場は、日本の政治が非常にきれいなものに映り、世の中が一変するような、さっぱりするような空気が日本の政界に漲ってきました。三木内閣は評判が非常に良い、幸先の良いスタートでした。

三木内閣で内閣官房長官に就任（昭和49年12月９日）

三木首相の組閣

ただ、閣僚人事等は、自民党は派閥連合体ですから、派閥を無視するわけにはいきません。各派の均衡あるようなうえに、あまり震えのないような具合に閣僚銓衡が行われました。私もこの内閣の官房長官として入閣したのですが、これも私としては願いでも何でもない。三木が総理ということになれば、私が及ばずながら汗垂らして側で三木さんと相呼応して政治を担当するのが自分の宿命と考えていましたから、三木さんから「官房長官をやってくれ」と言われれば、これは嫌とは言えない。「ああ、そうですか」と言う以外にはない。こういう私の入閣の経緯でした。

派閥人事のなかで私に関することを申しますと、福田と大平は、次の政治を担う人材でもあり、それぞれが大きな派閥の長ですから、内閣を安定させる意味において、福田、大平が当然入らなければならない。私は三木さんから、「福田はおれが言うから、井出君、大平に会って申し入れをしてきてくれ」と言われて、大蔵省へ赴いた記憶がある。大平氏に会ってそのことを伝えますと、彼は即座に「三木さん、ありがとう」と言った。つまり、入閣を要請されて、彼は外されることなく、大蔵大臣として引き続いて政局に携わっていけることを彼自身も望んでいたと思います。

ひとり異色であるのは、永井道雄文相です。永井さんは昔の政治家の永井柳太郎《りゅうたろう》さんの息子さんで、学者である。しかし、学者とはいいながら政治にも興味を持っている人で、三木さんとはかねがね昵懇であった。そこで永井さんに白羽の矢を立てて交渉したものですから、喜んで入閣しました。政党政治ですから、できるかぎりは国会に議席のある人を入れる。一人でも余計入りたいとみな望んでいて、永井が一枚加わるとそれだけ閣僚人事の門が狭くなる。そういうことで党内にも若干ぐずぐず言うのがあった次第ですけど、それを押し切って永井という異色の文部大臣が登場したこともありました。

三木さんは組閣早々私にこういうことを言った。「井出君、わしはリフォーマーとして臨む」と。リフォーマーという言葉を使った。改革者と訳したらいいのでしょうね。つまり、単なる尋常一様の、前の政権から受け取ってそれをどうやらこなしていけば良いというのではない。自分はいろいろな庶政一新というか、政治的な改革をやろうとして登場してきた、そういう使命感を彼は持っているということを私に言いました。これはそう言われてみれば大変なことだと。「今の自民党はそんなに改革を欲しているような状況ではないのだから、うまくいってくれれば良いがな」という気持ちで、三木さんのリフォーマーという言葉を私は受け止めました。

三木内閣期の中国問題

三木内閣は割合に好調なスタートを見たのですが、当時いろいろな問題が持ち上がっていました。そのひとつは中国問題です。三木さんは自分の手で日中国交回復をしたいと考えていた。二年くらい前に一人で中国に飛んで周恩来総理と会談したことがあります。周恩来と肝胆相照らしたというか、お互いに相手を認め合うものをもって、三木さんは周さんがいる限りはおれの手で日中平和友好条約をやると思っていた。しかし、当時すでに四人組の天下になっていて、中国は周恩来が失意の状況にあった。

そういうようなことで思うように行かなかったが、宮澤喜一外務大臣を据えて、宮澤さんをして何とか日中打開をさせようと考えていた。宮澤のお母さんのお父さんが小川平吉さんです。諏訪の出身の、長野県が生んだ大政治家の一人で、昔の孫文と昵懇だったり、中国関係にかなり深い造詣を持っていました。宮澤外務大臣がお爺さんの衣鉢を継いで日中には何とか働いてくれるだろうと考えた。

宮澤さんの叔父さんになる小川平四郎という人がある。小川平吉さんの息子で中国大使をやりました。この人も中国通の一人ですから、そういう人脈を考えて宮澤さんを外務大臣に据えたけれども、中国はすでに江青一派のような四人組の時代になり、覇権問題で喧しく言うようになって、三木さんの手で中国問題はついに成功しなかった。昭和五〇（一九七五）年一月に保利さんが中国へ使いをして周恩来と会ったのですが、それも思うように進展を見ずに中国問題は暫く棚上げになりました。

三木武夫の改革構想

三木総理としては、改革者という立場をもって新政権に乗り込んできました。三木さんの構想のなかには何があったかと申しますと、まず経済問題としては独占禁止法の改正を頭に描いていたようでした。日本の経済界がだんだんと膨れてきて、非常な大きな力になってきた。けれども、これをそのままに放置すると皆巨大なものになってしまって、かつてのように日本に財閥が復活する恐れがある。あまり巨大企業にしてしまってはいけないから、独占禁止法という法律があるわけです。これをしっかり見直していこうというのが三木さんの日本経済に対する考え方でした。

しかし、これは財界からは相当に反発を買ったわけで、半年ぐらい経って、経団連が日本の経済団体の連合体で、当時の会長は土光敏夫さんでした。三木さんの考えている独禁法改正の方向は、大企業を否認する、企業を弱体化するものであると経団連はとり、そこで自民党の一部と関連をもって、三木内閣にその後いろいろな意味において反対の意思表示をするようになりました。三木さんの考えている一種の理想主義は、日本の財界には必ずしも受け入れられなかったといえるのでしょうか。ともかく最初に手を付けようとしたのは、独禁法の改正でした。

それから三木さんは、自民党の体質は非常に古いと考えていた。もっとこれを近代化しなければならない。ひとつは公職選挙法の改正を考えていました。公職選挙法で、三木さんの頭のなかには、今から一〇〇年くらい前に英国において行われた政治腐敗防止法という法律がありました。英国もその当時はかなり選挙は腐敗して、選挙区が競売されたことさえもあった。

選挙区の競売というのは、英国の選挙区は貴族、地主が勢力を張っていて、自分のテリトリー、勢力範囲を誇示して、そこへは一歩も入ることを許さないような状態にあった。それがひとつの選挙区をなしていれば、その地主なり、貴族なりが黙っていて当選するわけだ。だからこういうところを他人に売り渡すようなことさえもあった。日本の場合、常識から言ってもずいぶん酷い話です。そういうことも行われた英国がこんなことでは困ったものだ、どうしても選挙法を改正して政治をもっと理想化しなければならないというので、政治腐敗防止法を今から一〇〇年くらい前に通しました。グラッドストーンの少し前ぐらいの時期ではなかったかと思います。

これはかなり厳しい選挙法の改正で、買収は到底許し難いことであって、もしそういうふうになった場合には直ちに選挙権は停止、つまり失格にしてしまうということです。しかも連座制で、「自分がやったのではない、ほかの人がやったものだ」と言っても、そこに気脈を通じてAとBがお互いに話し合っておいて買収行為をやったような場合には連座制を適用して皆失格にしてしまう、こういう厳しい選挙法の改正をしました。それによって英国の政治は非常に浄化された。

三木さんは、そういうものを頭のなかに描きながら日本の選挙法の改正を意図しました。いきなり英国流に持ってくるわけにもいかないけれども、考え方としてはそういうことを含んだ提案をしました。これらは自民党の金権選挙の側からみると厄介で、「三木が余計なことを考えていて困る」という感じを自民党の一部に与えたことは事実です。けれども、選挙法改正を打ち出して党の反省を求めました。

もうひとつは政治資金規正法の改正を試みました。特にそのなかで三木さんが強調したのは、企業献金をやめるという考え方です。会社や法人が多額の献金を政党なり派閥なり、政治家個人に対して献金している姿はよろしくない。これは個人に期するべきものである。なぜならば会社や法人は選挙権を持っていないではないか、選挙権を持っているのは個人だ。個人に献金することは許されても、会社や法人、ないしは労働組合が献金してはならないという、かなり思い切った案を出しました。これも実はたいへん話題を呼び、そんなことをされてはとてもかなわない、やはり企業は社会的存在であるから、企業が献金するぐらいは認めてくれなければ困る、というのが自民党の大方の意見でした。

この法律などに対して主として力を入れたのは、独禁法については山中貞則《さだのり》君でした。彼自身が三木さんから頼まれて独禁法改正を担当しました。政治資金と選挙法の改正は、松野頼三君が汗を垂らして一生懸命やりましたが、結論は三木さんの考えるほど徹底したものにはならなかった。企業献金も、三木さんの面目を立てて、とりあえず企業が政治献金をすることは認める、三年経ったら改正の方向へ見直すというふうな結論に終わったようでした。

ともかく、経済については独禁法、政治について政治資金と選挙法、これをもって自民党政治をもっと近代化しようというのが三木さんの考え方でした。

宮澤外相のソ連訪問

その頃、宮澤外務大臣がソ連を訪問しました。ブレジネフが向こうの一番の大将で、外務大臣はグロムイコでした。これらと会談して、日ソ間の懸案の北方四島の返還と、それを基盤にして日ソの間に平和条約を結ぶという交渉を向こうへ持ち出したわけですけども、ソ連はなかなか言を左右にしてそれには乗ってこない。そういう懸案はともかく先にしようではないかということで、宮澤訪ソは必ずしも実を結ばなかった。日本は日ソ平和条約を希望したのですが、ソ連は極東の地においてもっと広い範囲の友好条約をつくろうではないかと。中国も朝鮮半島も入れる。そのことによって極東ならびに西北太平洋の範囲における友好条約をつくろうと向こうが提案してきました。うっかりこの計画に乗ってもいけないということで、三木さんが断ったことが日ソの間にはありました。

経済問題への対応

この頃、経済問題として不況がだんだんと深刻になってきて、これが三木さんの心配の種でした。石油ショックの後、日本の物価がだんだんと高くなってきましたから、物価対策を怠ってはいけない状況にあった。物価の問題と不況の問題は二律背反、不況を直して好況にするといえば物価が上がっていく。あるいは物価を下げることになれば不況になっていくということで、どちらに軍配を上げたらいいか、なかなかやりにくい問題です。

三木内閣は新しく政権に就いたのですから、本当ならば解散総選挙が課題になってくるわけですが、三木内閣はつい解散をずっと引き延ばしてしまって、任期一杯まで国会を解散しなかった。顧みると、その一番の大きな理由は不況という問題がかぶさってきていたからではないかと思う。昭和五〇年の春は不況対策には非常な力を入れていました。

エリザベス女王の来日

そういう不況の時期に、割合明るい話題としては、英国のエリザベス女王が日本を訪問したことです。英国は、日本の皇室とは非常に深い関係があります。亡くなられた昭和天皇も、皇太子の時代に英国を訪問しておられる。秩父宮様もオクスフォード大学へ留学しておられる。今の天皇〔明仁天皇〕様、皇太子〔浩宮殿下〕様、いずれも英国に留学をなさるということで、英国とはことのほか縁が深い。その女王が日本へ来られたのですから、朝野をあげての大歓迎をしました。

来日したエリザベス女王と握手（昭和50年5月）

こういう問題は首相官邸が接待の中心になる。外務省と密接な連絡を取りながら官邸が受け入れ体制をつくるわけですから、私もそういう意味ではたいへん忙しい思いをしました。

この当時エリザベス女王と前後してブラジルのガイゼル大統領、ヨルダンのフセイン国王が日本へやってきました。

金鍾泌韓国首相の来日

五月の頃、韓国の金鍾泌首相が日本へやって来た。何で来たのかと言えば、田中政権の時代に金大中が日本のホテルから何者かに拉致されて、船に乗せられて韓国へ連れ去られたという事件がありました。幸いにして金大中の命は、非常に危険にさらされているけれども、ついに命を殺めることをせずして韓国へ帰ったわけですけれども、日本政府としては非常に責任を感じなければならない事件である。

三木さんが田中内閣当時に田中氏と意見を異にして袂を分かったことがありましたが、そのひとつの理由としては、金大中問題に対して田中氏が十分に責めを果たしていないということもあったかと思う。この事件は、三木さんとしてはもう少し何とか解決の道を考えていたけれども、総理大臣の金鍾泌がわざわざ出向いて謝りにきたのだから、仕方がない、政治的にはこの辺で、すでに田中時代には解決は見ていたうえに金鍾泌が来たものですから、それ以上深入りをしないで収めたことがありました。

佐藤栄作の死去

六月になりますと佐藤栄作元総理が急な脳溢血で亡くなられました。佐藤さんはノーベル平和賞をもらって大変ご機嫌だった。まだまだそんなにお年寄りではないけど、その辺が寿命でしょうか。それに関連してマスコミが注目を払ったのは、佐藤さんのことだから国葬になるのではないか。そういうことは総理官邸がだいたい取りはからう問題ですから、私に対してずいぶんマスコミが追いかけてきたことを覚えています。

国葬は、戦前はいざしらず、戦後は吉田茂さんが国葬になった例はありますが、佐藤さんに対してもそういう声がないわけではなかった。ただ、果たして国葬ということでいいかどうか。三木さんとしてはそこまではいくまい、国民葬という新しいカテゴリー、方式を設けて、国民葬で行こうではないかということで意見が落着して、国葬ではなく葬儀が行われたわけでした。

その国民葬が武道館で行われる際に、施主みたいな役をした三木さんが入ってくる途中で右翼の暴漢に襲われた。生命に別状はなかったけれども、転倒して眼鏡を壊す事件がありました。その暴漢はすぐ取り押さえられました。三木さん自身もえらい傷を負うことなく済んだのは不幸中の幸いでした。

公職選挙法と政治資金規正法の改正

公職選挙法の改正が国会でだんだん煮詰まってきました。公明党と共産党がたいへん強く反対した。社会党はそれほど反対ではなかった。国会がごたごたしましたけれども、この公選法も通過することになった。

公選法と並んで国会に出されていた政治資金規正法は、衆議院のほうは通った。参議院へ行って少し形勢がおかしくなってきた。「参議院の形勢は賛否両論ある、その勢力は伯仲である」と伝えられてきて、われわれも実はひやひやした。そこでいろいろ手を打ったけれども、最後の結論は参議院において賛成と反対が同数、可否同数であった。こういうことは国会史上でもそうあることではない。可否同数である時にはどうするのか。それは議長の決するところによるということになります。河野謙三議長がどういう裁断を下したかと言えば、「議長は原案に賛成をいたします」と。河野さんの一票が功を奏して、政府原案どおりに成立しました。

そのことは河野謙三さんが議長になる時のいきさつを十分に認識して、それを頭のなかにおいて、「河野謙三は忘恩の徒ではない」と誰かに話したということです。昔のことを覚えていて、そのような処置をしたと。河野謙三議長選挙は非常に面白い意味があったように思われます。

三木さんは、公職選挙法と政治資金規正法の改正に政治生命をかけていました。もしこの二つが審議未了に陥ったり、否決されたりしたならば、三木内閣の政治生命にかかわるほどの重要な案件でした。

三木首相の訪米

この後に三木さんがアメリカを訪問します。アメリカの大統領はフォードで、フォードは田中内閣の終わる頃に日本を訪問してきたことがあります。三木さんが訪米をしなければならない。それには少し時期が遅れたという感じがありましたけれども、ようやく身辺整理ができてアメリカへ旅立ちました。

フォードはニクソン大統領の副大統領から大統領になった人です。至って飾らない、そんなに高ぶったものの言い方をする人ではないようで、「私はフォードである、リンカーンではない」という言葉を残している。リンカーンはアメリカの最高級車です。フォードは例のごく普通の一般車。フォード自身が私はリンカーンではない、フォードだと言ったぐらいあまり高ぶらない。三木さんとも気分があっていたようです。

フォードさんが日本へ来た時に、日米協会で演説をした。その時に、長野県の出である佐久間象山の言葉をフォードが引用したことがある。何もフォードが象山に傾注していたわけではない。日本に来るについては何かうまいキャッチフレーズを掴まえて演説しなさいと、ブレーンの諸君があれこれとフォードに献策をするわけでしょうね。こういう演説材料を使いなさいというようなことを言うわけ。

佐久間象山の言葉とはこういうものです。「予年二十以後、乃ち匹夫《ひっぷ》の一国に繋がりあるを知る。三十以後、乃ち天下に繋がりあるを知る。四十以後、乃ち五世界に繋がりあるを知る」という有名な象山の言葉がある。どういう意味かと言えば、歳二十にして匹夫というのは、卑しいもので身分もそれほど大したものではないけれども、自分が一国に関わりあるを知る。一国というのは当時の感覚からいえば松代藩ということ。自分は二十にして松代藩全体に関係がある。おれの一挙手一投足は松代藩全体に関係があると。三十にして天下に関わりあるを知る。天下というのは、日本のことです。三十にして日本全体に影響力を持つに至ったと。四十にして五世界にかかわりあるを知るというのだから、話が大きいですね。象山はそのぐらいの気迫を持っていた。五世界は世界中です。四十にして世界中に関係があると、こういう言葉をフォードが引用して日米協会で演説したことがある。

三木訪米になって三木さんの言うのには、「井出君、象山のあの文句を書いた書がどこかないかね」と言う。「信州だからどこかで見つけるだろう、松代へ行って探してこい」と言う。そういうものが果たしてあるかどうかと思って、私は松代の斎藤さんという郵便局長さんに電話を掛けて、「象山の書がどこかにありませんか」と言ったら、「紙に書いたものは皆どこかへ行ってしまっているが、石に彫ったものはありますよ」と。「それを拓本に取ってよこしてくれんか」と言ったら、斎藤局長がきれいに拓本を取って送ってよこしました。フォードにお土産を持って行くのですから、粗末な表装では困る。銀座の大塚工藝社に頼んで立派に表装をして、それを掛け物にした。三木さんは喜んで、これをフォードへお土産に持って行ったことがあります。

フォードとの話し合いは大したことはなかったのだが、韓国条項と言いまして、韓国は極東の運命に大きく関係がある。日本と米国が韓国の将来に十分な注意を払って行かなければならないという韓国条項を日米共同声明のなかに入れたことを記憶しています。

クアラルンプール事件

三木さんがアメリカにいる間に、実は大騒動の問題が起きました。マライのクアラルンプールでハイジャック事件が起きました。日本赤軍が飛行機を乗っ取って、もし言うことを聞かなければこの飛行機を落としてしまうと。その条件は、先に捕らえられている日本赤軍の某を釈放してよこせという。日本にとってたいへんなことです。日本の法律に基づいて捕らえて投獄している赤軍の何名かの者を釈放しなければならないということは、日本の法律から言えばたいへんです。しかし、もしそれをやらなければ飛行機に乗っているものを皆犠牲にして生命を損傷しても構わないことになりますから、人間の命は地球よりも重いとよく言われるように、超法規的措置、法規は日本の法律で、日本の法律を超えるような措置で、仕方がない、赤軍の言うことを聞いて、連中の言う五人を釈放して、それを飛行機まで持って行って合流させることをあえてしました。

これは官房長官が裁断をしなければならない重大な仕事になってきたのです。肝心の三木総理は日本にいない。電話で報告をするより仕方がない。福田さんが副総理で、主として福田さんと相談することになって、超法規的措置ということに最後は決意をせざるをえなかったわけです。

こんなことは我慢できないという人もあった。例えば原文兵衛《ぶんべえ》さん。原文兵衛氏は警察の人ですから、自分たちが苦労して赤軍を捕まえて投獄したのが超法規的措置によって釈放されるとは我慢ができない。あの大の男が目から涙をはらはらと溢して抵抗したことを覚えている。そういう立場の人も確かにいます。けれども、人命は地球よりも重い、法律ではないけれどもしょうがない。人道という立場に立って彼らを釈放した。奴らはどう言ったかわからないけれども、その飛行機はアフリカのリビアに行って、向こうで合流させました。そういうことが三木さんの留守中にありました。

ライフサイクルプラン

三木さんが改革者として、リフォーマーとして新しい政局に臨むと申し上げた。外交関係、あるいは国内の政治関係、いろいろな新しい試みをしてきました。さらに彼の胸中にある問題として、ライフサイクルを構想した。これからの高齢者社会がだんだん大きさを増してくると、お互いに会合して修養に努めるといった生涯学習、病気になった場合の健康対策、年金制度その他の社会保障制度が必要である。こういうような人間の生涯のライフサイクル、それぞれの循環を考えた制度を打ち立てなければならない。こういう制度は、ヨーロッパのスウェーデンなどすでに先行しているところもあるが、日本も今や考えなければならないと彼は提唱しました。

厚生省の事務次官をやっていました梅本純正《すみまさ》さんをわざわざ引き抜いて、担当者にさせてライフサイクルの検討を始めたこともあった。これもなかなか実らなかったのが実際で、三木さんとしてはいろいろな構想が頭のなかに生まれてくるけれども、なかなか十分に実らない。もっと長く総理をやっていれば別だったけれども、思うに任せられなかったというのが実情です。

そうこうしているうちに、フランスの音頭取りで、フランスのランブイエで先進国首脳会議が行われました。それに三木総理は出かけていくのですが、私は留守番役で日本にいて、主として副長官の海部君がついていって、そこでいろいろなしきたりを彼がこなしたことがありました。

物価と景気の問題

その頃、物価の問題と景気の問題が起こってきました。さきほど二律背反と申しましたが、物価を抑え込もうとすれば、どうしても景気がはかばかしくいかない。景気を掻き立てるようなことをすれば、物価がだんだん上がっていくというところまで追い込まれたわけです。世論調査などをやってみますと、国民の関心は、どちらかといえば物価のほうにありました。物価が上がっては困る、景気が少しは悪くたって物価だけは抑えてくれというのが国民の世論であったようです。

こういうことからして、なかなか三木さんとすれば、物価を抑え景気をあまり良くしないというような状況にあったものですから、解散総選挙はだんだんと遠のいたと言えます。

昭和天皇の訪米

両陛下の渡米という問題が起こりました。昭和天皇、皇后、お二方がアメリカへ行かれるということで、陛下はたいへんに楽しみにしておられた。すでにヨーロッパの旅行は数年前におやりになりました。英国を中心にヨーロッパ各国を歴訪されて、若き日に皇太子様として旅行をされた時などを思い起こされて大変深い感慨をお持ちになったようです。ヨーロッパを訪問して、アメリカは終戦以来、マッカーサー元帥と天皇様が単独会見をなさって、おれの身はどうなろうとも日本の窮状を救ってもらいたい、マッカーサー元帥をしてたいへんに感激させたという会見もあり、アメリカには他人事ならない親近感を持っていらっしゃる。アメリカ旅行は陛下の長い間のご希望で、ちょうどこの時期におやりになった。これも官邸の仕事です。外務省が窓口にはなるけれども、官邸側がいろいろとしなければならない。このご旅行中は私どもは慎重に慎重を重ねて、万一にも事故のないことを願っていました。

スト権スト

その頃、国鉄、電電、専売の三公社の労働組合が政府に向かって、政府の管理下にあるものですから、要求を出してきました。労働組合は本来は三つの権利を持っている。団結権、団体交渉権、ストライキ権を持っている。ところがこれは一般の労働組合について言えることで、この三公社はそれぞれ国の重要な機関で、国鉄や電電や専売には団結権、団体交渉権はあってもストライキ権を認めていなかった。これは外国の例などから言えば特殊な扱い方で、三公社の労働組合はそれを不満としていて、「ストラ

内閣記者会の記者会見に同席（昭和 50 年 11 月 19 日）〔明治大学史資料センター所蔵〕

イキ権をよこせ」という要求を出した。これがいわゆるスト権スト。スト権を取るがためにストをやるというものに後ほど発展していくわけです。そろそろそういう問題が起こってきました。

三公社の当事者は、経営者側はそういう問題は自分たちが直接あたるよりも政府に一切を任せてしまいたいと、政府に委任しました。ところが、労働組合は必ずしもそれに対して了承しないで反撃してきたわけで、スト権ストという問題となって日本中がストのなかに埋没するような事態が起こりました。

政府としても、このスト権ストの問題は慎重に考えなければなりません。担当者を決めて主として海部副長官がこれにあたる。事務的な処理は吉野君という大蔵省の局長をやった人が裁くということで、スト権ストに対処しました。三木さんは始めの間はかなりスト権ストに理解を示した。労働組合にスト権を認めてもいいではないかという、かなり積極的な考え方を持っていたようですが、鉄道を止めたり、電話を切ったり、そんなことまでをするような無茶苦茶を許すわけにはいかないということで、相当な理解を持った三木さんが、最後にはきちんとスト権ストに対しては断固として厳しい態度で臨むことになったように記憶しています。

赤字国債の発行

世の中はなんとなく物騒だ、景気は良くない。そこへスト権ストとなり、国家の収入も赤字が多くなってきました。そこで初めて赤字国債を出さざるをえなくなりました。かつてなかったことです。今まででは自然増収がありましたから、赤字国債を出さなくても財政のひもはくくれたわけです。それがいよいよ、景気は悪いし、収入は思うように上がらない、どうしても赤字公債を出さなければならないということで、赤字国債を出すための特例法を作らなければならない。初めて赤字国債を最初の年には七兆数千億を出すということで、あまり格好の良いものではないけれども、致し方ない状態でした。

ロッキード事件

ロッキード事件や三木おろしは、顧みると大変重要な場面でした。同時に記憶も薄れてきましたし、時間が経つに従って問題の明確な点が削がれてだんだん鈍感になる恐れもあり、ロッキードを忘れたような時代に入りました。そうすると、リクルート事件が起こった。

人によると、日本の政界には一〇年を周期としていろいろな事件が起こる。例えば昭電疑獄が終戦直後でした。それから一〇年ぐらいに造船疑獄がありました。佐藤栄作氏が幹事長で、時の吉田内閣が犬養法務大臣をして逮捕に至らしめない、法務大臣の権限をもって事件を差し止めたことで、とことんまで踏み込むことができなかった。検察は切歯扼腕でした。

それから一〇年ぐらい経ってロッキード、それから一〇年少しでリクルートと、忘れた時分に疑獄事件が起こっている。この辺はよほど考えなければいけないことで、こんなことを繰り返していて、日本が国際的に尊敬される近代国家と言えるかどうか、私自身も顧みてたいへん感慨深いものがあります。ロッキードは私の政治生活のうえにおきましても特筆すべき事件でした。

この事件の発端は、昭和五一(一九七六)年二月の頃でした。私は朝まだ夜が明けないうちに新聞社の電話でたたき起こされて、「井出長官ではないか」と言うから、「そうだ」と。「昨日アメリカにおいてロッキード社が日本の政界に対して贈賄工作を行ったことが上院の委員会の証言で暴露された。こういう事件をご存じないか」と言うから、「わしは初耳で、君の電話で初めて知るようになった」と、こういうやり取りをして電話を切りました。その電話を受けた時は、私としてもこれほど深刻な、また事件が拡大するとは実は思わなかった。けれども、明けて昼間国会へ出かけて行きますと、たいへんな大騒ぎでした。官邸に行けば行ったで、これまた情報がひっきりなしに入ってくる。新聞社の連中は長官を追っかけることに懸命であったような記憶があります。

折から国会は予算審議を始めていた時期でした。予算委員会が開かれた。予算委員会は予算を議するためにあるのですが、予算は政治の森羅万象に行き渡っていますから、予算委員会は言うならば一種の政治委員会、もっと言えば総合委員会である。野党も待ち構えていて、えらい事態がここに発生しました。

それまでは予算の審議状態も頗る順調で、予算は三月末を待たずして衆参両院を通過するであろうというような、割合に見通しは順調だったのですが、この事件が起こりまして以来、そんな楽観ムードはどこかへすっ飛んでしまって、ロッキードが予算委員会を占領してしまったような事態です。ロッキード特別委員会が五月になってできたと記憶しますから、約三ヶ月の間は予算委員会でロッキードを扱っていました。これが解決しない限りは予算審議には応じないのが毎回野党のやり方です。予算を人質に取って、これを盾にして政府を責め付けるのが野党の常套手段です。

予算委員会で真相がだんだんと追及されるわけですが、その事件の内容は何かと言えば、全日空という会社がある。日本航空と相並ぶ日本を代表する航空会社である。日航のほうが先発会社ですから、同時に政府の資金などが導入されているという意味において半官半民の会社であると言ってもよろしい。後から出た全日空は事業規模がだんだん拡大すると同時に、日航に対抗意識が出てきます。

当時いよいよジェット機、しかも大型の飛行機が要求される時代になっています。航空を通して大量輸送が話題になってきた時期ですから、ジャンボ飛行機が生まれたのがその頃です。そこで全日空は、アメリカのトライスターという飛行機を導入するために、丸紅を通して導入の方向を考えました。それにロッキード社が一枚噛むわけです。トライスターはロッキードの生産品のひとつです。優秀な新型飛行機というわけで、それを日本に売り込もうというのがロッキード社の狙いでした。そのために、コーチャンという副社長が日本に滞在していて、ロッキードがトライスターの売り込みに専念した時代でした。そのためには丸紅を通して日本の要路に贈賄工作をしたということになるわけで、その筆頭に田中角栄総理大臣が表れてきます。その下に政治家でいうと、橋本登美三郎氏、北海道の佐藤孝行、こういう連中が表れてくるわけで、これがいわゆる丸紅ルートと称するものです。

田中前首相の逮捕

それに対して全日空ルートと呼ばれる路線をもって政界工作にあたってきました。その間にいろいろなものが入り込む。例えば右翼の大物と呼ばれる児玉誉士夫《よしお》が出没してみたり、田中角栄の「刎頸《ふんけい》の友」と呼ばれた小佐野賢治《おさのけんじ》が出てきたり、非常に複雑な様相を加えてきました。この政治献金は田中角栄が五億円ということになっているのですが、一番の問題点は、職務権限があるかどうかにある。一国の総理が飛行機の導入に対して何らかの助言、手助けをする場合に、それは総理大臣の職務の範囲であるかが問題になる。運輸大臣であるならば当然職務権限がある。職務権限という考え方がひとつ問題点です。

田中角栄氏はいろいろなことを言われました。ハワイにおいてニクソン大統領と会談した。ニクソンはロッキード社の意を含めて是非日本の全日空にトライスターを買って欲しい。そのために田中さん、よろしく頼むというふうに言ったと伝えられる。総理大臣は運輸大臣を監督する権限を持っている。あるいは運輸大臣の首を切る権限、そういう広範なる権限を持っている以上は、田中角栄氏にも職務権限はある。こういう見方をもって検察は起訴したということです。

田中逮捕は、私の記憶では七月頃ではなかったかと思う。こういう事件ですから下のほうから固めて、だんだん上へ持っていくのが検察の常套的なやり方である。ですから、下の小者を調べて、それが泥を吐いてその上の段階へ行くと当時言われていた。例えば、橋本、佐藤孝行の段階が済んで、一番巨魁である田中角栄へ及ぶというのが従来の常識だった。ところが検察はいきなり一番の巨魁である田中角栄を逮捕するところへいったわけです。従来のやり方から見れば、非常に特殊なケースだと言ってもよろしい。一国の総理が外国から賄賂をもらったというのですから、なかなか許しがたい、前代未聞のことです。

かつて大正初年にシーメンス事件がありました。ドイツのシーメンスという軍需会社が日本の海軍に軍艦を売り込んだ。その時にシーメンス社が賄賂を使って日本海軍の軍人を手玉にとった事件がありました。後に犬養内閣の五・一五事件の後に斎藤内閣ができるのですが、斎藤實《まこと》もシーメンス事件の時に懐へ入れた一人であると、後に言われた。それが表になった時分には時効になって、今さら罪をとがめるわけにはいかないとなって、斎藤も清廉潔白な人だと言われて総理にまでなった。この人も過去においてそういう事件に関与したこともありますとおり、このロッキード事件は表に出てしまった以上は臭いものに蓋をするわけにいかない。日本としては前代未聞の事件がここに持ち上がったわけです。

検察も初めの間はどうやってこれを処理するか悩んだらしく見える。田中を逮捕することを検察当局が決意した時に、これを内閣に知らせなければならない。これが幾日であったか、確か七月の暑い時期になっていたと思います。稲葉修が法務大臣で、法務大臣が検察当局の代弁者みたいなものでして、検察は検事総長といえども総理大臣に直に話し合いをすることはまず慣例としてはないわけです。必ず法務大臣を経て政治問題にするというのが慣例です。そこで法務大臣が検察当局の意図を汲んで総理にそのことを知らせるわけですが、いよいよ前総理を逮捕するというのですからたいへんなことです。

「稲葉氏は、釣りが好きです。特に千曲川へも釣りに来ている。岩のあるところが良い釣り場で、「あそこにはおれの穴場がある」なんて語ったことがある。鮎を釣りに来る。その当時、彼は郷里である新潟県の村上市を流れる三面川で釣りをしていた。そこへ検察から夕方になって一報が飛んでいった。稲葉さんもそのことは予期していたものの、そういうことになってみればたいへんですから、びっくりし

田中角栄前首相の逮捕後の記者会見（昭和51年7月27日）〔毎日新聞社提供〕

て総理に直ちにそのことを知らせなければならない。三木さんのところへ稲葉さんから知らせが来たのは、確か五月四日〔発言ママ〕だったような。これは明確ではないですよ。その辺だったと思いますが、電話で新潟から第一報が来た。官邸を守っている私のところへは、その数時間後の、日が変わって朝早く私のところへ稲葉さんから電話があった。こういうような事態でした。

　検察もいきなり収賄罪をぶつけるわけにいかない。そこで外為法の違反を表面の題目にして田中逮捕に立ち向かった。よく調べている間に別件逮捕というか、外為法ではなく収賄罪と途中で切り替えました。当初は外為法違反で起訴したわけです。このことは法律論争にも及んだ。外為法違反という、言ってみれば罰金で事が済むような簡単な事件で起訴するとは何だ、いやしくも一国の総理をそういう扱いをするのはけしからんではないかという批判が検察になされたようですが、事態はそういうことで推移をしてきたわけです。

　田中氏を逮捕して、十分に調べ、吟味した結果、いよいよ受託収賄罪という罪名で起訴することになった。その当時、私どもは河本敏夫氏がアメリカへ所用があって出かけて行って、帰って来てわれわれ仲間に報告をしようという報告会をもっていました。三木派と中曾根派を中心に集まった。なかには桜内、その他中曾根派の諸君も二、三いたと思うのですが、稲葉法務大臣もそのなかにいた。田中起訴の日ですから、私は「稲葉は出て来られるはずもない」と思っていたが、念のため法務大臣に電話して「今夜の会合をどうするか。これは時節柄取りやめようや」と言ってやめさせようとした。

たとえ河本の報告会にせよ、そういう時期に政府関係者が集まって、酒席をもって一杯やっている形はよくないということでそれは取りやめたのですけれども、後ほどまた稲葉から電話がかかってきて、「今日は別に他に用がないから予定どおりやりましょうや」と言ってきた。そのことはだいぶ田中派、その他を刺激して、「官房長官と法務大臣が夕飯を食いながら何か良からぬことを企んでいる」と伝えられた。拙かった。後々までもこういうことがちょっと尾を引いていて、具合が悪かった。そういう際にはよほど気をつけなければいけないとしみじみ知りました。

三木おろし

そういう状態で推移していくのですが、田中が面倒を見た子分が自民党にずいぶん多いのは事実です。そういう連中は、自分の親分がやられたものですから、その元凶は何だ、稲葉ではないか。稲葉よりもっと上に三木がいる、これらが企んでやらせたことであるというように宣伝され、それを真に受けてけしからんのは三木であり、稲葉であるという感情が自民党のなかに漂っていきました。

それは単に田中派だけではない。田中と非常な友情に結ばれている大平の一派もそうである。田中とは長い間対抗してきた福田の一派も同様な考え方になりつつある。三木さんを当初神に祈る気持ちで自民党総裁に指名した椎名さんまでが、少し三木のやり方は冷たすぎるという感じを抱いていきました。

椎名さんには、「三木は惻隠《そくいん》の情がない」という考えがあった。「惻隠の情」は孟子の言葉に出てくる。

人を憐れみ、人を推し量ってやるような心情を惻隠の情と言う。そうかと言って、総理である三木さんが、田中に同情して田中の罪を目隠しして通すわけにはいかないですから、年寄りの涙もろさがそうさせるのであって、これが通用するわけはない。

私は椎名さんとそれほど深い付き合いではなかったのですけれども、あの人も昔官房長官をやった時期がある。そういうことで割合に親しく話ができるようになった。さきほどの惻隠の情は孟子から引っ張り出してきた言葉ですが、彼自身含蓄のあることを行動に、言論に残している。

例えば椎名さんの言葉に省事《しょうじ》という文字がある。これは東洋的な意味で、複雑なことはあまり考えない、事は簡素が良い。こういうことを彼自身の処世の哲学にしていたようです。学ぶべき所もあるけれども、田中に対する同情論が三木がけしからんというところへ発展していくあたりは、椎名さんも少し歳を取りすぎたという感じがしてなりません。

自民党のなかは、椎名さんがそうであるが如くに田中への同情論がたいへん普及、浸透していました。一種の自民党気質と言ってもいいのではないかと思う。つまり、政治は金のかかるものだ、したがって金に対しては少しは目をつぶらなくてはいけないということが自民党の主流にある気風ではないかと思う。永田町気質と言ってもいいかもしれません。金銭感覚が少し庶民、外部と違うような気がします。

自民党のなかはかなり反三木感情が浸透していきました。三木さんは、「おれは自民党政治を改革しなければならない。おれはリフォーマーである。単なる政権を引き継いで、一日延ばしに脳裏にこれ足れりとしている政治家には甘んじない。やはり自民党の悪いところは直していかなければならない」という考え方を強く持っているわけですから、総理に就任早々財界には独禁法の改正を持ち出した。だから財界は三木に対して、まずその一発でもって三木は酷いことをするという感情を持つようになりました。

政治資金規正法、あるいは選挙法の改正。こういうことによって、政治の面でかなり厳しい見方を自民党に加えることになったのですから、その面も自民党の嫌がることを三木さんはやろうとしている。ともかく三木さんは改革しようと熱心である。ところが現状維持の側からすれば、そんな改革なぞしてもらいたくない。選挙に金がかかってはいかんというのが三木の考え方。けれども自民党のなかには政治資金を少し余計に使ったって金がかかるのは仕方がないではないか、むしろ制限するほうがおかしいという感覚があるものですから、三木に対する風当たりがだんだんと強くなっていきました。

一種の反三木感情が、田中同情論と相まって自民党内に瀰漫《びまん》して、いわゆる「挙党協《きょとうきょう》」ができた。挙党体制確立協議会を略して「挙党協」。こういうものが自民党のなかに生まれるようになって、そこにかつての衆議院議長であった船田中《ふなだなか》さんが担がれた。それから参謀総長で保利茂。知恵の塊みたいな人で、たいへんな知恵者です。そういう組織ができて、自民党のなかで署名運動を始めました。自民党全体は四〇〇というものですよ。そのなかで二七七という者が署名しました。

新自由クラブの結成

その当時われわれにとって厄介なことは、河野洋平君の一派が自民党を離脱して新自由クラブをつくったことです。昭和五一年の夏のことだったと思いますが、ロッキードで汚染された自民党とは袂を分かって新しい政治勢力を踏みだそうという考え方のグループが出てきました。

河野洋平を盟主にして、その下に山口敏夫、西岡武夫がついて行った。この二人とも、かつては三木派でした。さらには中曾根内閣の官房長官をした藤波孝生《たかお》君も河野と結んで新しい政治勢力を作ろうという主導者の一人でした。けれども、藤波はどう考えましたか、最後には踏みとどまって河野と一緒に自民党を脱することはしなかったわけです。

河野君一派のやり方を、私はある意味においては評価した。親父さんの河野一郎は、幾たびか自民党において河野流の、河野さんの場合は近代的な合理主義とは少し違ったと思うが、自民党の古い吉田的な要素を払拭して自民党を建て直さなければならないという考え方を持っていた。河野さんのもとに、中曾根、桜内、稲葉、園田等々、かつての改進党時代の青年将校と呼ばれた連中が走っていった。そういう政治勢力と結んだがゆえに、河野一郎氏は保守二党論の一角を占めて新党を作ろうと常に考えていたわけですが、実際問題となると新党はそんなに簡単なものではない。河野さんは、一緒に行動を共にする者を、最初は数十名数えていたのでしょう。数十名を数えたのが、一人一人洗ってみると最後までついてくる者は一〇名足らずで、あの剛腹な河野一郎といえども新党結成を断念したことがありました。

それに比べれば、息子の洋平君は親父のできなかったことをやろうとするのですから、私はその勇気に一部感心したけれども、もし本当に河野洋平がロッキードを中心にする自民党のこの金権に汚染された体質を自分は解放するというのならば、われわれが田中角栄と戦っているのに、その足を引っ張るようなやり方で自民党から離脱していくことは、河野の意図はいかにあろうとも、われわれとしては頂けない感じがしたわけです。

次に選挙になる場合に、新自由クラブが相当新聞紙面等を賑わしてかなり票を取るだろうと思っていました。開けてみると、新自由クラブの議席の数は一七で、それほどブームが沸いたのではなかった。けれども、自民党から一七が別個に存在したことは、自民党勢力をそれだけ減殺したわけですから、影響なしとはしません。その後新自由クラブも志と違い、結局はまた皆自民党へ戻ってしまいました。

九月一〇日の臨時閣議

挙党協が自民党のなかで大きな力を得てきて、昭和五一年九月頃に閣議においても一五人の閣僚が挙党協署名者になった。福田も大平も反三木に加わっています。閣僚は総理を除いて二〇名、そのなかの一五名が反三木ですから、穏やかではない。たいへんな事態に陥ったわけです。

折から臨時国会を開かなければならない時期に際会していました。臨時国会は公債発行の特例法をやらなくてはならない。だんだんと財政が行き詰まってきて、赤字国債を福田蔵相の時から踏み切りました。それをやるためには、特別の法律を作らなければなりません。それをやるべき国会が九月の終わり頃に開かれる予定になっていたわけです。

この一五閣僚は、「三木を困らせてやろう」と。それには国会召集に対して閣僚が全部召集をしないとなれば、総理大臣はやりようがない。そういう場合には、閣僚の首を皆切ってしまって、一五閣僚を全部すげ替えて形勢を打開していく以外にはないわけです。そういう時期にさしかかって、九月一〇日に重要な閣議が開かれます。今から思えばひとつの劇的な瞬間であったと思います。

その閣議が開かれる数日前に、二回にわたって首相官邸の総理執務室で福田と大平を呼んで三木が説得する。私はそこに立ち会った。四人だけの会議です。二度にわたってそれぞれ二時間ぐらいずつ協議が行われたその現場を、私は立ち会ってよく知っている。その時に思ったことは、三木が非常に粘っこさがあったと言いますか、私は関東の影響を受けているものですから、もう面倒くさいことは嫌だとすぐ言うけど、やはり関西だな。四国の出身者であるがゆえに、福田と大平を前にくり返し、くり返し説得工作をする。「お前ら、一体そんなことでいいのか。田中角栄と一緒に金権の前に君らは頭を垂れることになるのではないか。そんなことで一体日本の政治は良くなるのか」というようなことで、ずいぶん二人に対して切り込んでいきました。

保利茂が、「三木は婆芸者みたいなものである、それに対して福田や大平は女学生というもので、とても太刀打ちできるはずはない」と言ったそうだけれども、その婆芸者をもってしても二人を説得することは必ずしも成功はしなかった。二人とも、「三木さん、そうは言うけれども、私はあなたには反対だ」というふうなことで別れてしまいました。

さて、閣議はだんだんと夜遅くなり、いよいよ一〇時を過ぎてくる。臨時国会開会に関する案件の書類は全部できています。書類に閣僚は署名をする。それを一回り回すわけですが、三木総理から「官房長官、それを回してくれ」という声がなかなか出ない。私は一人計らって、三木さんの意図如何にかかわらず、それを回してしまっていれば、結果はまた少し違ってきたかもしれません。にらみ合いをしたまま閣議は沈黙のままで時間だけが過ぎていく。

そこで政争に関係のなかった永井道雄君、防衛庁長官という立場で割合に中立を保っていた坂田道太君、三木に与する者は四、五人しかいない。一四、五人は反三木。今にして思えば、あの時に、いっそのこと「よろしい、君らがこれに署名をしないならばおれのほうにも考えがある。どうか辞めてもらう」と、一発かませば良かったという人もある。

私に対して、「三木内閣は解散の時期が二度あった」と言う人がいる。ひとつはスト権スト。スト権をよこせというためのストライキで日本の労働組合が一斉蜂起をする時期がありました。昭和五〇年の秋のことです。「その時を捉えて解散をすれば、三木政権は多数を制することは明らかであるし、内閣は安泰であった。解散の時期を失いましたな」と言う人もある。しかし、その時になぜできなかったかということ、問題は不景気だった。失業者は満ちあふれて、内閣の歳入欠陥は年々増えてきている時期ですから、解散によって政治空白を何ヶ月かつくることは到底できなかった。そのために機を逸したと言われるけれども、スト権ストの時には解散なしで通ってしまった。

それから「この一五閣僚を罷免して、三木と誼みを通じている閣僚に直して、そのうえで選挙をやる。それはあるいは自民党が二分されたかもしれない。二つに割れたかもしれない。そのほうが清々して良かったのではないか」ということを、私にその後言ってくれる人もある。これも、そうは言うもののなかなかできかねることで、まして一国の総理大臣という立場にある人が今のような荒仕事をして、少数内閣の上にたって相手をやっつけるために解散することは、日本の政治に悪例を残すことですから、そんなに簡単にできるわけのものではない。

そこでは踏みとどまりましたが、ちょうど一〇時が過ぎて、本当は官邸で夕飯でも用意しておけば良かった。それまでには片づくと思った。夕飯がなくても片づくと思った。然るに延々と続いて一〇時を過ぎてしまって、みな腹が減ったような顔をしています。飯も食わせないでというわけにいかない。誰が休憩動議を言い出したか覚えていないけれども、「休憩にしてちょっと食事でもして、一服した後にもう一遍続けましょうや」と。こうしたのが良かったか悪かったか。人によってはあれがいけなかったと。夕飯を用意して腹を満たして続けたほうが良かったという人もあるが、そうばっかりもいかない。

休憩動議が出て、約一時間ばかりそれぞれ三々五々たむろして集まってきたところで、本日はこれまでにして明日の昼頃からもう一遍やろうとなって、そのままお開きになりました。

政治の機微などを考えてみると、わずかなことで、ほんのちょっとしたことで情勢が変わることがある。その場合も、いろいろ仲裁案みたいなものが入ってくる。それで翌日になって保利茂、船田中が動き出して、事は重大である、したがって総理の考え方も良く聞きたい、あわせて話し合いをするべきだという議論に変転していくわけです。

前の晩の逼迫した調子では、場合によれば閣僚の首を切ってもというような空気もあったが、一夜明けてみるとそういう妥協論がだんだん台頭してきて、結局は船田と保利が挙党協の代表、三木総理と中曾根幹事長の二人が三木側の代表で話し合いをしようということになった。昼頃から話し合いをしたところ、しかるべく妥協ができて、臨時国会を開くのは月末にしようではないかとか、この辺でお互いに刀を納めて、ここのところは少し平和で行こうではないかということになりました。

三木内閣としてはこのままでは過ごせないから、内閣改造に着手します。そこで党を運営する要である幹事長、その他を替えなければいけない。閣僚も留任の人もあるかもしれないが、総入れ替えをすることになるわけで、幹事長には中曾根氏に替わり内田常雄さんがなります。最初は松野頼三氏を幹事長に替えるということだった。中曾根の代わりに松野という線を出したところ、挙党協が一斉反発した。松野では何をするかわからん。したがって、あの幹事長は絶対反対だとクレームがついた。

そこで仕方がない、誰があるかといろいろと考えてみたが、内田常雄さんに白羽の矢を立てた。山梨県出身で、私は仲が良い。松本高等学校で、私よりも三年ぐらい先輩。夏目忠雄さんと同級生だと思いました。内田はそれほど冴えている人ではない。冴えている人ではないけれども、どこか正直なおっとりした良い性格のお人です。内田という手を出した時には、人は訝った。内田幹事長はいったいやれるかどうかと心配したのですけども、「それは責任もって内田さんをおれが口説く」と言って、内田さんと私の事務所で二人で会談した。内田さんは、その時は政調会長に小分けをされると思っていた。そうしたら幹事長というものだから、少し勝手が違って、「おれにはそれは向かない」と、こういうことを言い出したけれども、「そう仰るな。この際非常時だから、あなたのような人柄の良い人でないと駄目なんだ」ということで、内田さんに幹事長を引き受けてもらい、松野さんは総務会長になった。

それで幕を引き、閣僚のほうは留任がありました。河本通産相、永井文相、それから官房長官の私などが留任して、そのほかはだいたい入れ替わって、閣僚の顔ぶれが変わりました。

ベレンコ中尉の亡命

昭和五一年の秋、ソ連のミグ戦闘機が函館へ不時着陸をしたという事件が起こりました。これも厄介な事件で、その飛行機に乗っていたベレンコ中尉は日本を通じてアメリカへ亡命したいというわけです。それはそれで良いとしても、今の飛行機の始末が厄介です。聞くところによると、普通こういう場合は飛行機を元に戻すけれども、その間飛行機の内部の一切をあからさまに設計図を写し取ることは国際慣例であるらしい。だから防衛庁は一番新しいミグ戦闘機を目の前にして、その図面をつくることをやりたくてやりたくて仕方がない。そういう機会に恵まれました。一方ソ連の感情はそういうのを通じてまた面白くないという事件もありました。

防衛費のGNP一％抑制問題と核拡散防止条約の批准

三木内閣として防衛問題についていろいろな関心を払ってきました。そのひとつは、坂田防衛庁長官で防衛計画の大綱を作り上げて、日本の防衛が単なるその場限りのものでない、ひとつのきちんとした拠り所に基づいて防衛を計画していくというやり方をはっきり打ち立てたわけです。

それに関連して、防衛費を国民総生産の一％以内にする枠を設定しました。その後十何年の間維持されて、日本の防衛費が野放図に膨張することなくきました。ただし、その表現の文言は「概ね一％を目途として」というふうにあったと記憶する。きちんとそこで何でもかんでも一銭一厘であってもそれを飛び越えてはいかんというほどの強いものではなかった。あるひとつの目安と考えていたように思います。

これは従来あまり機能を発揮していなかった国防会議で決まります。国防会議の座長は官房長官がやることに慣例になっている。あの一％の問題はずいぶん騒がれましたけれども、私としては私自身が座長になってつくり上げたという一種の誇りというかな。これは防衛庁の連中も十分認めているところで、後の防衛庁長官に会いますと、「井出さん、あの時つくっておいてもらって大いに楽をします」というようなことをしばしば言われた。

これが中曾根内閣になって少しおかしくなってきて、一％の枠を突破しかねない状態になってきました。ただ、最近は国民総生産が相当に高いものですから、今のところは一％の枠に留まっている。防衛費をただ上げるということは、国際的にみても今や軍縮の時代になっていて、米ソの間でも核兵器の制限が行われるというような時期に、日本は年々七％ぐらいずつ防衛費が増えているのですから、この辺りはよほど考えなければならない点だと思う。そういう意味において、三木内閣のひとつの大きな功績であったといってもよろしい。

同時に、核拡散防止条約、いたずらに核兵器を拡げていくのが能ではない、拡散を防止するという条約が国際的にできている。条約はできたけれども、例えばアメリカなどはまだ判子をついていない。日本もアメリカに倣ってしばらくこれを見送ってきたのですけれども、三木内閣の最後の段階でこの条約に批准しました。これらも平和政策に対する三木内閣の姿勢を示すひとつの証拠ではないかと思います。

三木内閣総辞職

新内閣が、言うなれば次の選挙を遂行する内閣ということになります。結局三木内閣は途中で解散もせず、任期満了で四年間丸丸やって、総選挙に入ることになった。考えてみれば少し慎重すぎて、もう少しチャンスを掴めば良かったと後で思ったけれども、仕方がない。

総選挙後、三木首相とともに前尾繁三郎衆議院議長、河野謙三参議院議長と面談（昭和51年12月9日）〔明治大学史資料センター所蔵〕

選挙をやった結果は、自民党が二四九。社会党一二三、公明党がこの時に一番増えて五五、民社党二九、新自由クラブ一七、という数字でした。そのほかに無所属もいます。

記者会見か何かの時に「総理はこの選挙でいくら取るつもりだ」と質問された。よせばいいのに、「過半数は取る」と胸を張った。やたらと胸を張るのはいかんですよ。余計なことを言ったと思うのですが、正直すぎた。過半数は二七一です。それが二四九ですから、二二ばかり足らない。新自由クラブが一七、向こうへ行ってしまったのがひとつの理由ですけど、何せ数が足りない。しかし、考えてみれば公認の候補者が二四七であって、非公認、その他保守系無所属を併せれば過半数には十分に達した。だから、大負けに負けたのではありません。

おかしいことに、自民党の今までの選挙を考えてみると、何か事件があってもっと減らなければならないと思われた時に減っていない。ロッキード事件後の二四九も、下手すればもっと減るだろうと思ってやっていたら、案外減らなかった。その前の造船疑獄だってそんなに減ってはいない。三木政権は、あまりに正直に過半数を割れば責任を取るということになって、一二月の幾日かに総理は退陣する結論を出し、三木内閣は退陣したわけです。

もっと粘れば粘れたかもしれませんけれども、まあこの辺でいいところではないかと思う。そういうのが三木内閣のだいたいの顚末です。

結論的に申しますと、二年間という割合短期間です。それでもこの頃は二年が普通で、中曾根さんが少し長かったけれども、あとは大平も福田も田中も二、三年。だから三木だけ特に短いというわけではなかった。しかし、その間に多事多難というか、いろいろな問題点が多かったことは、三木内閣の特質としてあげていいことであろうかと思います。それというのも、三木さんが自分はリフォーマーである、改革者であるという考え方に立って、自民党がやりたくないようなことまでやろうとしたところに波乱が特にわき起こったと言えるのではないかと思う次第です。

第5章　長老議員として

福田内閣の成立

昭和五一（一九七六）年一二月、福田内閣が誕生します。「三角大福」という言葉がありました。三木と田中も済んで、「大福」が残っている。そのうちに「三角大福中」で「中」が出てきた。「中」は中曾根です。政権を目がけてお互いにひしめいていて、三木さんの後は福田さんが踏襲することは、なんとなく常識的になっていました。

福田も出が官僚。しかし、官僚としては飄々《ひょうひょう》として面白みがある人で、同時に私が接した限りは頭の良さは抜群である。一高―東大、秀才中の秀才だったと思われる人です。ただ、役人の出ですから、権力に対して特段の執着心をもっていたように思われる。三木おろしの際に、三木は福田さんを非常に頼りにした。「君、辛抱してくれよ。おれの後は君なんだから、変な手つきはせんでくれ」ということを懇々と福田さんには言っていました。ところが福田氏は、事を急いだかどうか知らないけれども、田中と組んだ。かつては角福の間にはかなり距離があって、お互いに責めあっていた間柄ですけど、それが田中の力を借りることになって福田政権ができるわけです。

福田さんの出処進退に対しては田中の金権に喰らったというか、田中の金権を利用したというか、こういう感じがないでもなかったようです。当然福田政権が生まれてしかるべきであったけれども、この福田政権はいよいよ国会で投票してみると案外切迫して、国会においては反対勢力を抜くことわずか一名。一票の差で政権ができあがるという際どいところで福田内閣ができました。これが五一年の暮れのことです。

昭和五二（一九七七）年になっていろいろな問題が起きてきました。福田さんは天下に対して派閥解消を言い出した。長いこと派閥が抗争して、主流、反主流というものが互いにせめぎ合って政局を停滞させることがありました。福田さんが政権を取ったのを契機に、派閥解消を言い出した。そういうのが時の世論であった関係もありましょう。他の派も、田中も大平も三木もそれに準じて派閥解消を言い出しました。ただ、中曾根が少し歯切れが悪かった。一番遅れたかもしれませんけれども、ともかく派閥解消が当時の謳い文句になっていました。それは二月頃だったと思います。

ロッキード裁判の開始と証人喚問

二月頃、例のロッキード事件の裁判が始まる。ことに注目されたのは田中角栄氏が頂点にいた丸紅ルートでした。ロッキード事件が尾を引いていて、政界に暗い影を投げていたことが言われるわけです。三月になりますと、例の鬼頭史郎の事件というのがありました。判事補だったのですが、妙な手つきをやる男で、田中逮捕後の五一年八月に三木総理のところへ電話を掛けて、名前を偽って、「布施です」。布施というのは、当時の布施健《たけし》検事総長。「フセケン」とわれわれは呼んだのですが、布施健総長を偽って三木さんのところへ電話を掛けた。本来検事総長は法務大臣を通じて行動するべきものであって、法務大臣が間に入って総理にもの申すというのが普通のあり方です。これが慣例ですから、布施検事総長からの電話だと言ったら、三木さんももう少し慎重にならなければいかんのだけれども、どうも電話マニアで、気を許したところがある。三木さんも迂闊に自分で出てしまった。

三木は電話が好きで、電話に非常に無造作な人で、総理である以上はいきなり外からの電話に対して、自分で電話口に立つことは普通ならばありえないことです。一国の総理になったら簡単に出てはいけない。秘書官が出るとか、第三の人が出て取り次ぐというのが総理の電話を受ける態度でなくてはならないわけですが、三木さんはその点あまり警戒しないですぐ出てしまう癖がある。いきなり出てしまって、相手が布施検事総長だというから、話を聞き始めた。

鬼頭が試みようとしたことは何かと言うと、中曾根の問題を口に出して、三木総理から中曾根に対する疑わしい何か言質を得ようということに狙いがあったように、後から考えると思われます。しかし、三木さんも易々と相手の術中に陥ることなく、あれこれと話をしているうちに、この電話がおかしいことがわかってきた。それでもなんだかんだで長電話だったそうです。三〇分ぐらいその電話に付き合った。よくも変な言質を取られずに済んだことは良かったと思います。その事件に対して、国会関係においてそういうのを取り扱う委員会があります。そこで鬼頭判事の資格を奪う決定を見て、鬼頭はその後は弁護士にもなれないことになりました。その後何年か経って、弁護士だけは復活したと思いますけれども、天下を騒がしたことからして、国会の委員会で処罰を受けたことがその年の三月頃でした。

今、中曾根という話題が出ましたが、中曾根氏に対してロッキード事件の容疑があるように言われ、予算委員会で中曾根さんを引っ張り出して詰問するのが野党の狙いでした。中曾根氏についてはロッキード事件に関わりがあったとは言えないけれども、そういう疑惑を持たれた。同じようなことが、かつて中曾根氏の静岡高校時代の友人が社長をしている殖産住宅から巨額な政治献金を受けていると疑惑を呼んだことがありました。中曾根氏の身辺は何か知らないけど、絶えずそういう噂が立つ人です。この時の予算委員会の喚問には中曾根さんのほうから進んで出て、参考人という形で答弁をしています。

証人は重いことになっていて、「嘘偽りは一切申しません」と宣誓して喋ります。もし嘘があったということになれば偽証罪に問われる恐ろしさがありますから、証人は事が重大です。

参議院における比例代表制の導入

昭和五二年の五月頃、参議院において比例代表制が何十名かの議員によって立案され、参議院に答申されました。参議院議員が参議院を改革しなければならない。ことに全国区が非常な重労働である。一人の候補者が全国を駆け巡らなければならない。とても疲れて人道問題だという声さえもあがっていました。そういうことを止めて、一切選挙運動をしなくても済むような比例代表制を導入しようという声が参議院に起こってきました。

できあがった仕組みが、参議院は地区の候補者と比例代表制の候補者と二つに分かれた。比例代表は政党に票を入れるわけで、その票は各党が一から何番目まで順番を付けて、自分のところに割り当てられた票数の分だけ一から拾っていく。本来ならばあまり体を張らせなくても当選できる仕組みですが、自民党の場合は順位を付けるのに骨が折れる。そこで党員をどれだけ獲得しているか、あるいは後援会のメンバーをどれだけ獲得しているか。これにひとつの標準を置くようになりました。ですから、党員を何万名、後援会を何十万という具合にメンバーを獲得する努力を候補者はしなければならないというのが自民党のやり方です。

これは考え方によっては、かえって前よりも労働超過になる。のみならず、金が要る。例えば党員を何万名とつくる場合に、党員は党費を納めなければならない。党費は自民党の場合は一年間四〇〇〇円だと思いました。四〇〇〇円の党費を自発的に出して党員になる人は非常に少ない。その候補になった人が立て替えて「名前だけ貸してくれ」と言って党員を作って会費を払い込むような仕組みになる。立て替え党員。四〇〇〇円を納めるのだから、五万名の党員を獲得するためには二億の金が要る。自分で何とか面倒して金を作って党費を納めなければ党員の資格を得られないことになります。前の全国区は金がかかって仕方がないというので、そういう制度に改めたところが、なおかつ余計金が要るという状態です。

社会民主連合の結成

各政党ともにいろいろな変化が起こってきて、社会党は江田三郎が党を離脱して別途に新しいグループ、社民連の最初の種を蒔く行動をとった。江田さんは江田ビジョンを提唱しました。経済は日本のような高度成長が良いだろう、民主主義は米国のやり方を真似てよろしい、社会主義はソ連のやり方を真似るべし、議会主義は英国に範を採るべしというようなことを言って、江田ビジョンをぶち上げた。「少し余計なことを言っている」と、社会党内に批判が起き、ついに社会党を離脱するという状態でした。江田さんが脱党するのと軌を一にして、社会党のなかにも民社党のなかにもなんとなく変化が起こってきたように見受けました。

第一一回参議院議員選挙

昭和五二（一九七七）年の七月に参議院選挙が行われました。この参議院選挙は従来とそんなに大きな変化はなかった。自民党が第一党として相当な数を獲得して、社会党はその半分くらいしか取れなかった。そういうことがあったものですから、社会党は当時の委員長、書記長、それぞれが辞任をすることになった。民社党は春日一幸《いっこう》氏が退いて佐々木良作副委員長が委員長になり、社会党も民社党も首脳部が変わる。社会党は少しごたごたした挙げ句、横浜の市長をやった飛鳥田一雄《あすかたいちお》氏を引っ張ってきて委員長に祭り上げることもあって、各政党に相当な変化がありました。

園田外相のソ連訪問

昭和五三(一九七八)年正月に外務大臣の園田直さんがソ連を訪れました。彼は日ソの間を何とか打開しようという非常な熱意をもってソ連へ臨んだ。園田君は日ソの間に平和友好条約を結んで戦争状態を終結しよう、そのためには北方領土、歯舞、色丹、択捉、国後の四島を返還させようということを交渉した。相手は首相のコスイギンですけど、ソ連はそう簡単には乗ってはこない。北方領土の問題は、何かことあるごとにソ連との間に話題が持ち上がるのですけども、ソ連としてはなかなか、歯舞、色丹は簡単に手放してもいい。ちっぽけな島で大した価値があるわけではない。問題は択捉、国後。相当大きな島で、ここには日本人が先祖代々お墓を築いて、固有の領土としてずっと今日まで領土的な故郷とする民族的な感情を捨てきれない地方です。ソ連はここには相当な基地を設けて、かなりの軍事施設を拵えていますから、そう簡単に応ずるわけにはいかない。園田君は勇んでいったわりには大した効果もなくて、すごすごと引き下がらざるをえなかった。

極東地帯において日本、ソ連、中国、アメリカとお互いに不可侵条約を結んでこれからの安全保障を考えていこうというのがソ連の考え方で、日本は簡単に受け入れられません。それこそ極東における現状を承認することになってしまいますから、日本としてはそれに付き合うわけにはいかない。

だからして、ソ連が例えばシベリア開発は日本の経済力に待たなければならないことから、日本にもう少し胸襟を開いて、経済的にもっと付き合ってもらいたい、その代わりに領土問題については何らか考慮することが仮に生まれてくるならば、日本の宿願が達せられるけれども、今にわかにそういうことが叶えられるわけではない。しばらくの間は宿願として行く以外にない。こういうのがソ連に対する私の感じで、園田君もせっかく行ったけれども、思うような成果を得ないで帰ってきたのが実情です。

派閥解消問題

福田内閣がいち早く提唱した派閥解消の問題がまたおかしくなってきて、最初にその年の四月頃に、田中派が復活することになりました。田中派は当時すでに一〇〇名を超える勢力を持っていたようですが、だんだんと増やして最後は一二〇名を超える大派閥に成長していくわけです。田中の場合は他の派閥と違って「田中軍団」なんて言葉を使えるほどに膨張した。派閥解消は一年前後でまた復活する様相が出てきました。

派閥問題は難しく、「人間は三人集まれば派閥ができる」と良く言われるほど、人類にはそういう癖があるのかもしれない。派閥の効用も説く人もある。派閥を結成している一番の主たる原因は金と地位の問題があるのではないかと思う。政治に金が要るという現状においては、力の弱い者は自分で金を集めるわけにいかない。どこかに寄り添って然るべきところから金の融通を受けたい希望がある。これが派閥を形成するひとつの要素です。

あるいは、政治家になった以上はいずれは何らかの地位を得たい。政務次官に早くなりたい、委員長のポストが欲しい、さらには当選五、六回となればもう大臣になってもよさそうなものだと、こうなるわけです。当選六、七回で大臣にならないようなのは欠陥商品みたいなことを言われる。こういうことでは困るから、派閥に寄り添って、派閥の力で今度の順番は誰だ、あの人はもう良かろうということで、地位を得ようという欲望を派閥を通して叶えられることがある。

また、派閥がひとつの利益共同体みたいなものになっていて、お互いに足らざるところを補うという面もある。例えば、政治家である以上は森羅万象にわたって力を入れなければならない。けれども人それぞれ能力の限界がある。ある者は農村の問題に非常に詳しいと思えば、通産、商工の問題に詳しい人もある。一人が全部を万能というわけにはいかない。とすれば、お互いの持ち味、それぞれの長所を利用し合うという利益共同体を全体で形成して、ある問題を持ちまれるとか、陳情に対して自分が専門でなければ、専門のところへ紹介して、その専門が直ちにそれに対応する仕組みをつくるという派閥もあります。

派閥の効用が一方においては言われている。派閥は非常に弊害もあります。派閥でわがままをして力をもって押し切るということをやる。そういう弊害もあるけれども、効用もある。派閥問題は常に古い問題であると同時に新しい問題だ。田中がまた派閥を復活させたということになると、他の派閥も黙ってはいられない。いつの間にか解消したはずの派閥がだんだんできてきて、事務所を設け、機構を新たにして復活してしまったというのが福田時代における派閥の変化の現れです。

福田首相のサミット参加

福田さんはサミットに熱心で、この当時に西ドイツの首都ボンでサミットが開かれました。そこへ福田さんは出かけて行きました。ドイツのシュミット、フランスのジスカールデスタン、アメリカはカーター、英国はサッチャー。こういう連中が集まって、先進国の最高首脳が国際問題を議論するということでした。実際はどうも儀礼のようなもので、そこは決定的な、全世界を引っ張っていくような力にはなりえないが、福田さんの趣味に合うような首脳の集まりには、たいへんな関心を持ちました。

ですから、福田さんは自分が総理の地位を退いてからもＯＢサミットと称して、このサミットに出た昔の仲間をもう一遍集めた。現役の首相、大統領ではない古い連中が一種のノスタルジアを楽しむことかもしれないが、福田さんはＯＢサミットにも熱心でした。

〔以下、福田内閣後半から大平内閣の初めにかけての回顧の記録は欠落している〕

ダグラス・グラマン事件

昭和五四（一九七九）年の一月頃に、ダグラス・グラマンの戦闘機を中心にした航空疑惑が起こりました。その会社の副社長になる男が日本へきて、当時の日本のリーダーの立場にあった岸さん、福田さん、あるいは防衛庁長官もやった中曾根さん、松野頼三君と会った事実がありました。当時それが何か疑惑を招いていたこともあり、検察当局が手ぐすねひいて待っていたでしょうか、今申し上げた人々を調べました。もちろん、その人々は疑いをかけられたものの、どうということはなかったのですが、そのなかで松野頼三君が一番焦点に立ちました。

松野は私もたいへん近しくした人です。熊本県の出身で、お父さんは松野鶴平という参議院の議長もした、戦前政治家の大立て者の一人です。人呼んでこれを「松野ずる平」と呼んだ。息子の頼三君もなかなかの切れ者です。ダグラス・グラマンの代理店になったのが日商岩井です。ロッキードが丸紅を通してやったように、ダグラス・グラマンは日商岩井を代理店にして日本へ飛行機を売り込んだ。検察側は松野頼三君が大いに便宜を図って、職務権限があると見たのでしょうね。日商岩井から五億円を受け取ったことが事件の内容で、松野君を国会の予算委員会に喚問して、証人として質疑の壇上に立ちました。

証人はなかなか厄介なもので、単なる参考人とは違い、宣誓して一切嘘を言わない、真実を告げると証言をしてかかるわけで、もし嘘偽りを言った場合には偽証罪に触れるおそれがあるわけですから、証人は厄介です。松野君と一緒に日商岩井の社長、副社長が呼ばれて、例えばそのなかで日商岩井の海部副社長が、証人台に立って宣誓書に署名をする。側で見ていたが、手が震えてしまってさっぱり文字にならないという具合で、小心の人はそれだけでびっくりしてしまう。

ところが、松野君はしたたかですから、五億円は受け取ったと言う。けれどもそれは航空機に関係あるものではない、政治資金としてもらったと、終始言い張って譲らなかった。田中角栄氏がロッキードで受け取った金が五億円ですね。松野一人でそれに匹敵する金を受け取っているのは事実だ。それはあくまでも政治献金であって航空機には何ら関係がないと彼は突っぱねましたが、この事件が大平内閣の途中に起こったことは特筆していいのではないかと考えます。

予算委員会における予算案の否決

当時はかなり与野党の勢力が伯仲していました。松野事件がありました後の予算委員会におきましては、一票差で予算が否決されてしまった。終戦以来の日本の長い政治に関係してきましたが、一票差で予算が否決されたことは、私の経験からしてもこの時が初めてでした。

それはどういうことかと言うと、非常に与野党が接近していますから、委員長を与党から出して、一人か二人の欠席者ができてくれれば、病気になったといって欠席になれば、今のようなことが生ずる恐れがある。ただし、委員会はそういうことでも、本会議に行って全体の数を通してみれば自民党のほうが多いわけですから、この時は本会議へ持っていきまして、一四票の差をもって政府案が通過した。委員会では敗れたけれども、本会議では勝ったことが大平内閣当時にありました。

四〇日抗争

大平内閣としては、何とか与野党伯仲の状態を改善したい気持ちを強く持っていました。大平首相には選挙に訴えて形勢を挽回しようという考え方が脳裏にあった。そういう機会を狙っていて、昭和五四年九月に国会を解散しました。しかし、この時は時期も来ていたといえましょうか、社公民三党が不信任案を出し、それが否決されるのを機会として衆議院を解散しました。

大平はそんなに派手な人でもなかった。だから、国民に対する選挙の受けはそんなに良くはなかったのでしょうね。そのために選挙をやった結果、自民党が数を減らして二四八で過半数を割ってしまう。しかし、無所属で出た人が約一〇名ばかりあったものですから、選挙後にそういう人を誘って追加公認して、自民党の当選者という計算をして、辛うじて過半数を制した選挙だったように思います。

そこで自民党のなかが大変に混乱して、「大平の選挙は公認候補で明らかな敗北ではないか。したがって大平首相はその政治責任を取って辞職するか、けじめをつけなければこの選挙に不成績であったことが解消できないのではないか」。こういうことから党内にこれを非常に批判する勢力が出てきました。

大平は田中角栄勢力がバックして、田中―大平ラインが当時の自民党の主流派をなしていました。こ

「自民党をよくする会」の会長に就任。記者会見をする井出、山中貞則（右）、田中龍夫（左）（昭和54年11月2日）〔毎日新聞社提供〕

れに対して、三木、福田、中曾根の面々は、大平に対する批判勢力で、非主流、三木、福田、中曾根の三者で「自民党をよくする会」をつくって、大平、田中勢力と拮抗したわけでした。

その時ちょうど国会対策委員長をやっていたのが海部君だった。海部氏は国会対策をやって、今のような状況下にあっては、これは何とかしなければならないということで、私のところへ「井出先生、是非自民党をよくする会をつくって、その会長になってもらいたい」と言ってきた。私もそういうことは余り好きではないけれども、大平氏のやり方はいかにも責任を感じない、傲岸無礼なやり方にいささか憤りを覚えたものですから、私はそれを引き受けた。

これと比較するのは、かつて三木内閣が総選挙をやった時に自民党が二四九をとった点です。二四九は、今度の大平よりも一名余計に取っている。にもかかわらず過半数に達しなかったというところで、当時の三木武夫氏は責任を取って辞職している。それより一票少ない数しか得られなかった大平が知らぬ顔をして、恬然《てんぜん》として総理の職にいるのは、責任を感じていないではないか。こういうことは直さなければいけないというのが私どもの主張でした。

そこで自民党のなかに、後に「四〇日抗争」と言われる、あまり感心した争いではなかったけれども、主流と反主流が分かれて政権を争ったことがあります。私どもは大平に与するわけにはいかないから、三派のなかで福田赳夫氏をもう一遍総理に担ぎ出そうという作戦を立てたわけです。

かつて福田さんは大平さんにしてやられたことがあります。福田内閣ができた、世界の福田だと大いに胸を張っていた福田さんが、「当然もう一遍政権を」という夢を持っていたにもかかわらず、大平、田中勢力の作戦に負けて、福田内閣の次に大平内閣ができました。

福田さんを担いだところが、私はその交渉に行った。「あなたにはえらいご迷惑だが、この際一身を犠牲にして総理候補として立ってもらいたい」という話に行った。私は実はかなり難航するだろうと思った。福田さんも歳が歳ですから、「おれに言うのは無理ではないか」という返事が返ってくるかと思っていたところ、そうでなかった。やはり政治家は政治に対する野心がどこかにある。そこで福田氏は「おれで良ければ」と立候補することになった。

大平に対抗するに福田を立てたけれども、これも妙な話で、同じ自民党のなかに総理候補者が二人できた。野党はしばらくおいて、自民党のなかで候補者が二人できることは、本来ならばおかしい話です。党を割って、別々の党になって総理の椅子を争うなら話がわかるけれども、同じ党でありながら二人の候補者が立って雄を決する、勝負を争うことは、実を言えばおかしい話です。そういうこともわからないわけではないけれども、騎虎の勢いというのがある。やはり政治はひとつの勢いですから、大平に対して福田を担いで一戦を交えることになりました以上は、その線をばく進しなければならないという羽目に陥りまして、選挙を大平・福田の間で、同志相打つ総理指名において争ったわけです。

その結果は、いろいろな事情もあり、福田氏がわずかの差で敗れて大平内閣が継続していった。同じ自民党のなかで二人が総理の椅子を争うという非常に珍しいケースで、私の関わった面もあり、福田を担いで大平と一戦を交えた意味においては、私の政治キャリアにおけるひとつの大きな出来事でした。

大平氏はその選挙に勝って、さらに総理の椅子に座りますが、彼はしばらく形勢が静まるのを待って訪中をした。これは田中角栄が道を開いて以来の問題ですが、大平はたいへんに歓迎されて大いに気をよくして中国から帰ってきました。

ハプニング解散

自民党内はまだ問題がくすぶっていて、大平内閣に対して野党からはこれ以上大平をのさばらしておくわけにはいかない、追及しなければならないということから、大平内閣の不信任案が出ます。普通、野党から出ますが、野党といえどもその不信任案が通ると思って出すのではなくして、事の順序からいって、不信任案を出してひとつのけじめを付ける。不信任案は敗れるのがわかっている。わかっていてもそうすることによって形だけは整うことができるというのが、従来の不信任案を出す野党のあり方でした。この時は不信任案が通ったのだから妙な話だ。

そこにもいろいろな経緯があったのであり、従来の大平に対する自民党内の状況は、相変わらず福田・三木・中曾根が非主流としてある。田中と大平と結ばれた主流派という勢力がある。これが混然一体なって、一本化しないでずっと存在しているわけだ。

そういう状況下にあり、野党が不信任案を出してきた。普通の常識から考えるならば、不信任案を出されたほうは一致結束してその不信任案を否決する、そして不信任案を出したけれども効果がなかったということで一件落着にするのが従来の例であったのですが、今度の場合はどうも少し情勢が違う。

「自民党をよくする会」は一応解消して、「自民党刷新連盟」ができて、私は一遍で懲り懲りしたからあまりタッチしなかったが、今度は赤城宗徳さんが担がれて、自民党刷新連盟の会長みたいな立場に置かれた。赤城さんのもとに大平に対する反対勢力の勇ましいのが集まって、この不信任案対策にあたりました。その人々は不信任案が出たのを契機にして、大平を揺さぶるわけです。

どういうことをしたのかといえば、大平に談判して党の紀律を十分に正す必要がある。その第一点はハマコーを処分しなければいけない。ロッキード事件の延長として浜田幸一君がラスベガスで博打をして大負けに負けた。その金がロッキードから出ていたのではないかという疑いをかけられつつありました。これをもう少しはっきりさせる必要があると。それからＫＤＤ、国際電電という会社があった。この国際電電の社長が公私混同して会社の金を自分の仕事に使ったということで刑事事件になっていた。どこかたがが緩んでいるのではないか、綱紀を粛正しなければいけないということで、赤城さんを中心とする強者どもが大平と談判して、これをきちんとさせろという交渉を盛んにしたわけです。

大平のほうから、「ご趣旨に従ってしっかりやります」と、色の良い返事がくることを期待していたにもかかわらず、言を左右にしてその人々の満足するような返事が来なかった。そういう事態を踏まえながら、不信任案が一方においては、与野党の約束からして、午後三時なら三時、これを上程するというのが時間的に切迫してくる。また大平に今のような文句を付けている連中は、その返事を待っていると、そういうもたもた状態に国会が陥りました。常識から考えて、大平内閣に対する不信任案に自民党のなかで同調して賛成することはありえないことです。いやしくも一党をなしている以上は、その意思は一個でなければならない。しかし、「政治は一寸先は闇だ」と川島正次郎氏が言ったように、何が起こるかわからないというのが、政治にはつきもののように思われます。

その時自民党の反大平的な立場にある三派は、衆議院の第一会館に集まって交渉の結果を待っていた。

大平のほうから「党内の綱紀を粛正して、これからはきちんと政治不信に陥らないようにします」という返事を待っていたら、なかなかそれが来ない。時間がどんどん迫ってきて、行ったり来たり、その間にいろいろ経緯があったのですが、私どもは、実はこう考えた。ともかく自民党のなかの有力な三つの派閥が反大平で結束している以上は、そう簡単に本会議を開けるはずのものではない。その時の議長は灘尾弘吉氏で、灘尾議長といえども、そんなに無茶苦茶に突っ走るわけにはいくまい、何らかの返事が来るのを待つべしということで、議員会館に立て籠もっていたわけです。

ところが中曾根派の幹部の桜内幹事長が議場で大平総理と交渉する。あるいは灘尾議長にメモを入れて議長の意見を問いただすことを盛んにやったけれども、どうもさっぱり埒が明かない。この時、大平は腹を決めた。この人は田中角栄と刎頸の友というか、交わりが非常に厚いものがあった。したがって、その当時のことを書いたものを見ると、その本会議が開かれる前の晩に、田中と大平が長い電話をして、田中角栄は大平を叱咤勉励したわけです。「お前さん、こんなことで敗れ去ることがあったのでは、おれたちは友情を打ち切るよ」と、絶交せんばかりの話が田中・大平の間で行われたことも伝わっている。大平に発破を掛けた田中は、「何としても解散だ、反主流みたいなものは切って捨てたらどうだ、除名してしまえ」というような強い話が両者の間にあって、大平は腹を決めたと後に伝わります。

いよいよ本会議が始まっている。あとわずかの時間、討論が終われば採決しなければならない。採決までの間に事を決めなければならないので、桜内君は非常にあちこちと苦労したけれども、大平はそういう腹を決めているから、もう好き勝手にせよと言わんばかり。灘尾は、根が官僚出身ですから、どうしても政治の細かい経緯にはあまり通じない人です。もしこれが政党出が議長をやっていたらこの重大な段階にたって休憩するなり何なりして、それぞれの代表者の間で話を付けて再開するというのが従来の議長さんのやり方だった。ところが、灘尾さんはあまりそういうことを考慮しないで、時間が経てば経っただけにどんどん事を進めてしまった。

私も入っていますが、議員会館に残った六九名は、こんな不誠意なことならば勝手にしろ、本会議には出ないというふうな、何か事の顚末が、お互いに相手の政治に信頼を置かない状況で推移したがために、六九名の者が本会議の議場へ入らなかった。

そこで投票した結果は、与野党が伯仲していた状況下にあって、とうとう大平内閣不信任案は通ってしまった。不信任案を出した野党といえども、まさかこんなことになろうとは思わなかった。自民党のなかもおそらく休憩があって話し合いがつくだろうと思っていたのがひょんなことになって、蓋を開けてみたら大平内閣は不信任を喰らってしまったわけです。

大平氏は腹を決めていたものですから、案外慌てなかった。不信任案が可決された時は、憲法に則って衆議院を解散するか、さもなければ総辞職するか、二つに一つの道を選ばなければなりません。大平は総辞職をしようという気は毛頭ないわけだ。すぐに閣議を開いて、国会を解散するという方向へ直ちに移っていき、この国会は解散になりました。前回の選挙を行って以来、半年と少ししか経っていない。またここに大平さんのもとに選挙が行われることになったわけです。

この選挙は非常に妙なことになり、大平さんが心筋梗塞を起こして演説の途中で倒れた。虎の門病院へかつぎ込まれたけれども、非常に病厚くして、わずかな期間にとうとう亡くなってしまったという事態が起こりました。大平がいなくても選挙だけは予定どおり行われて、その結果は大平さんはああいう悲壮なる死を遂げて、大平に同情が沸いたわけだ。大平は自民党のなかの非主流にしてやられてしまった。そのために命をとうとう失ったということが国民の感情のなかにひとつのアクションを起こして、大平に対する同情票が翕然《きゅうぜん》として巻き起こりました。その前は二四八しかなかった大平選挙が、半年後の二度目の選挙には二八四と、絶対安全の過半数を得られたという状況で終止符を打ったわけです。

ですから、大平の生涯を考えてみると、あの人の死は気の毒なことではあったけれども、選挙はまるで思いもかけない大勝利を得たということになりました。

鈴木内閣の成立

総理が死んでしまったのですから、次の後継首班を考えなければなりません。自民党の最高顧問会議も行われて、鈴木善幸氏を総理に仰ぐことになります。鈴木に政権が移っていったのは、大平は鈴木と同じ派ですから、大平があいうことで亡くなった以上は、そのお弔いということもあるから、同じ派閥の鈴木に後の収拾をしてもらったらどうかということで、極めてスムーズに、そんなに文句なしに鈴木首班ができあがりました。

鈴木さんは私と同年配、一つ上だと思いましたが、ごく実直な人です。もともと水産講習所の出身で、水産畑でずっときた人です。第一回の選挙は社会党で出た。二回目から自由党に移ったのですが、その意味においては振幅の大きい感じがしました。自由党に入ってからは政権の中枢に接近して、かなり栄職を歴任する歩み方をした人です。

私はこの人に何とか仲間入りをしてもらいたいと、国協党時代に鈴木君と一緒に飯を食って口説いたことがありました。「おれのほうへ来ないか」とやった。けれども彼はその時は自由党にかなり深入りしていて、私のほうに向かなかった。爾来、私も懇意にはしていましたが、この人は政策や思想はあまり得意ではなかった。むしろ党内工作とでもいいましょうか、あるいは裏の仕事のほうがむしろ長けて

大平正芳首相の後継問題を話し合う三木派幹部。井出、三木武夫（右）、河本敏夫（左）（昭和55年6月24日）〔毎日新聞社提供〕

いたように思います。総務会長だけでも七、八年やったキャリアの持ち主でした。

鈴木内閣は大平さんの後を受け継いで成立しました。新閣僚には、外務大臣に伊東正義、大蔵大臣に渡辺美智雄といった人々が、この時分に登場してきました。大平に反対した中曾根、河本、中川一郎という顔ぶれもそれぞれ入閣して、言うならば挙党一致の体制が生まれました。

中曾根は大平不信任案の時に、最後はむしろ不信任案否決の立場に立って、大平側に与した態度を取りました。三木、福田両派とはひと味違った立場を取ったのも中曾根さんのやり方で、当時からなかなか中曾根は機を観るに敏なる人だった感じがします。

中川一郎がここに現れる。直情径行の「北海道の熊」などと言われた若者ですが、あの悲惨な最期を遂げまして、政治がいかに無情、不常理なものであるかと、ひとつの証左にもなります。こういう人がこの時分から顔を現してきました。

鈴木内閣と行政改革

鈴木内閣ができて、行政改革を言い出しました。行政改革はその後の中曾根内閣の一枚看板みたいになったのですけど、これを最初に腐心したのは鈴木善幸氏の時代でした。今まで日本の行政機構が非常に煩瑣な、役所がよけいにできたり、その間に許認可の仕事を通して役人が横暴を極める。あるいは中央へばかり役所や機構が集中して、地方がどんどんと衰えていくと、いろいろな問題があったわけです。それを束ねる意味において、民間人として終始した土光敏夫氏を会長にしたら、土光が一種の人間的な魅力を持っていたとでも言いましょうか、土光と言えば臨調、臨調と言えば土光と言われるほど、土光さんがクローズアップされてきました。

鈴木内閣はいろいろな改革をしようと試みたでしょう。行政改革のほかに教育改革にも志して、自民党のなかにありました文教部会、臨時教育調査会を中心にして教育改革にも志したようですが、鈴木さんの時代に実ったわけではない。どちらかといえば中曾根時代にいろいろな改革がものになって、例えば国鉄、電電、タバコ販売を民間経営に移したのは中曾根時代になってできたことで、鈴木時代にこういうものが少し手を出してきたことだけ申し上げておきます。

鈴木首相の訪米

歴代総理は、アメリカとの関係が日本外交の基軸であると心得て、歴代総理は就任をするとすぐアメリカへ行くのが例でした。そういうことで鈴木さんもアメリカへ行きました。レーガン大統領といろいろな話をした結果、二人の間で共同声明を出しました。その共同声明が若干問題を残した。そのひとつは初めて日米の間は同盟関係であると、同盟関係という言葉を使いました。同盟ということは、守るも攻めるも一緒というような意味になる。従来日本は安保条約をアメリカとの間に結んではいたけれども、同盟という言葉は使わなかった。鈴木さんにして初めて同盟ということになった。

もうひとつは、シーレーンといって、日本は中近東から石油をたくさん買っている。そのタンカーがインド洋からマレーシアのあたりを経由して日本に来る。これこそが日本のエネルギーの源泉です。もし石油が入らなかったら日本の経済は止まってしまう。南方の石油を日本に入れるためにいろいろな手立てを講じているのですが、アメリカでの話し合いの間に石油などが通ってくる海の路線を日本の力において洋上防衛をしようと。今までは日本がシーレーンを守ることをしなくても、アメリカの第七艦隊その他の軍事力が受け持っていてくれた。それを、日本はこれだけ経済の活力が生まれてきたのだから、独自の力でやり給えと言われたのでしょうね。そういうことが鈴木さんとレーガンとの間で話がついて共同声明が出ました。

ところが、鈴木さんはその共同声明に不満を述べた。共同声明という以上は、両国の首脳が責任をもって声明を発表したのだから、人のことにするわけにはいかない。ところが鈴木さんはおれはそこまで踏み込んだ覚えはない、日米の間がまるで軍事同盟みたいに言われるのは心外だという考え方で文句を言っていた。そうすると外務大臣であった伊東正義君としては、自分が外務省を代表してその声明文を拵えた以上は非常に責任がある。総理と意見が違ったわけですね。したがって伊東正義が外務大臣の席を去って総理の面目を立てたというのがこの時の出来事でした。伊東としては、気持ちのなかでは心外千万、鈴木頼むに足らずということで辞めていったと思います。その後園田直氏が外務大臣になって、事は一応落着しました。

ライシャワー証言

当時そういった対米問題が盛んに起こってきた頃、非核三原則という問題が議論されました。日本は核を持たない、核を作らない、持ち込ませない。これが非核三原則と言われるものです。ところが日本の大使をして、アメリカへ戻ってから大学の先生になっていたライシャワーが、何かの機会に、いやしくもアメリカの軍艦が核を積んでそれをすぐに下ろしてということは、実際問題としてはありえないという意味の談話を発表したことがあります。

日本は非核三原則を守る、もし核を積んだ船艦が日本へ入ってきた場合にどうするか。これは事前協議の対象となる。つまり、アメリカは日本に対して核を積んでいるが通してくれよというようなことを事前協議というのでしょう。けれども、核に関する限りはアメリカとしては軍機密だから核があるとかないとか絶対に言わない、これが建前になっている。日本のほうはアメリカから事前協議の申し入れがないのだから核を積んでいない、アメリカの誠意をわれわれは信頼するから核がないものと認めるということで今までずっと過ごしてきたわけです。

ところが、今のような言明は少しおかしいではないか、ライシャワーは、核は一遍積んだらみだりに下ろしたりできないと言っている、おかしいのではないかと、野党はこれについて攻撃してくるわけで、核問題はその後ずっと喧しい問題になります。

さらにジョンソン国務次官補も同じようなことを言っている。岩国基地の周辺にフリゲート艦が何隻か浮かんでいる。これには核が載っていると言った。これもまた当時の大きな問題となった。そういうことがあったものですから、鈴木内閣時代に日本の国会が非核三原則を国是として、日本はこれをあくまでも守っていくと決議したことがあります。核問題が鈴木内閣時代のひとつの話題でした。

日韓問題

鈴木内閣時代にもうひとつ特筆しておくことは、日韓問題。日本とすれば韓国に対しては、明治四三（一九一〇）年に日韓合併をして、朝鮮は日本の領域ということでずっと長いこときたのが、太平洋戦争の結果、朝鮮は二分された。北朝鮮と韓国との間に三八度線が生まれて二分はされているけれども、朝鮮民族に対して日本がずいぶん迷惑をかけたことは誰しも認めているところかと思う。韓国の側としては、日本にその間の賠償を請求することは当然だと言わなければなりません。

その場合、韓国とは国交を回復したけれども、北鮮との間はまだ国交が正常化していない。こういうことがありましょうが、まず韓国と落着しなければならないということで交渉が始まり、韓国の側は日本に対して六〇億ドルよこせという交渉をふっかけてきたわけです。その後は五〇億ドルになり、最後は四〇億ドルになってそのあたりで妥結になった。それも延び延びになり、鈴木内閣時代には日韓交渉は大きな話題にはなったけれども、最後の結論として具体的な交渉にはまだ入りませんでした。

教科書問題

この頃起こってきた問題のひとつに、教科書問題がある。これがなかなか喧しい国際問題にまでなりました。日本の教科書には文部省の検定制度があります。何か少し面倒なことは、文部省の役人が然るべく修正する。例えば、太平洋戦争は文字どおり中国をはじめとして南方諸国に至るまで日本が侵略したことは事実である。ところが文部省の教科書は最初侵略と書いたのを直して侵行とかいう言葉に直した。

二、三そういう点があって、これに対して食いついてきたのが中国、韓国です。これらの国々が一斉に日本の教科書に攻撃を加えてきた。それがやがては東南アジアにまで広がっていき、インドネシア、マレーシア、ベトナムという国々までが日本の教科書に文句を付けてきたわけです。

こちらとしては、いろいろ相手を宥めるような努力を払った。文部省ですか、中国へ派遣して説明させるとか手を打ったけれども、なかなか向こうは言うことを聞かない。文部大臣は長野県から出ていた小川平二君でした。小川君は中国から招待を受けていた。お父さんの小川平吉先生が孫文と親しかったこともあって、中国には点数があった。その息子だから小川平二君もいいと思っていたら、一遍受けた招待を取り消されてしまった。来てもらわないほうが良い。教科書問題をやっているようでは駄目だと。小川君の訪中が駄目になったこともありました。

最後には鈴木総理が自分の責任で、「決してあなた方の気分を損ずるようなことはしないから任せてくれ」ということで事を収めたようでありますが、結果において私はそこまで突き詰めていません。いずれにせよこちらから言えば、内政干渉。日本の内政に中国や朝鮮が干渉してきている気分もないではない。けれども喧しい問題でした。

内閣改造

その翌年（一九八三年）になり、鈴木内閣は内閣改造を行います。その結果外務大臣に桜内義雄君が登場する。二階堂進君は、ロッキード問題で灰色高官となって政治の表舞台にはあまり登場しなかったけれども、この辺りで二階堂が出てきて、幹事長の役割を演ずることになります。この頃二階堂はだんだんと頭を持ち上げてきて、鈴木内閣で幹事長、その後は副総裁にまでなった。最高顧問の一人にもなっていますが、この辺りから二階堂が芽を出してきたわけです。

鈴木内閣総辞職と中曾根内閣の成立

鈴木内閣も末期的な状態になってきました。鈴木自身がそんなに外交的な優れた手腕を持っている人でもない。どちらかと言えば内政向きの人ですけれども、鈴木に対する批判が出てきて、例えば福田赳夫氏も、鈴木に批判的な見解を述べるようになってきた。「もう鈴木の時代ではない」ということを、あからさまに言うようになりました。鈴木は任期満了で、二年とちょっとやった。続いてやることに、党内にそれほど異論がない状態であったにもかかわらず、鈴木が退陣することになりました。

もし鈴木さんがやる気であったならば、もう一期ぐらいは総理の椅子を占めることができたかもしれない。ご本人、その辺どう考えたか。当初誰でももう一遍鈴木と考えていたが、もう自分の出る幕はないと思って、本人が二度目の出馬を断念して中曾根政権ができるわけです。

中曾根さんは長いこと政権を狙っていた。「三角大福」、順序は違うけれども四人の総理を争う有力候補がありました。それに続いて「三角大福中」という呼び名もされるように、だんだんと中曾根の時代が近づいてきたと言えます。

いよいよ総裁選挙ということになる。その時は中曾根、河本、安倍晋太郎、中川一郎が立候補しました。予備選挙をやってみましたところ、だいたい五七%。四人が立って五七ですから、中曾根の歩留まりがたいへん良かった。そういう結果が予備選挙で表れたものですから、安倍君だったと思いますが、次の立候補は辞退することになって、あえて選挙を用いなくてもということになって、次の本選挙なしで中曾根政権ができあがったという経過でした。

中曾根さんは、いろいろな評価がある。確かに政治家としての能力は高い。政策もよくわかるし、権謀術数というか駆け引きもなかなかのものです。それだけに中曾根さんを高く評価する人があると同時に、持っている性格、持ち味がかなり人情に薄いという見方をする人もいます。いずれ総理総裁を期していたわけですから、彼の長年の政治キャリアは総裁の椅子を勝ち取るために意識的に積み上げられていたという感じがします。時によっては非常に人に厳しいこともあったのではないかと。

河野一郎さんが中曾根氏の親分で長いことといました。河野さん亡き後、派内を二分して、一方は森清、三木武夫氏の義兄になりますが、森矗昶《のぶてる》さんの御曹司。森清君と園田、あるいは重政、こういう人が河野の後を継ぐグループであった。それに対抗して中曾根氏は旧改進系の稲葉、桜内と一緒になって、旧河野派を二分して対抗した。けれども森清君が若くして亡くなってしまった。そういう関係から中曾根君のところへ河野さんの衣鉢が継がれた。跡継ぎはだんだんと力がついてきた。「河野の後はおれだ」となった。けれども中曾根氏は「河野さんの使命は終わった、あとはおれがもらう」と言わんばかりの調子で、事情を知っている者からすれば、河野あっての中曾根だから、もう少し先輩に対する態度が丁寧であっても良かったのではないかという批判も行われるわけです。

中曾根さんの大学の先生が、「中曾根君はマキャヴェリストである」と私に語ったことがある。ルネサンスの頃のイタリアの学者で、マキャヴェリという人があった。権力闘争の大家で、そういう著書を残している。東洋には目的のためには手段を選ばないという言葉があるが、西洋において今の言葉を地で行ったような考え方。マキャヴェリは政治家になっていない。実践家ではないけれども理論家であった。したがって、マキャヴェリストという言葉は、目的のためには手段を選ばない、何でもするような格好の人をマキャヴェリストとよく言われるのですが、「中曾根君はマキャヴェリストだ」と先生が言うぐらいですから、推して知るべし。中曾根氏の一端の性格を物語っているのではないかと思われます。中曾根政権ができあがりました。官房長官には後藤田正晴が座ります。警察官僚あがり。中曾根も当初は大学を出て内務省ですから、警察の制服を着た若い時代があった。後藤田のほうが少し年配ですけど、昔の誼であって、官房長官を後藤田がやる。大蔵大臣には竹下登氏が座るということで中曾根君はスタートしました。

この主要閣僚の構成をみてもわかるように、中曾根の上には田中角栄がその陰を濃厚に落としているといえる。後藤田にしても竹下にしても田中の息がかかっているわけです。だから人呼んで「田中曾根内閣」であるという評も出ました。

中曾根首相の訪米

中曾根政権がスタートして、直ちに韓国に飛んでいった。全斗煥《チョンドファン》大統領と会談して、日韓の関係のよりを戻す、正常化を図ることに成功します。日本が全斗煥に四〇億ドルの借款を供与する。賠償は済んでいるけれども、韓国の経済発展のために四〇億ドルの金を出すという約束をして帰ってくるわけです。

とって帰すやアメリカへ飛んでいき、レーガン大統領と会談する。なかなか機敏なものです。レーガンとは、「ロン・ヤス」の間柄である。「康弘だからおれのことはヤスと呼んでくれ、あなたのほうは略称でロンと呼びますよ」と。ファーストネームだな。日本人は姓と名と二つだけれども、外国人はいくつも姓がある。結婚すれば、子どもには父方と母方と両方継がせるような名前の付け方が非常に多い。

だから名前がいくつかある。その場合、ファーストネームで呼ぶのがお互いの間柄が親密であることを表す証拠です。ここで中曾根先生、レーガンとの間に、「おれはお前さんをロンと呼ぶ、おれのことはヤスと呼んでくれ」というような具合で、えらく親密の状況がそこに醸し出されたわけです。事実それほど深かったかどうかは問題にしても、ファーストネームで呼び合おうという発想は、なかなかのものです。それをアメリカの大統領に切り出したあたりは、相当の強心臓と言わなければならないと思う。しかし、強心臓だった割にはレーガンとの交渉は、レーガンのペースに巻き込まれたような感じがします。

その後いろいろな問題が出てくるのですが、「日本とアメリカは運命共同体である、同じ運命に乗った間柄である」という表現を中曾根さんが使っています。お互いに、守るも攻めるも一緒だと言わんばかりの言葉を使っています。

当時問題になった四海峡封鎖という言葉を使いました。日本の周辺を海峡が取り巻いています。対馬海峡、津軽海峡、宗谷海峡、間宮海峡あたりまで含めて「四海峡封鎖」という表現をした。後にはこれは「三海峡」と言い直したと思いますが、これらはいかにもソ連を相手にして喧騒を彷彿とさせるような表現ですから、このあたりも当時の日本には大きな問題として映ってきました。

アメリカへ行っていくつかレーガンが気に入るような表現をしていることは、当時日本国内でもたいへん話題になりました。しかし、日米関係はこれによって割合スムーズにいった。その後日本とアメリカとの間には、アメリカの財政問題もあり、日本との防衛関係においてアメリカが日本に大きくマイナスを背負ったことから、日米関係がぎくしゃくしたものになってきましたけれども、中曾根、レーガンの間はスタートはスムーズにいったかと思います。

田中判決

昭和五八（一九八三）年一〇月、田中角栄氏の第一審の判決が出ました。東京地裁で懲役四年です。執行猶予は付かない。追徴金が五億円です。世の中を騒がせたのですが、直ちに田中とすれば控訴して第二審においてこれを争う。

田中角栄の功罪はいろいろあるかもしれませんが、何としても外国の企業から賄賂を受け取ったことは責められて然るべきことです。これを不問に付するわけにはいきません。だからロッキード問題でたいへん悩みました。

田中勢力は普通ならば、逮捕されて有罪判決を受けて萎んでしまってしかるべきにもかかわらず、田中勢力は派閥はますます拡大していく。百十何名という大きな数に膨張したことは、いかなる理由であるか。昭和の政治史を綴る場合には、これもひとつの興味ある問題だと言わなければならないと思う。ひとつには田中が持っている親分肌の性格が抜群だったことは言えるだろうと。そして政界の代議士の見識も甚だ低劣であって、寄らば大樹の陰。田中のところへくっついていれば、必ずやうまいポストを得られる、選挙資金にも困ることはないことからあそこへ何もかも集中していったということでしょうけども、それにしてもこれは本当に解明するに値する興味ある問題だと思われます。

中曾根首相と改革

中曾根氏は行政改革、財政改革、教育改革に非常に力を入れました。臨時行政調査会をつくって土光敏夫という日本財界の長老を特に口説いて出てきてもらって、土光会長のもとに臨時調査会がスタートしたのは鈴木内閣当時からのことでした。この人を神様みたいな扱い方をして、土光臨調が大変な力を持っていた。土光さんは、国債に依存しない、何年か先には赤字国債を償還するという健全財政の考え方をうち立てた。それから一種の緊縮財政と申しましょうか、無駄を省いてできるだけ節約して日本の財政を切り盛りしていくという考え方。そのためには一番問題であるのは三公社五現業のうちの三公社。国鉄、電電、専売の三つの政府機関を民営化して赤字を出さないようにすることに力を入れました。この臨調もそろそろ結論を出して、最終的な締めくくりに入るという時期に際会したことも中曾根内閣の大きな業績のひとつです。

第一三回参議院議員選挙

この頃に中曾根内閣による選挙が行われるようになります。まず参議院の選挙です。比例代表制が初めて日本の選挙制度で取り入れられました。比例代表は直接個人に対する投票ではないです。参議院は比例区と地方区と二つに分けて、地方区は県の大きさで個人に入れる。例えば「下条進一郎」と県区の候補者は書く。ところが比例区は前の全国区と称するものの変形したもので、直接個人を指名投票するのではない、自民党なら自民党、社会党なら社会党と党の名前を書きます。党のほうで予め決められた候補者がいる。序列を付けて票数の平均点以上の者を逐次該当させてくる。したがって予め党の決めた順番に従って当選が確定するわけで、二〇番くらいまでは大丈夫だけれども、二五番に据えられた候補者は自分の前で遮断機が下りて当選から外れる恐れもある。

このやり方は良いか悪いか非常に問題で、なぜ比例代表の制度にしたかというと、全国区が非常に金がかかる。全国を行脚して回らなければなりません。健康、肉体面から言ってもとても耐えられないということから、そういう制度をやめて比例代表区に移したわけです。考え方としては悪くはないけれども、今度は比例代表の順番を獲得するために猛烈な競争が起こります。

この比例代表制を用いた選挙が昭和五八年六月に行われました。その結果は割合に良くて、中曾根政権は六八名の当選を得ています。社会党の二二名に比べますとたいへんな差で、参議院に関する限りは政局が安定した。初めて参議院で比例代表制を用いたところにひとつの意味がありました。時の社会党の委員長である飛鳥田一雄氏は、前に横浜市長をやっていた人です。社会党も人がないものだから、昔衆議院議員もやっていた市長を借りてきて党首にして委員長にしたのですが、飛鳥田さんも社会党のあまりにもひどい敗北で責任を感じて委員長を辞職しました。

第三七回衆議院議員総選挙

一方において一二月に衆議院の選挙が行われます。この選挙においては残念ながら衆議院は自民党は二五〇しか取れなかった。社会党は一一二。衆議院においては、民社、公明、共産、野党勢力を合算すると自民党の二五〇に拮抗するような力を持つようになりました。いわゆる「保革伯仲」と呼ばれる時代が生まれてくるわけです。参議院のほうは良かったけれども、衆議院のほうがほとんど与野党勢力が拮抗するような状態でしたから、この選挙は中曾根総裁の責任が強く問われた選挙でした。

三木内閣が選挙をやって、ロッキードの後だったものですから成績があまり良くなかった。三木さんは、責任を感じて内閣を投げ出したことがあります。中曾根は責任を取って然るべきだったのですが、そこがなかなかマキャベリズムで、公認候補は二五〇しか取れなかったけれども、あと無所属にいた七、八名を引っ張り込んで数を揃える。新自由クラブを口説くことに成功して、形の上においては過半数を制することが可能になったので、安泰とは言えないけれども、どうやら数においては野党を圧してスタートができるようになりました。

その時党内で責任を追及されて、彼は総裁声明を出してどうやら繕った。田中の勢力が表面に出ることはいろいろな意味において好ましくない。そういう勢力がこれからは表に出てぎらぎらすることのないように、という意味の声明を出して、党内においてはお茶を濁したように思います。

靖国神社参拝

中曾根さんは非常に進歩的な面があるようなポーズをとっている場合もあるけれども、本音を言えばかなり保守的な面が多かったと思う。例えば、二月一一日の建国記念の日、昔の紀元節。この時にあたって建国祭をやる。特に右翼団体みたいなものがその行事を主催する傾向が強いわけです。今日紀元節はどちらかといえば一種の伝説だ、あれを権威ある歴史的事実に基づいて祭日と決めるのはいかがなものかというのが学者の意見です。しかし一国において国を始めた日がないのはおかしいということで、建国記念の日となった。今までの総理は、建国記念の日に出席することはしなかった。けれども中曾根さんは総理大臣の名においてそこへ出席する。

あるいは靖国神社の大祭があります。春にあれば、夏にもある。それに「内閣総理大臣中曾根康弘」として出ている。今までの総理はその辺は少し遠慮してそういう行事へ個人として出る程度にしていたのを、中曾根さんは率先して出るような始末である。このことも、韓国が問題にして、靖国神社へ総理が出るのはおかしいではないか。靖国神社はそもそも日本の軍国主義の一番のお殿様みたいなものであって、祀られている戦犯に一国の総理が敬意を表するとは何だというような攻撃が韓国の筋からありました。

その後は日本の総理が靖国神社のお祭りに総理大臣の名前において出ることはなくなったようですが、中曾根さんはそういうこともあえてやったあたりに、彼の考え方のなかに保守的な、日本の古いものに対する愛着がしのばれるのではないかと思われます。

公社の民営化

行政改革が実現してきて、例えば専売公社、タバコや塩は専売品でしたが、こういうことがだんだんと国際的にも許されなくなり、専売公社はタバコ製造の会社になる。一種の民間機関になったわけです。そうなってくると外国タバコも遠慮なく入ってくるようになって、今までのような公社の独占性は少し減退してくるわけです。それによって民間の感覚を取り入れて、公社も従来より少し能率的になることは期待して良いと思いますが、三公社のなかでは専売公社がいち早く民間に移行しました。

続いて電電公社。これは日本最大の企業だと言ってよろしい。巨大な独占企業です。名前だけは横文字になってＮＴＴ。これに対しては、東京・大阪間には従来のＮＴＴだけではない、新しい電話企業がいくつか生じようとして、競争相手が出てくる。従来のＮＴＴも独占の上に安住しているわけにはいきませんから、能率的な経営をすることになった。

私はかつて郵政大臣をやりましたから、電電公社とは無関係ではなかった。実は私が在任中に、昭和四五年から一年半ばかりの間務めたのでしたが、その時に電話料金を広域時分制という制度に改めました。電電の関係は私に対してはそういうことを確立した意味において、今でも私の郵政事業のあり方については割合高く評価されています。

国鉄が一番厄介。なぜかと言えば、国鉄は戦争直後に大陸で働いていた鉄道関係の者を全部収容したりして過剰人員を要していました。しかもトラック、その他自動車と競争となって貨物輸送がまるで減ってしまう。普通の旅客輸送にしても、新幹線などをつくって失地回復することに努めたけれども難しい。この間私は小海線に乗ってみて、いかにもさみしい感じがしました。旅客も貨物と同じように、従来からみれば自動車輸送に取られてしまっている部分が多い。国鉄が非常な苦境であることは事実で、それが借金になって積もり積もっておそらく何兆という借金になっているはずです。

これを日本をうって一丸とした大きな組織でやっていたのではとても能率が上がらないということから、ＪＲという呼び名になっていますが、東日本、西日本、東海、四国、九州、北海道と六分割して、お互いに競争心を起こさせるやり方をとることによって、かなり利益も出てきたようです。安心はできませんよ。まだ大きい借金をどうやって返すか。土地を売って処分していったとしても、価格が高騰してきて国鉄の所有地を偉い高い値段で売ってもらっても困るような声も一方から出ていますから、なかなか思うに任せない。けれども、六分割をしたことで、従来の親方日の丸で何でもつけを回せば良いという考え方が清算されつつあることは事実である。

中曾根時代に三つの公社がそれぞれ民間機関に移って活動していることは、特筆していいのではないかと思います。

全斗煥大統領の来日

韓国の大統領である全斗煥が日本へやってきました。その後いろいろ暗い面があらわれきて、もう失脚したけれども、ある時代においては彼が韓国の第一人者であったことは間違いない。この人がやって参りまして、昭和天皇と会った。天皇から、日本と韓国との関係は過去において悪かった、遺憾の意を表したお言葉を述べられて、政治的に利用することは本当は好ましくないけれども、日本国民を代表して韓国に遺憾の意を表した。向こうはそれを了承しました。

二階堂擁立工作

中曾根政権も二年間が過ぎました。そして再び総理総裁の座に就くことになりますが、その時に二階堂工作が行われました。副総裁であった二階堂を担ぎ出して、中曾根政権を排除して二階堂工作をしたことがあります。これは不発に終わって幻の政権になってしまったが、そのプロモーターというか、仕掛け人はどうも鈴木善幸であると伝わっています。鈴木さんは、中曾根政権ができてからこの政権にあまり良い感情を持っていなかった。なぜならば、中曾根も口数が多くて、鈴木はまるで無能な総理大臣であったということを言った。それが鈴木の耳に入りましたから、中曾根に対して良い感情を持っていない。だから、二階堂を担いで一矢報いてやろうということになったのでしょう。

野党側にも呼びかけて、公明党の竹入義勝や民社党の佐々木良作のほうへも呼びかけて二階堂政権を企んだ。しかし事前に中曾根が予見して実際は実らなかった。中曾根さんも党内にそういう動きがあることは、よほど反省しなければならないと考えたのではないか。

自民党内において両院議員総会が開かれて、その決定によって中曾根が二度目の政権につきました。この時は党員による予備選挙はなくて、国会議員だけの選挙になりました。

井出議長説

当時の議長が福永健司《けんじ》さんでした。福永君は病弱の関係もあり、足がよたよたしています。天皇様が国会へ見える際に議長が案内役をして階段を昇らなければならない。ところが足元がふらふらしているものだから、天皇様をご案内したり、降りていただく時に議長も階段を踏まなければならないのですが、天皇様を前に転びでもしたら大変だと予行演習をやろうということになった。そんなことが新聞記者にわかったりすると厄介だから、ごく秘密のうちにです。当時幹事長が金丸信さんで、金丸さんがついて予行演習をしたら、危なっかしくて福永君では困るということで。本人は強気で「おれはやれる」と胸を張ったけれども、客観情勢はそういうわけにいかないので、涙を飲んで福永君は議長を辞めました。

その時に、井出議長説なるものが起きた。議長という役は国会の最高の役みたいだけれども、よく考えてみればあれは交通整理役みたいなもの。まあ、是非ともというでもないけれども、悪いことではないですから。格好はいいから。そんな井出議長説が現れて、マスコミは私に対しては大変好意的で、ある新聞は一面トップに出したのだから困ってしまうけどもね。結局は幻の議長に終わったけれども、こっちも無理したわけではないですよ。運動までしてやろうという気にはもちろんならないけれども、どうもよってきたるところはやはりロッキードではないかと思う。三木政権当時に私も三木と同組で田中を突いた一人とみられているのでしょう。私はそんなに悪者ではないと思うけれども。それらがある一部に異論を唱えるものもあったとみています。どっちへ転んでも大したことではないと思っていたのですが、選挙区の皆さんなぞは、この機会を逃して残念だとよく当時言われました。

福永議長の後は坂田道太君が議長になった。この人は円満で、摩擦の少ない人ですから、田中のほうとも良い。これに行くのも無理からぬことだと思いました。坂田君もよく後の職責を全うしました。

創政会の結成

竹下登君が旗を振って創政会が生まれました。衆参合わせて四〇人ぐらいでスタートしたのですが、親分の田中角栄がこれに対して烈火の如く怒ったわけです。おれの目の黒いうちがと言っていたのが叛乱を起こされたようなものですから、たいへんにショックだったのでしょうね。直後に田中が倒れるわけです。逓信病院に担ぎ込まれます。ひとつのショックが田中氏をしてあの病気になったゆえんであったと思う。竹下勢力がだんだん伸びて、その後は田中の扶植した勢力の大多数を竹下が継承します。

竹下は、非常に細かいところへ気の付く人で、気配りが非常に緻密であるということです。金配りのほうも下手ではないようです。そんなことからだんだんと膨れていきます。

私は竹下君と事務引き継ぎをしたことがある。私の前に彼が田中内閣の官房長官をしていた。三木内閣に替わった時に、私と事務の引き継ぎをしました。首相官邸の連中に挨拶をした。新旧両長官が挨拶をした。その時に彼の発言のなかに、こういう一くさりがある。「井出先生は私よりも一回り上の子年です」。よく調べたものですよ。どういうつもりで彼が言ったか知らないけど、ひとつの気配りだな。そんなことまで知っているのだから。余計なことといえば余計なことだけど、一例として申し上げれば、そういう人の気を逸らさないための注意を綿密に払っている感じの人ではないかと思う。

男女雇用機会均等法の成立

この頃、男女雇用機会均等法という法律ができました。従来男女同権と言われ、だんだんと婦人の権限が拡大してきたのですけど、国会でみると私たちが最初に出た昭和二一年、婦人議員が三九名も出てきました。安藤はつさんは長野から出ました。その面から考えると、その後、婦人の権限は何も拡張したとは言えない、むしろ国会議員の分野からいえば非常に縮小したということです。

この法律はひとつ意味がある。男女同権へだんだん近づけるという意味で、婦人のためには結構なことに違いありませんが、まだこの法律が十分に行き渡っているとは思えない。職場においても、婦人ゆえに男性に申して、力仕事を同じにしろといっても無理ですよ。そういう限りにおいてはハンディキャップがあることは仕方がないにしても、人格として扱うには男女平等でなければならないのは当たり前のことだ。したがって、この法律は今後にわたってひとつの意味があると申し上げられるのではないかと思う。

三光汽船の倒産

河本敏夫君の三光汽船が倒産した。これが河本には非常な打撃を与えたことには間違いありません。そもそも河本が三光汽船を経営するにあたっては、政府の援助をまったく受けない。彼は銀行から金を借りる、そういう資本を利用することはするけれども、政府から特に造船融資を受けることはしなかった。かつて造船疑獄がありました。佐藤栄作さんなどが捕まりそうになった。吉田さんが犬養法務大臣をして指揮権発動をなさしめて佐藤は助かったことがあります。そういうふうな上部に与するようなことを河本はしなかった。むしろ立派だった。けれども彼が誤りを犯したのは、世界の海運不況にもかかわらず、思い切って船を余計に注文し、積極政策をやって事業を拡大した。拡大はしたけれども、その時は船の需要がなかった。世界的な不況が来た。そういうことで計画が思いに任せない。

三光汽船は一時は大変なものだった。ギリシャに船籍を持つアリストテレス・ソクラテス・オナシスという偉い名前の付いた、世界の船の持主ではキング、王様と呼ばれた有名な男がいました。大変な名前がついている。私は河本君に聞いたことがある。「君のところとどっちが大きいんだ」と聞いた。「それは私のほうですよ」と彼は胸を張った。「世界一じゃないか」と言ったら、「ええ、そうです」という。その世界一があえなくも潰れてしまったのだから、彼も運がないと言えばない。中曾根と競争して中曾根が政権を取ってしまって、河本だって三光汽船がもう少ししっかりしていればもうちょっと格好がついたのではないかと思います。彼にとっては運がないわけです。

河本君は派手な男ではありません。中曾根とは対照的な、違った性格の持ち主で、中曾根さんほど派手好みではない。「笑わん殿下」と名前がついている。笑わない。笑わん殿下というのは、タイ国にワラワン殿下という人がいた。その名前をとって、河本はさっぱり笑わんから笑わん殿下というのです。

三光汽船がもう少ししっかりしていれば。宇野なんて人に行ってはおかしい。宇野はああいう問題があったから失脚してしまったけれども、宇野へ行く前に河本と行かなければ嘘ですよ。ところが河本君の場合は三光汽船が響いたのでしょうね。河本のところへ本当なら行くべきところだけれども、三光汽船と彼の年配が差し障って河本政権というわけにはいかなかった。

人間は、運があります。「運、どん、こん」と言います。海部は運が良い。運が良いだけで喜んではいられませんよ。海部だって非常な困難なところです。八方塞がり。八方を見て、この頃あれこれと打開はしているようです。

斎藤隆夫という、兵庫県の大先輩の国会議員で、戦争中軍にかなりきつい発言をして除名された人がありますす。河本君は斎藤さんの崇拝者だった。斎藤さんの言葉に曰く、政治家は一本の蝋燭《ろうそく》のようなも

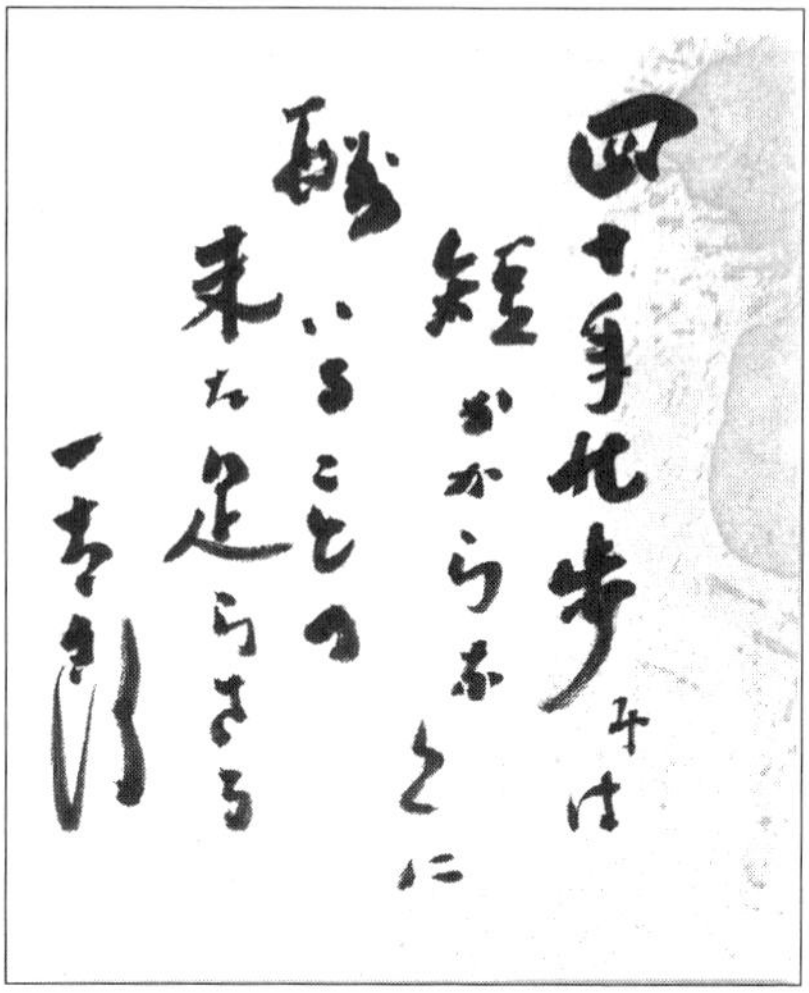

政界引退にあたり詠んだ歌。「四十年（よそとせ）の　歩みは短か　からなくに　酬いることの　未だ足らざる」

のである。蝋燭には油がある。燃え尽きることによって光を発する。政治家は、大衆のために灯火をつけることが役目だと。河本君は、「私は政治家としてはこの言葉のとおりやる」と言っています。

政界引退

昭和六一（一九八六）年。私は四月が来れば国会生活ちょうど四〇年になる。思えば長かりし旅であった。この辺で後は美しき晩年を暮らしたいものだという気がしまして、心中決するところがあった。特にその当時は私の視力が衰えてきて、眼疾に悩んでいたことがあります。

引退を決意して、それを発表したのが二月一一日です。ここ〔事務所〕で会合をやって、その時私の意思を表明致しました。私の後をどうするかという問題もその時に皆さんにお諮りしました。一番手近な道は、私の倅〔正二〕を出したらどうかというご要請を頂戴した次第です。私は政治家の世襲が果たしていいか、実は疑問を持っていましたので、大変躊躇したのですけれども、後を決めないのも私の責任が問われるわけで、特に佐久に誰もいなくなることになっては大変だということで、お陰様で倅が続いて出馬して当選することができました。引き続いて皆様方のご支援のほどをお願いする次第です。

第6章　政治家引退後

総選挙後の中曾根政権

昭和六一（一九八六）年七月、総選挙は終わって、新自由クラブが自民党へ合体を申し入れてきた。河野洋平君が一番の盟主で、その下にかつて私どもが面倒をみてやった若い代議士が大勢揃っている。西岡武夫、山口敏夫もそうです。そういう連中が新自由クラブにいたのですが、ついに支えきれなくなって田川誠一君を最後に残してきた。なかなか厳しい道であるということで、河野以下旧同志が自民党へ復してしまったのが実情です。

文部大臣をしていました栃木県の藤尾正行代議士が失言して、日本の歴史はよく検討してみると韓国に対してこっちが悪いばかりではない、韓国側も責めを負わなければならない理屈があるということを言って、韓国をえらく刺激してしまったことがありました。向こうが藤尾の辞任を要求してきたわけですが、藤尾は頑張って自分の説を曲げる気はない。「自分から辞表を出しません、中曾根さん、あなたが私の首を切るなら切っていただきたい」と、むしろ切られることを望んで、自ら辞意を表さないということが起こり、結局中曾根さんが罷免権を発動した。

総理大臣は大変な権限を持っています。閣僚の任免は総理の自由。そういうことがかつてもありました。片山内閣当時、平野力三農林大臣が内閣の方針と違うことをやろうとした。これを片山総理が罷免権を発動して首を切ったことがある。吉田内閣当時に広川弘禅がいた。当時の野党と組んで国会を欠席した。広川一味の十何名が欠席した。その首魁である広川を吉田総理が首を切って収めたことがある。藤尾によって中曾根内閣で表れたこともひとつの事件として申し上げておいてよい。

藤尾も失言したが、中曾根も少し口数が多い。アメリカは黒人もいたり、知識水準は非常に低い、平均的知能は日本に劣る、というようなことを言ってしまった。これが向こうの大新聞の『ワシントン・ポスト』に載って、向こうがえらく激昂した。レーガンの友達であるにもかかわらず、中曾根さんが陳謝して事なきを得たこともありますから、政治家たるものはよほど言論に注意しなければいけない。

ひとつ問題が出てきました。従来の日本の防衛費は、三木内閣時代に国民総生産の一％以下ということに了解事項として決定されていました。ところが中曾根になってから、この一％の枠をともすれば超えやすいようなところへきて、その年一％を少し超える事態が生じました。国内世論には大きな刺激を与えて、日本はもともと専守防衛の国である、海外出兵は憲法で禁じられている、世界的に防衛費が削減されてきつつある時期に日本の防衛費が膨らむとは何だ。こういう世論の攻撃があったにもかかわらず、中曾根内閣がこれを少し上回ったということで議論を巻き起こしました。これはＧＮＰと関係がある。今景気が良くて国民総生産がかなり大きくなっている。だからその一％は、枠としてはそれを突破しないで抑え込まれているわけです。ともすれば、防衛費が一％を超えよう、膨らんで行こうとする傾向があることは、注意しなければいけないと思います。

この頃から消費税問題が起こります。当時中曾根さんは、大型間接税へ少し踏み込み始めました。中曾根内閣時代に大型間接税という考え方から、売上税という名前になり、それで予算を計上しようとしたわけです。これに対して国内世論は燃え上がってきて、最後は中曾根さんが撤回して国民が安泰する、あるいは「自民党のなかで相当に反対が多い場合にはこれは致しません」と。有名な中曾根氏の表現がありました。「縦横斜め十文字に投網をかけるような、何もかも総ざらいにさらってくるような、そういう大型間接税は致しません」と言い切った。せっかく彼自身が大変熱心だったにもかかわらず、大型間接税なり売上税はやらないことになった。

それはその後もずっと尾を引いていて、中曾根のところへいつでも問題が帰って行きます。中曾根さんがやらないと言ったのに竹下内閣があえて消費税を話題にして、それで予算を通して法を可決したのは何事であるか。あの時に中曾根さんが言明しているのに何だ、という声がその後においても常に出てくる。一国の総理大臣がやらないとあれだけ言明したにもかかわらず、ここでやろうとは何事だというのが消費税に対する国民の批判として常に出てきました。

中曾根政権が衆参両院のダブル選挙をやった結果、大成功を収めた。三〇四という数字を自民党が衆議院において獲得しました。参議院も同様な選挙をしましたから非常な数が増えた。こういうことで、売上税その他についても、選挙に勝ったがゆえ非常な驕りというか、これは何でも多数に任せていけるという気持ちを抱いたことは事実ではなかったかと思います。ですから、大衆を嘗《な》めてはいけない。大衆を懼《おそ》れなければならない。

中曾根さんは選挙に勝利した立場から、継続してやっていきたいという気持ちがあったかもしれません。二期まるまるやった後、もう一年間限定政権みたいなことで、中曾根内閣は五年間の長期政権、佐藤栄作さんに次ぐぐらいの長い政権をこなしました。その間の功罪はいろいろあったと思いますが、日本の経済発展が非常に上向いた時期に政権を担当した幸せな内閣だったと見ています。

竹下内閣の成立

中曾根さんの後、竹下内閣ができた。中曾根指名によってできた内閣です。当時は中曾根の力量からして、中曾根指名で次の内閣ができることを皆が承認しました。それで竹下が出てきたのですが、当時次のニューリーダーとしては竹下のほかに、宮澤あり、安倍氏も同様でした。少し遅れてはいるけれども、渡辺美智雄も話題になってきつつあった。

そこへ竹下に札が落ちた。やはり竹下勢力が派閥の力から言っても頭抜けて数が多い。中曾根氏としては、竹下に指名しておくことが一番無難だろうと考えるのも無理がありません。宮澤にしろ安倍にしろ、派閥勢力はせいぜい七〇ぐらいの力です。竹下は、田中勢力をそっくりでもない、二階堂がそのうちの二〇ぐらいを引き受け、残りの一二〇ぐらいを掌握していて派閥として最大である。札を落としておけばまずそう非難はあるまいということで、竹下内閣ができる当時、一部には安倍が有力であるとか、宮澤が一番考え方が深いという話題もあったけれども、とどのつまりは竹下で収まりました。

竹下が如才のない人であることは間違いない。竹下は気配りがいいとよく言います。細かいところに気がつく人です。金も割合集まる。気配りと金配りが良いとよく言われましたが、中曾根によって竹下内閣が生まれるのは順当であったとみてよろしいと思います。

竹下新内閣はできあがり早く、対米基軸、アメリカとの外交関係をきちんとうち立てることが日本外交の最大の仕事であるという配慮をして、年が変わるとともに訪米しています。歴代総理はそう考えるのですが、無難な考え方でしょう。

この内閣ができて、竹下丸が順調な航海をするだろうと皆期待していたけれども、初っ端から失言問題が起きました。その第一は、ハマコー（浜田幸一）。この人が予算委員長になって、共産党に対して宮本顕治委員長は殺人事件を犯したようなことを言い、共産党とすればたいへんな言いがかりだと受け止めて、予算委員長に対して承服まかりならんということで、その失言でハマコーが予算委員長を辞任する問題が起こった。

また、ひと月かふた月かの間でしょう。その時の大臣だった奥野誠亮《せいすけ》という人がある。奥野君は内務官僚で、非常に自説を強く持して曲げない人です。彼が支那事変に言及して、「盧溝橋事件は中国側にも責任がある」と言い出した。一部の日本人にはそういう考え方を持っている人がいます。けれども一国の大臣になってそういう説を公のところで声高らかにぶち上げることは、アジアの諸国家を考える時に、少しは自重しなければならない問題でしょう。中国や韓国がこれに対して手厳しく鼓を鳴らして奥野氏を責めたことで、ついに閣僚を辞めざるをえなくなった。大いになすあらんとしてスタートした竹下内閣も人事の問題で当初からケチが付きました。

リクルート問題

リクルートという問題が起こってきた。竹下内閣はリクルートで振り回されて何もできなかったと言っていい。その発端をなすのが、川崎市の助役がリクルート社から、未公開株の寄贈を受けて、大分懐を肥やしたことになった。おそらく自治体のことですから、工事の有利の計らいをしてもらいたいということがあったのでしょう。川崎の問題がリクルートの発端で、これから始まってあちこちへ飛び火をしていく状態でした。

自民党では竹下、安倍、宮澤、渡辺美智雄が未公開株の寄贈を受けて、それを金に換えてかなりの金額を懐に入れたという問題が表沙汰になった。未公開の株式は大方の場合、高値がついて従来の株価と新高値との間にかなりの幅がうまれる。それがそっくり懐へ入るのですから、誠に堪えられない話です。「現金ではない、株式は違う」と弁解する向きがあるかもしれませんが、すでに裁判で未公開株の取得によって懐へ入った差額は賄賂に見なされるという判決が出ていますから、四の五の言って逃れ難い問題だといわなければなりません。

ただし、この四人の場合、「自分自身は関わりない、秘書がやった仕事だ」と言うわけです。そこが人を馬鹿にしている話で、いやしくも何百万、何千万という金が秘書の裁断で取引されて、政治家当人は関わりないということは、常識から言っても許されない話です。けれども、皆そんなことで言を左右にして核心に触れさせなかった状態が続きました。なかでも宮澤氏の場合は、秘書ではなく自分が受け取ったことを最後に発表しなければならなくなりました。その点は、宮澤は正直だと言われる向きもあります。また下手くそだと言う人もある。宮澤氏はこの問題でもたもたして、国会の証言も行ったり来たり、しどろもどろという状態があり、ついに大蔵大臣を辞職しなければならない羽目に陥りました。

内閣、あるいは自民党の有力メンバーに火が付いてきました。政界にはその他に官房長官をやった藤波孝生君が、職務権限があると刑事責任を問われた。未公開株をもらってリクルートに有利な措置をしてやった、それは確かに官房長官の職務に関係して賄賂を取ったという解釈をされて、藤波と野党の代議士、その二人が政治家として刑事責任を問われるところへ行ってしまった。

本当言えばもっといるのですよ。灰色高官。ロッキードの時代には「灰色高官」という名前が生まれた。今度はそういう点がロッキードの時よりも深く抉《えぐ》られていない。灰色高官であろう人間はうろうろしている。けれどもそこまで司直の手が伸びないで幕を引いた感じがします。

政界は今申し上げたとおりだけれども、単に政界だけではない。官界においては、リクルートの就職情報を通じて関わりがあるのが労働省と文部省で、労働省では加藤孝事務次官、文部省で高石邦男事務次官がそれぞれ未公開の株を貰って懐を暖めている。そういうふうに官界にも累が及んできました。

のみならず、実業界。ＮＴＴの真藤恒社長のところに累が及んできました。言論界においても日本経済新聞の社長が同じような立場に立って、この人はすぐに辞表を出して一番早く身を処したことはあったけれども、政界はもとより、内閣、役人、実業界、新聞、非常な広範なところへリクルートの災いが及んできました。

その他リクルートのやり方は悪質でした。楢崎弥之助《ならざきやのすけ》という代議士がいます。昔からこういう問題が起こると「爆弾男」という名をほしいままにした人物です。この楢崎君のところへ五〇〇万円を持っていって、もみ消しをやってくれと頼んだのもリクルートの子会社の社長室長だった。おそらく最高首脳部と話を合わせているに違いない。リクルートでこの時代は一年あまりほとんど大賑やかになってきました。実際は何もできなかったと言ってよろしい。

そのうちに竹下総理自身が、未公開株をもらったことなども表面化し、総理総裁を辞めるところへ行き着きます。

消費税問題

そういうさなかに、消費税の問題が一方に持ち上がってきました。中曾根内閣の時代に大型間接税、あるいは売上税は一切やらないと言いながら、形を変えた大型間接税、消費税を竹下内閣は遂行しようと考えて準備を着々と進めてきました。けれども、リクルートでほとんど消費税まで細心の注意を向けることができないままにきたわけです。日本の将来の財政を考えると消費税を今やっておかなければ時機を失うという考えも一部あります。

今まで日本の税金、国税は所得税、法人税が中心だった。間接税はほとんど第二義的に考えられていました。そのために重税感が中堅納税者に高まって、とてもこんな税金では耐えられない。しかもサラリーマンの税金は源泉徴収ですからガラス張りで取られる。そこへいけば農業者や事業経営者のほうがなんとなく余裕があるように見える。「クロヨン」、「トーゴーサン」という言葉が生まれるように、サラリーマンと比べると事業者や農業者のほうが有利であるということが定説になっています。

そういう税金をいつまでも続けていくわけにはいかない。どうしてもこの辺で考え方を変えて、所得、消費、資産が三本柱と言っていいでしょう。所得から税金を取るのは今までどおりであるが、少し軽くする。消費から税金を申し受けようと。今まで物品税や酒税などは、ある意味で消費税。これを一般の売買、一般の物資に対して税金を取ろうというのが消費税の考え方です。資産も、固定資産税や財産税みたいな考え方もありますけれども、例えばキャピタルゲインと言われるように、株で所得を得た場合に非常に税金が軽い。それをもう少しきちんと税金を取ろうというのが資産の課税の考え方である。資産、消費、所得、この三つの柱から適当に税金を取るというのが欧米あたりでやっている近代的な納税の考え方です。

そこへ目を付けたのはそんなに見当違いではありません。ましてや、日本は高齢者社会で高齢者が増えれば、どうしても費用がかかります。年金も払わないといけない。医療保障もしなければならない。そうなった場合に、何か別な税が税源としてなければならない。それが消費税の根拠となっている。考え方としては悪くないけれども、中曾根さんの時代に「そういう税金は取りません」と言ってあるならば、もう少しなりを直して、国民の諸君もわかってくれる時間が必要だと。それにはそれだけの説明をして、消費税はかようかくかくの故に頂戴しなければならないのだと、納税者の理解を求めることが先決問題です。それをしないでいきなり消費税とぶつけたから、大騒ぎになってしまった。

そういう状態のもとに、一方にはリクルートで政治不信が高まり、「そんなことをしてどうする、政治がなっていないではないか」という攻撃が起きてくる。他方にはあまり説明もしないのにいきなり消費税をぶつけてきた。三％も内税ならばまだ割合に感じが薄くて通るのが、税金が別になって一〇〇円の飴を買えば三円の税金が別にかかるということでは、家庭の主婦なぞは毎日消費税で神経を逆なでされるような状態になってくるわけですから、消費税の評判は大変悪いわけです。

中曾根さんの時代にダブル選挙をやり、自民党は衆議院において三〇〇を超える多数を獲得しました。これが、自民党に驕りを持たせるゆえんにもなったと思う。何、三〇〇以上の信任がわが党にはある、絶対過半数を取っている以上は何でもできると、非常に調子に乗りすぎたわけで、これらも消費税を強行するひとつの考え方の背景としてあったのではなかろうかと思う。

そういう状態でずっときたところでリクルート問題が起こる。消費税問題が起こる。選挙をやってみれば、どうも国民もいつまでも黙っていない。最初にそういう例が出たのは、福岡の参議院選挙で自民党が敗れた。新潟は農村地帯が多いわけで、自民党の絶対不敗の金城湯池だった。その参議院選挙でも負けてしまいました。あるいは宮城県で知事選挙がある。その候補として愛知揆《きいち》一君の息子の愛知和男君を全会一致で知事候補に出そうとした。けれども愛知は、いろいろと諸般の情勢を照らし合わせてみると勝ち目がない。そういうところを見て立候補を辞退してしまったという問題も生じてくる。東京都議会選挙をやってみたら、都議が一遍に二〇人も減ってしまった。こういう状態で四面楚歌ですね。自民党の情勢は誠に悪くなってきたわけです。

三木武夫の思い出

昭和六三(一九八八)年一一月、三木武夫さんが亡くなりました。顧みると、三木さんの病気は、昭和六一(一九八六)年の総選挙を前に突如として脳内出血で倒れ、国立医療センターへ運び込んで治療を受けた。その当時は、急所は外れているが、膵臓ガンというのが院長の判断でした。急に快方へ向かうわけではないから、半年くらい経ってリハビリに入って、これならば車椅子に乗って出歩くこともできると思われたのですが、そう簡単ではなかった。ことに発病したその年の暮れに呼吸器のほうに変化があり、その面から肺炎を大いに警戒しなければならない状況で年を越しました。

昭和六二年四月、在職五〇年以上になり、尾崎咢堂《がくどう》先生以来のレコード保持者になりました。衆議院は院議をもって表彰することになりました。たいへんな名誉なことで、本人も内心いろいろな喜びを持っていたようです。何とか表彰式に出て自分の口から挨拶ができるように療養に努めましたけれども、思うように行かなかった。奥さんが代理でその表彰を受けました。

その頃から、一種のこん睡状態ではないけれども、自ら言葉を発することも難しい、われわれが呼びかけてもわずかな受け答えしかできない状況で、一年くらいずっと生命だけは保っていました。病状からすると、いずれそう遠くないうちにという腹づもりだけは持っていました。

その晩(昭和六三年一一月一四日)、三木邸における通夜が内々であり、翌々日の一六日に番町会館で一般のお通夜があり、行ってみて驚きましたことには、押すな押すなで皆さんがお見えいただき、ざっと踏んでも五〇〇〇名近いお客さんがあり、確かにあの人らしい賑やかなお通夜ができました。

三木さんはマスコミの受けがたいへん良かった人です。マスコミは、常に少数派に加勢する性格を持っています。三木さんは一代を極めてほとんど少数派で終始した人ですから、そういう同情、好感が非常に大きかったと思う。新聞記事などもかなり好意的で大きく扱ってくれました。

一七日には芝の増上寺で三木家の葬式が行われました。竹下総理をはじめ、政界の有力なところは全部現れて、宮中からも祭祀料といいますかお花が下賜され、皇太子その他からも頂戴する。閣議で決定されたことは正二位、大勲位菊花大綬章で、たいへんに格の高い勲章です。人臣を極めるといいますか、日本の従来の関心から見た場合、頂点まで上り詰めたことが言えると思います。

長い付き合いで、友人代表で弔辞をぜひ読めというのが、三木家ないしはその周辺の私に対する申し入れでした。私は目が悪くて、とても自分で文章を書けません。最初はお断りをしたけれども、「他の者ではバランスが取れない」ということで、引き受けざるをえなくなってしまった。「他に誰がやるのか」と聞いたら、マンスフィールド米国大使が友人として述べ、二人きりだそうだ。それならきちんとした文章を書いて朗読しなければならないと思い、家内を督励して一晩かかって書き上げました。

ところが増上寺の本堂は何となく宗教的な雰囲気を出すためにあまり明るくしない。とても私の視力で書いた文章を読めるものではない。しようがない。断って、「用意はしてあります。これは御霊前に供えて、口頭で申し上げます」という前置きでものを言いました。口頭は、調子が出ない。あまり出来のいい弔辞ではなかったと思いますが、そういう役目を果たしました。

さらに一二月五日に衆議院内閣合同葬がある。私はむしろ衆議院葬を希望しました。「議会の子」と自ら呼んだ三木さんが、衆議院の最高の栄誉である衆議院葬をもって報いられるのは極めて自然である、こう考えたのですけれども、内閣のほうが元総理大臣をただ放っておくわけにいかないということで、内閣が加わって内閣葬を合わせて行うことになりました。

私と三木さんとの約四〇年にわたる付き合いからみて、その関係、あるいはいったい三木とはいかなる人物であったということを申し上げてみたいと思います。

この人は徳島県の生まれです。私はこの生家に行ったことがあります。徳島から車で三〇分くらいかかるところで、吉野川の流域で、昔で言えば藍の産地です。御所《ごしょ》村の産で、お宅が肥料商です。かなり富裕な、中産階級です。暮らしは楽なほうでしょう。そういう家に生まれたのですが、親類縁者が少ない。三木さんも一人息子で、兄弟も何もいない。お父さんが、子供の教育に理解があった人のようです。

やがて徳島商業に入ります。野球の強い学校です。入学して、しばらく経って野球部の会計に不正の点があることが校内で問題になった。三木少年は、その時分から一種の正義感が旺盛な少年だったのでしょう。その糾明する立場に立って、関係者に厳しい質問をしたり、あるいは同盟休校というか、学校をストライキする先頭に立った。三木さんはそのことをあまり言いたがらない。そのことを語るのを好まないのですけれども、側聞すると学校を退学処分になってしまった。だから、当時から少しきかん坊なところ、不正を許さないところがあったようです。

それで、中外商業へ転校する。そこにしばらく籍を置いて、東京に出て明治大学に籍を置くことになりました。学校に籍を置く傍ら、親父さんが金を出してくれて世界一周旅行をする。まだ二〇歳前の青年が、旅費をもらって外国旅行ができることは大変な贅沢です。そんな時に単独で世界旅行をすることは、ずいぶん気の利いた話だと思う。ごく若いうちに外国の見聞を広めたことが、ある種、一生に大きな影響をもたらしていることは間違いない事実だと思う。

後に倉石忠雄さんとご一緒だった時に、「その時われわれは一緒だった。三木君と同じ船で、自分はイギリスに行く要件で同じ船に乗った」という話を聞いたことがありました。

アメリカをはじめ、ヨーロッパ各国、世界の状況を感受性の強い青年の時代に自分の目で見て取ったということはおそらく非常にためになったのではないかと思います。その国際感覚を身につけておったればこそ、世界平和に人一倍関心が持たれたのでしょう。あのアメリカと戦争を始めることはまことに無謀の極まりであると良識ある者は誰でも思ったでしょうけれども、外国を見聞してそのうえに立った認識としては、たいへん強烈なものがあったように思われます。

南カリフォルニア大学に籍を置いて勉強し、予定の学を終えて帰ってきて、もう一遍明治大学法学部に籍を置いて勉強して卒業しました。

その後私に打ちあけるところでは、学生時代に佐久にも来たことがある。よく詮索してみると、昭和の初め頃に県会議員選挙があり、私の親父が県会に政友会から出ました。その時の対立候補に北牧村の小池捨松というお医者さんが民政党から出馬しました。小池捨松さんの応援に中山武三郎という人が選ばれ、この息子が中山隆輔さん。中山隆輔さんは明治大学で、三木さんと学生仲間で知っていた。当然三木はたいへんな雄弁家だということで名前が通っていたのでしょう。隆輔さんに頼まれて、小池捨松さんの選挙の応援に三木さんが乗り込んだ。こういう乗り込んだ話も後で聞いて、一席そういう話題に興じたこともあります。

時たまたま昭和一二（一九三七）年で、折から選挙が行われることになった。三木青年が学校を終えた年です。三月に終えて四月に選挙です。当時の年齢で被選挙権は満三〇歳で、三木さんはちょうど満三〇年だったわけですから、きわどいところです。駆け込むみたいに選挙に立候補して戦った。まったく素人ばかりの選挙で、よくよく当選は思いも及ばぬように世間からは評価されていたようです。その時に学生仲間で懇意になったのが石田博英君。選挙のために徳島に駆けつけて、演説をぶちまくった話を石田君から聞いたこともあります。三木さんは、弁論には自信がありました。やや徳島弁が入って、聞きづらいところもありましたけれど、しかしなかなか力強い雄弁家だったと思う。

第一回の徳島における衆議院選挙は、まったく素人の選挙みたいなものだったのでしょうが、徳島県は新人をひとつ押し出してやろうというふうな、反骨精神みたいなものがあるところです。三木青年はビリで、あれよあれよという間に当選してしまった。ご本人としては成算があったかもしれないけれども、第一回の選挙は政党に入ろうといっても、どこも相手にしてくれない。無所属でやってみたら当選した。六年間、どの政党にも所属しないで無所属でいました。

その当時、極東圏の風雲は急を告げて、昭和一二（一九三七）年に支那事変が始まった。そのまま放っておくと日本はたいへんなことになる、ことにアメリカとの関係が悪化しそうになってきたのを見て取って、三木新代議士は東京で「日米戦うべからず」という表題のもとに時の有力な人々を動員して、大演説会を催しました。その弁士の一人に伯爵の金子堅太郎さんがいます。この人は伊藤博文の第一門下で、とうてい見られない人だった。日露戦争の時は、アメリカは日本に好意を持っていましたから、金子堅太郎伯が乗り込んでアメリカの議会を説得する役割をした人です。その金子伯を引っぱり出して、一介の青年が大演説会をぶち上げました。そういう一種の情熱がこの人にはあった。

そのために当時の日本の実権を持っている軍部から大いに危惧されて、三木が余計なことをすると睨まれました。昭和一七（一九四二）年に第二回の選挙に臨みますが、これが有名な翼賛選挙で、大政翼賛会の推薦がなければ選挙資金も集まらないし、人も相手にしない。そういう選挙が行われました。その時の三木青年は非推薦。非推薦は、一種の国賊扱いされたような時代です。非推薦で出馬して、あれよあれよという間に第二回の当選を果たしました。この選挙で、彼は相当に自信がついたようです。

また数年経ち、いよいよ日本は全面的敗北をして、城下の盟をする段取りになりました。この敗戦を契機として、日本の国内は一八〇度転換するというような意味合いになりました。その時に三木さんは、いよいよ自分で言っていたようなことが目の当たりで実現して、日本が敗戦したのは残念ではあるけれども、今までの日本のあり方ではとても国際的に通用するものではない。ここで日本が新しい発足をする、自分がやらなければならない役割は極めて大きいという自覚を彼自身は持ったようです。

昭和二一（一九四六）年の総選挙で、三木さんは第三回目の当選です。以後の選挙は、この人はしょっちゅう最高点で出てきます。最初三木さんが籍を置いたのが日本民主党準備会という会派です。それがやがて日本協同党と合体して、協同民主党になる。私はそうではなくて、新光倶楽部、新政会、国民党という系譜を辿っていきます。昭和二二（一九四七）年の春頃です。

あの頃は、無所属で出た人が大部分だから、かたや協同民主党、かたや国民党、両方の政党が一本になって新党を作ろうということで、政友会、民主党という古い政党の殻を背負っている日本自由党や進歩党が日本の新しい政局を担っていくのはおこがましい。たいへん気負った態度であったかもしれないけれども、私どもの気持ちには「既成政党は一旦引っ込んでいろ」というのがありました。日本を誤った、ここへ出てきて何を言うかという気持ちにもなる。そういうことで新党を作りあげました。

その二つの政党が初めて顔合わせをした。そのなかから代表を出して、政策協定をしようという話が進んで、私は国民党の一メンバーとして参加します。協同民主党からは三木武夫が一番の大将で出てきた。両方併せて一二、三人で施策の問題などを議した時に、初めて三木武夫に私は触れた。あの頃、若いくせにヒゲなぞ生やして、狼の干物みたいな顔をして理屈っぽいという感じを持った。

その後二つの政党は合体になる。それぞれ、片方は日本協同党の流れを汲んでいるから協同党という。こっちは国民党という。政党の名前はいい加減なもので、名前に象徴されるわけだから、どちらも譲らないで、結局加えて二で割ったような国民協同党として、どちらにも我慢してもらうということで国民協同党が生まれました。三木さんはたちまち書記長になりました。他の政党では幹事長です。

三木さんとの交友が始まり、だんだん深入りしていくようになってきた。政党の順序から言いますと、国民協同党ができて昭和二二年の選挙に臨みますけれども、国協党は選挙に大敗してしまった。六七名を揃えて、選挙の結果はほぼ半分の三四名になった。意気まことに上がらざるような次第でした。その次の昭和二四（一九四九）年の選挙でさらに減って、一四名になってしまった。

それを考えてみると、趣旨は良い。新しい政治力をここに生み出さなければならない。既成政党が一種の戦犯みたいなもので、こういう連中が今さら大きな顔して出てくる幕ではないという主張は受け入れられたけれども、さてそれでは国協党の立場は何だ。いったい右なのか、左なのかと。国協党は中間政党と見られて、あまり頼りにならないという結果に陥って、がた減りに減ってしまったわけです。

このままでは先行き心細い限りであるということから、政党再編成の波に乗って、やがて、民主党が二つに割れて、吉田さんにこびる連立派に対して、野党派だといって頑張っている川崎秀二、中曾根康弘、園田直、桜内義雄、稲葉修といった連中と合体して国民民主党を作りました。

昭和二六（一九五一）年頃に追放解除という問題が起きます。今度は日本の国内で追放された連中がカムバックしてきます。なにせ政界のうえでは先輩であるし、いろいろな力を持っていますから、そういう人々も新しい政治勢力として出てきた新人を抑えて、もう一回政界を自由にほしいままにするような時代が追放解除とともに出てきます。自由党も社会党もしかりで、どの政党もだいたい同じです。

国民民主党はだいたい旧民政党の流れに沿う線が強かった。追放解除の先輩が現れて、遠の昔の旧民政党で追放を解除されたベテランがだんだん力を増してきて、その連中に振り回されるという状況が出てきました。そのなかには松村謙三もいれば大麻唯男もいます。その時に私は、「これはやはりここで踏みとどまらなければ。ここで踏みとどまる必要がある。ここは古い連中と戦わなければ駄目だ」と思った。例えば三木武吉という人がある。たいへんな人物ですが、「同じ三木でも武吉さんに対抗して、三木武夫さん、あなたが頑張らなきゃいけないところだ」と話したことがあるほどに、古い連中が台頭して力を得てきました。まさに占領政策が終わらんとする時期でした。

追放解除の先輩を迎えて、国民民主党を土台として改進党ができようとしていましたが、その時に総裁という問題にぶつかった。自由党の吉田さんに立ち向かうため、改進党をどうするのかという時期が来たわけです。本来ならばそんな古い襟に垢のついた汚れたものが出る幕ではない。新しい人が新しい感覚を持って日本の新時代を担わなければいけないという考え方は根底にはあるけれども、特に現実政治においては、なかなかそうばかりもいかない。やはり、いろいろな人がものを言います。

改進党総裁を選ぶ段階になると、旧民政党系の先輩は重光葵さんを担ぎ出そうとした。重光さんは日本の外交官としては大変な実績のある人で、ミズーリ艦上で降伏文書に外務大臣として署名した人です。上海事変で片足をやられて、杖に託してやおら壇上に上る風景は、まさに敗戦の象徴です。当時はまだ占領下にありましたから、日本の指導者はやはり言葉が堪能であり、外交畑に通じている人がどうしても選ばれたわけです。それが吉田茂、幣原喜重郎、芦田均、そして重光葵です。

重光さんを担ごうというのに対して、私どもは少し異をたてた。重光は、やはり戦犯の一人である。日本の国策を誤った責任を負わなければならない。だから別の人を選びたいということで、私たちが白羽の矢を立てたのが石黒忠篤《ただあつ》さんだった。この人は農林官僚です。しかし、非常な高徳漢であり、日本の古典的な政治のうえからいえば非の打ち所のない人でした。石黒さんを引っぱり出すにはどうしたらいいかといろいろ考えた。若いのが少し動かなければ駄目だというので、河野金昇君と二人で相談して、三木さんと掛け合いました。「石黒忠篤を口説きに行くが、いいか」、「行ってこいよ」という。

石黒さんのところにただ行っても駄目だと、二人で渋沢敬三さんのところへいきました。渋沢敬三さんは有名な渋沢栄一さんの孫です。渋沢さんから「あの爺を怒らせるに限る。あれは怒るとヒゲがピンと立つ。それを見て取ってつけ込むのが早い」という話を授かり、石黒さんのところへ行き、「改進党総裁になってくれ」と依頼した。それに対して、「おれは何の義理があって改進党の総裁にならなければならんのだ。今わしはそんなつもりはさらさらないよ。だいたいおれは政治には向かないんだ」という話でした。怒ったか何か知らんが、ヒゲはピンと立ちました。

その春、参議院選挙があり、石黒さんは全国区に出て当選しています。「政治に興味がないとおっしゃるけれども、参議院の全国区に立たれるということは、政治に興味がなくてそんなことがあるはずがないではないか」という押し問答をしたら、ますます怒った。怒ったきり、ついに実らなかった。

あの時に石黒さんが出ていれば、少し政治の情勢は変わったかもしれないと思った。日本の農村の人々は石黒を神様みたいに思っていますからね。石黒を軸にして日本の農村が本当に結集して、農民政党を立てたら、ある程度の政治的な一政党たらんとすることはできたと思います。

その志も波が来て、重光総裁ができました。この人は考えて見れば外交官ではあったけれども、政治家は無理だった気がします。

野党第一党が改進党ですから、改進党総裁たるものが吉田内閣不信任案を吉田に突きつけなければならない。我が重光総裁は、吉田が外交官の先輩ですから、それが嫌で尻込みしてどうしても出る気にならない。最後は三木武夫幹事長が代わって吉田不信任案の演説をやった一幕もありました。重光さんは外交官としては優れた人であったけれども、政党総裁としては少し向きが違っていたと思います。

改進党時代、私自身は仕事が多かった。改進党の国会対策委員長になりました。野党を糾合すれば野党のほうが数が多く、吉田をぎゅうぎゅうやることができた。まず改進党出身の堤康次郎を議長に据えた。益谷秀次を破って改進党が議長を取った。それから重光内閣を作ろうではないかと。本当にその気になればやれたけれども、重光さんが少し臆病でなかなか踏み切らない。重光内閣にはいかないですよ。

そのほかに国会対策としてやったことが、委員長を各政党の案分比例で出すことです。自由党が一番嫌がることでした。自由党は自分たちのほうで今まで委員長を独占してきたのですからね。それを均分に、各党に数に応じて配分しようというのをやりました。これは成功しました。しかし、政治はなかなか現実どおり動かない。野党連合で議長になった堤さんが、いつの間にか吉田のほうを向いてしまった。私の誤算もいいところです。

私はその次に農林委員長をしました。昭和二八、二九（一九五三、五四）年です。その時にたいへんな冷害凶作で、ひどかった。救農臨時国会を提唱して成功せしめて、その後の災害対策の雛形を作りました。どういう災害には何を施策としてやるか、金融はどうするかということを、その救農臨時国会で初めて型を作った意味において、私は顧みてあの時の農林委員長の仕事は意味があったと思っています。

次の幕が昭和三〇（一九五五）年の保守合同です。その当時、自由党と日本民主党を合併せしめて自由民主党ができました。鳩山一郎さんが体を悪くしてしまって、日ソ国交回復だけすれば労に足れりということでした。脳溢血で倒れて、演壇にも衛士に介護されなければ歩けないような状態ですから、無理は無理です。

鳩山さんの後、初めて自民党の党則に則って総裁選挙が行われた。これが石橋政権の生まれるゆえんです。その当時を顧みると、今よりは政治が生きていたといいますか、目まぐるしくいろいろな変化があったと思う。当時は石橋内閣が果たしてできるかどうか、誰も思いもかけないものができました。

あの時は岸信介、石井光次郎、石橋湛山の三人が立候補した。トップになったのは岸さん。けれども石橋、石井で二・三位連合の約束ができていて、二・三位連合が成功して、最後の土壇場において上手投げをくわせて、岸さんが敗れて石橋さんが総裁になるという、かなりきわどい選挙技をやりました。そういうことがあの時分には行われたから、今よりも政治が活気があって面白かった。

その時、石橋の側に立って一番の参謀の役をしたのが三木さんでした。三木さんに言わせると、おれは石橋に何の義理もあるわけではない。ところが、石橋は三人のなかで一番全うである。なぜならば彼は『東洋経済新報』という雑誌によって、あの戦時中に軍部に対して求めず、臆せず正論を吐き続けたではないか。米軍占領下にあっても占領軍に楯突いて日本の権益を守ろうとした。それに比べれば岸さんは何ぞや。開戦の詔勅に署名したことは、何と言っても岸さんの過去の行動で無視できない欠点といわなければならない。そして、石井さんは真面目ではあるけれども、残念ながら政治家としては少し寸足らずである。というような見解が、三木さんの石橋推薦の理由です。

石橋内閣はそうしてできあがったけれども、残念なことに二月あまりでぶっ倒れてしまった。石橋内閣がもう少し続いてくれれば、日本の政治はもう少し変わったかもしれない。例えば、日中国交回復は、もっと早い時期にできたかもしれない。それがそうではなかったのは残念ではあるけれども、これはやむをえないところです。

有名な石橋退陣の弁は、「私は総理の任に耐えない。この病気を持ってやっていくわけにはいかない」という簡潔な文章で、潔く総理の地位を退任することを認めた文章です。これは、三木武夫が書いた。石橋の辞めっぷりが非常に良かったことから、石橋内閣はわずか二月しかなかったけれども、日本の政治史に残る人になった。

その時私に三木さんが言ったことは、「おれは石橋から金を取っていなかったよ」と。総裁選挙は金で動くものです。石田博英がなかなかの人物で、札を背負ってはあちこち配ったりした。三木武夫さんのところへは持っていったのかもしれないけれども、取らなかったわけです。取っていればあんな文章は書けない。「取らないから書けた」と述懐していました。

石橋さんは残念ながら退陣になり、今度は岸政権ができる。岸さんは安保問題でつまずいてしまいました。岸さんの考えた安保改定は、日本とアメリカとの安保条約の合意関係を対等ならしめる。変革には違いないけれども、日本がますますアメリカに従属してしまって、アメリカの意のままにがんじがらめにされるという理解が国民に浸透して、「安保反対、岸倒せ」という声が澎湃として日本全国に漲り、国会をめぐるあの大騒動が持ちあがりました。それで岸さんが退陣するのですが、三木さんは岸さんとは必ずしもぴったりしなかったように私は思う。岸さんもそれほど三木を用いなかったろうし、三木さんもあまり岸さんに尽くさなかったように思います。

岸さんは、最後は安保で倒れたと言うよりも、アメリカ大統領であるアイゼンハウアーを迎えて安保の結末を付けたいと考えていた岸さんが、あの大騒動のために羽田にアイクを迎えることが不可能であった。これが岸さんが辞める最大の理由であったと私は思う。そういうことで岸内閣は退陣します。

そこへソフトな形で現れたのが池田勇人氏です。池田はごつい人でソフトではないけれども、彼の政策はえらくソフトです。「所得倍増」とくるでしょう。国民は喜びますよ。できるかできないかは別として、一国の総理が「所得倍増」とくるのだから。「寛容と忍耐」と言うでしょう。これもいいキャッチフレーズです。岸さんが強面の姿勢で政治に臨んだのに対して、非常に柔らかな感じで池田内閣は生まれたわけで、国民の歓呼の声を受けた。

三木さんは池田勇人とはたいへん仲が良かった。池田から託された最大の仕事は、党近代化という問題です。自民党をもう少し国際社会に互していけるよう、古い糟を取り除いて、新しい感触を持った政党にすべきであるという党近代化の仕事を三木さんに託したわけです。三木さんは「よし、これをやろう」と応じて、「党近代化答申」、俗に言う「三木答申」を作りあげたわけです。池田勇人氏は三木さんに言ったそうです。「ご苦労様、君の作りあげてくれたものは君と二人になっても実行しよう」、「頼りになります。君と二人でもこれをやろう」と誓ったと言うのだけれども、池田勇人首相もその後、喉頭ガンに倒れて思うようにいかなくなりました。

池田内閣は、総裁が池田勇人、川島正次郎副総裁、三木武夫幹事長という体制で、後継総裁は誰だとみな注目していたわけですが、その前に池田勇人氏は一遍佐藤栄作さんと選挙を争っている。佐藤栄作、池田勇人、藤山愛一郎が争った。石橋湛山が出た時は金が動いたかもしれないけれど、大したことはなかった。私はその総裁選挙戦の渦中にいたから、ある程度わかる。その次の選挙は黄白乱れ飛んだ選挙だった。総裁選挙に金が動いたのは、それをもって嚆矢とします。吉田門下の双璧であった池田、佐藤の二人は、何とはなしにお互い相反するようにだんだんなっていくわけです。

池田勇人さんが病の床でもう立てない時に、遺言状を書き、それを川島正次郎と三木武夫に託す。誰を指名するかという問題で、佐藤栄作を指名したと言う。その前の年に佐藤栄作と選挙をやり、池田勇人が辛くも勝った。松村謙三さんはこれを評して池田勇人を励ましながら「まあ池田君、大いにやりたまえ。一輪咲いても花は花という言葉があるから、頑張れよ」という言葉を、あの真面目な松村さん独特の思い入れで語った記憶が私にはある。

池田勇人は佐藤栄作を指名した。川島正次郎、三木武夫の二人が受け取って佐藤という名を発表し、佐藤栄作に決まる。その時には河野一郎氏が自分のほうに来るものと思った。ちょっと見当違いだと私は思うのだが、河野さんはかなり池田に尽くした。だけども池田から来ると思っていたのが来なかったから、これは川島と三木が悪いと逆恨みです。河野は、三木武夫と思わしくなかった。それが河野洋平君にまで続いていまして、これを復旧するのには、骨が折れました。政治はやはり感情も入るのですね。

佐藤内閣は七年半続くのですが、第一回はそういうふうに池田お墨付きでなった。第二回はどうなったかよく覚えがないが、佐藤三選があった。それに対して、三木武夫たる者、黙っていられない。三選は民主主義の原則からしても、望ましいところではない。「不肖三木、男は一度勝負する」という言葉をこの時に使った。「男は一度勝負する」、誰かが使った台詞だと思うのですが、そこで敢然として三木武夫が佐藤栄作に立ち向かった。そのために外務大臣を辞めて立ちました。民主主義の原則からして、無投票でいつまでも総務会、部会が無投票で選ぶのはおかしいという立場から、勇気ある行動として立ち向かったわけです。

しかし、三木さんはずっと少数派できたようなものです。わずかに石橋の時に政権ができたのであって、なかなか党内多数派という立場にはなりえなかった。佐藤政権に立ち向かったけれども、歯が立たなかった。一〇〇票前後を取ったという認知には至りました。三木派閥は数からすればせいぜい三〇から四〇で、それが一〇〇票を取ったことをもって免ずべきだという人もいます。前尾繁三郎が池田勇人の残党を率いていますから、当然三木よりはあってしかるべきです。ところが三木が勝った。佐藤栄作が当選したことよりも、三木武夫が一〇七票を取ったほうにみな驚いたくらいでした。

二回目は、一一一票を取った。かなりいい成績だったと思う。三回目はそう思うようにいかなかったが、佐藤三選に対する反撃以来、三度挑戦したことは三木武夫の勇気ある行動です。三木政権ができたゆえんは、椎名裁定による神の肝煎りによって三木武夫を指名したのであるが、ただその背景に三木が三度立って総裁の椅子に挑戦をしていた実績がものをいったのではないかと私は思う。

やがて佐藤政権が終幕を告げる。その佐藤の後をいったい誰が継ぐか。福田が継ぐか、田中が継ぐかという話題が起きた。私が見るところをもってすれば、佐藤政権の台所は田中が受け持っていたように思う。だから、田中へ行くことが順当だったのでしょう。田中内閣がここへできあがった。

三木武夫は副総理に迎えられたのですが、この時もわれわれのなかでは「田中の下で副総理とはなんぞや」とずいぶん議論がありました。政治的に言えばずっと先輩である三木武夫が、田中の下で副総理というのはいただけませんという感じがあったけれども、三木さんは田中をして日中を解決させようとの考えに立って入閣したわけです。日中問題は何としても大事だ。田中なら日中をやろうとする。福田はどちらかと言えば台湾寄り。岸さんの系統でもあるし、台湾とは親しいけれども、北京とはあまり親しくない。そこへ行くと田中のほうがまだ中国政府には白紙である。田中をして中国政策をやらしめたいという考えで、あえて副総理で入閣したわけです。

田中内閣では、ある意味では三木はずいぶん力を入れた。昭和四八（一九七三）年、石油が急に暴騰して日本に入ってこない。トイレットペーパーが暴騰するような街の風景などを見て、非常に心配になった時期がありました。石油危機を突破するために、三木副総理自らサウジアラビアに乗り込んで、フアイサル国王と交渉して、石油を入れることに成功します。副総理は働いたけれども、田中の金権が余りにもひどいでしょう。とてもこれについて行くわけにいかないということで、福田赳夫と相謀って途中で御免を被ったのが真相です。

田中も当時の金脈問題が世に問われるようになり、田中が倒れて三木内閣ができる。その時の裁定者が副総裁の椎名悦三郎で、「神に祈る気持ちで」三木武夫を指名する。三木さんが誠実な政治家だとして「クリーン三木」といわれたように、世人から田中金脈の後に誠にふさわしい人間であると歓迎されたことが基本にあるが、同時に私は三度佐藤内閣に挑戦した三木さんの実績ものをいったのではないかと思う。そこで三木内閣ができます。

三木内閣ができたことで、私は女房役の官房長官をやってくれと委嘱を受けて、初めて自前の内閣にぶつかってみました。三木さんは「私は、リフォーマーという立場で政界に臨む」と、かなり勢い込んでいました。そういう気持ちで政界に臨もうとしました。世人は非常に歓迎して、新聞の世論調査などでは三木内閣に対する支持率が非常に高かった。国民を背景にして自民党のなかでぐずぐず言っても、おれは国民の支持を受けていると言わんばかりの自信を持って政界に臨みました。

閣議の最初の日に、「今日は独占禁止法の改定をぶつから、いてくれよ」と言う。独占禁止法に経済界はびっくりしてしまう。土光さんは駆けつけてきました。政界に対しては政治資金規正法と選挙法の改正をもって臨むと言う。経済政策としては総需要抑制政策をやりました。総需要抑制政策、つまり緊縮財政をやるという。さもないとインフレの懸念が非常に濃厚であるというのを憂慮しました。

その他、ＧＮＰ一％の枠を設定して防衛費を押さえ込む、店晒しになっていた核防条約の批准を行う。ライフサイクルを中心にこれからの日本の老人政策をどうするかということを考えてみたり、いろいろ

来日したキッシンジャー国務長官を迎える井出と三木首相（昭和50年）

なことをやろうとしたわけです。

着々とこれらが功を奏しつつあったのですけれども、非常に不幸なことは、ロッキード事件がアメリカの公正取引委員会に端を発して、日本に逆輸入されてきた。一国の総理がとにかく五億円という金を外国の企業から受け取ることは、どう考えても困った話です。これを頬被りして、指揮権発動をやって、不問に付しておくわけには到底いきません。ましてや「クリーン三木」と言われる正義感からは、徹底的に究明をするのが本心であったわけです。これは周りの望むところでありません。三木さんが非常に苦労した気持ちというのは、側では一番私が知っていると思う。検察のやりいいように干渉を加えないというのが三木内閣の態度でした。

だんだんと真相が解明されつつあったのですが、自民党のなかでは三木総理に任しておいたのではとことんまで行ってしまうと憂慮する人もあった。三木さんを総理に推した椎名さんまでが、三木には「惻隠の情がない」と言い出した。そして自分たちに都合のいいのが集まって挙党体制確立協議会、挙党協を作って、三木から政権を奪取しなければならないという、いわゆる「三木おろし」が始まってきたわけです。二〇名の閣僚のなか、これに関わる閣僚が一五名もいるから困ったものです。

今にして思えばいろいろなことが考えられる。挙党協の一五名の首をみな切ってしまって、総選挙をぶったらという議論もある。当事者としてみれば、一党の総裁たる三木武夫が不良閣僚の首を切って、ことさらに混乱を招いて政界をおかしくすることは、実際問題、責任上できるはずのものではない。もしスト権ストの時を捕らえて解散に持っていったならば、総選挙は勝っていたと思います。それをなぜやらなかったかといえば、一番の問題は不景気です。どうしても景気が思うように立ち直らない時期でしたから、選挙をやれば一月、二月の政治空白が生じるわけで、経済界にどんな悪影響を与えるかを考えれば、総需要抑制政策はやっても、解散というわけにはいかなかったと思う。

三木内閣は、こと志と反した。やろうとした意図は十分で、着々とそれは功を奏しようとしていたにもかかわらず、ロッキード問題で足を引っ張られてしまったことは、返す返すも遺憾なことです。総選挙をやって二五〇を割ってしまった。二五〇以上を取れれば問題なかったのだけれども、二五〇を割ったことによって、その責任を取る意味で潔く退陣したのが、三木内閣の最後でした。

内閣を投げ出してからも、三木さんは党の最高顧問として時折適切な発言をした。与党幹部に耳の痛いことを言いうる人は、もうそれほど大勢はいない。三木さんは必要な時期にそういう役割をして、特に平和問題、核禁止問題に特別に力を入れてきました。

しかるに、病気でその任に堪えないところに来たものですから、やむをえない状況です。昨今、リクルート事件が湧きました。非常に心配な時期にたまたま三木武夫が亡くなってしまったのは何か象徴的であって、むしろ三木さんの霊魂がこれを監視して、かような事件に対する真相究明を十分にするために、ひとつ天上から見ていてくださいと言いたいところでもある。三木武夫が本当にこの際息を引き取ることが、何か日本の運命に象徴的なものを持っているという感じがしてなりません。

三木さんの亡くなる数日前に、三木事務所の書棚の一角から、三木武夫の健康であった時代に作った二つの草案が現れた。政治倫理法と選挙浄化特別措置法の雛形でした。私は三木さんが作る時分に見せられたことがある。政治倫理のほうはやや精神規定ですから、何すべからず、何すべきという性質のもので、罰則がついているようなものではない。ところが選挙浄化のほうはかなりきついもので、現実離れしている今の選挙費用をもっと実態に近しいものに直すというものです。五〇〇万円では収まるものではないから、もっと実態に近しい数字にこれを改める。しかしそれを超えたならば当選無効にする。失格にしてしまう。未来永劫政界へ出られないようにしてしまう。そこが非常にきつい規定です。

これをいったいどういうふうに受け止めるか。遺言のようなこういうものを書いて残した、三木らしいという評価を受けているわけですが、こういうものの将来の発展も注目していきたいと思います。

三木武夫なる人物は、いったい何だったのかを時折考えます。五〇年あまりにわたる政治生活を通じて彼が示したものはいろいろあったと思う。まず、そのひとつは、一種の理想主義です。政治は泥まみれなものであるけれども、そのなかに高らかに雲の上に一点抜きんでた光みたいなものがあるはずである。こういうものを常に心の内に保ちながら追求していく気持ちがなければならない、という理想主義が物語られています。同時にこの人は、理想一点張りで足元を見失うことは案外しない。なかなかしたたかなところもある。そして現実から遊離するような時はきちんと地に足をつけていることを忘れない。そういうような政治家であったように思います。

そして、この人の基本の思想が平和主義。もう戦は金輪際してはいけないという考え方です。また民主主義であり、自由主義なのはもとよりです。「信なくば立たず」という言葉をよく口にしました。人間と人間の間には信頼がなければ、お互いの間の信頼が何といっても人生の基本である、というふうなことの上に立っていた人のように思います。その意味においては、今の政治家のなかでやはり希にみる一人である。この人に追随する人物は他に見当たらないという感じがしてなりません。

私としても、過去四十数年付き合ってきて、たまには意見の違いもありました。例えば片山内閣が倒れて芦田内閣ができた時に、私は政治責任論から言っても、やはり野になった吉田さんに政権を持って行くべきであると考えたが、三木さんの考えはそうではない。政権はマジョリティ、数が多ければそれが成立すると。したがって芦田を中心として、もう一度片山と三木がこれに駄目押して三者合体の多数勢力ができれば、それが政権を取っても差し支えないというのが彼のアメリカ流の考え方でした。私はどちらかと言えば日本流の政治責任論でした。私の意見に賛成する人も数名いました。その時私は国会の議場で白票を投じた。芦田内閣支持の票を投じなかった。そんなふうなこともないではなかった。

私とはかなり体質は違っていたと思います。三木はやはり西日本ですよ。関西人の粘っこいところがある。ちょっとやそっとで自説を引っ込めなかった。私は関東流というか、五月の鯉の吹き流しみたいに諦めが早い。少し違っていたけれども、違っている点が、お互い引き合い認め合うこともあったのかもしれません。それが交友を長からしめたのかもしれません。何か寂しいです。長年の付き合いだった友が亡くなって、特に今年の冬は木枯らし立ちこめて寒さそぞろにもう一枚セーターでも引っかけたいような感じがしてなりません。

三木さんの後をどうするかという問題も、これから私も相談に乗らなければならない。それから、三木なき後の河本派もいったいどこへ行くのかも、皆さんご心配なさるだろうと思うけれど、これもこれからの大きな課題のひとつです。いずれにせよ、三木精神を失わないようにしたいものです。

昭和天皇の思い出

昭和天皇が崩御されました。今、全国民が悲しみのなかに包まれています。思えば昭和天皇のご生涯は激動のご生涯でした。不幸な戦争、そして敗戦による史上かつてみない占領下、人間宣言と新憲法による象徴天皇、そして戦後の復興、恐らく歴代天皇のなかで、このような激動の時代に生きられた天皇は他に例がなかったではないだろうか。天皇様の問題を中心に、考えていきます。

天皇制のあり方について、憲法の担当の国務大臣でした金森徳次郎先生が、「天皇とは、国民の心のなかに宿ったほのぼのとした憧れである。これが、象徴という意味でありましょうか」ということを、憲法解釈の際に発言して、今でもこれは、私どもの耳に残っている言葉です。いかに陛下が国民に親しまれてきたかということは、いちいち申し上げる必要もなかろうと思う。私の友人で、今は亡き森山欽司という代議士がいました。大臣も二度ほどやったのですが、この森山君が倒れる直前ぐらいに、勲一等の叙勲にあった。彼は「いただけるものならば、今の陛下からいただきたい」ということを口にしていました。これなども、森山君が、いかに陛下に一種の親しさを持っていたかの証拠かと思います。

陛下がご病気になられて以来、私のところへ新聞社の「ぜひ会いたい」という申し入れが、二つや三つにとどまらない。そういう談話を私から取りたいということでくる。万一のことを予想してのことでしょうけれども、それは表沙汰にするわけにはいかない。「私のところへなぜくるのだ。私がそういう候補者というのもおかしいのではないか」と言うのですが、新聞社は期せずして、「長野県下を見渡したところ、井出先生が一番皇室と今までいきさつ上交渉が多かったお一人であろう。だから、陛下に対する印象を伺っておきたい」と言う。私は割合に陛下とお目にかかる機会が多かったと思う。

だいたい、新年の年賀の際には宮中へ伺い、新年のごちそうにあずかる。毎年この時は陛下にお目にかかる。それから、五月から六月にかけて全国の植樹祭があります。山を緑にする運動です。これがいつのまにか陛下のお越しをいただき、盛大に開かれる習慣になりました。私は、長年にわたって全国森

天皇陛下御在位五〇年記念式典で壇上に座る（昭和 51 年 11 月 10 日）〔明治大学史資料センター所蔵〕

林組合連合会長をしましたから、植樹祭にはだいたい出席しています。そして、天皇様をご案内する先導役のような役を務める。この時も陛下にお目にかかる。春秋の赤坂御苑の園遊会があります。古参議員であるがゆえでしょうか、連年これに招かれて、陛下にお目にかかる。皇室の皆様にご一緒にお目にかかる機会が、春と秋とあります。

陛下が地方をお回りになる、たいへんお楽しみとしていらっしゃる行事としては、春の植樹祭に加えて、秋の国体がある。長野県に国体が開かれるなどという場合は別ですが、私はあまり出たことはない。全国、あちこちで開かれる機会も、陛下が国民に接するひとつのチャンスであったろうかと思います。

そういうことで陛下にはしばしば接したのですが、そのなかで、申し上げておきたいことが二つある。ひとつは、昭和二二年。私が議員になって二年目でした。この時に、陛下は長野県にご巡幸あそばされた。二五年ぶりといわれていましたが、終戦で国民が立ち上がっている。その元気な姿を、自分自身でひとつ励まして歩こうという思し召しで、全国各地をお周りになりました。二二年の秋は、山梨、長野、新潟の三県をお周りになり、長野県の場合は軽井沢でお泊りになりました。

軽井沢の近藤別邸が陛下の行在所です。近藤別邸は、名古屋の実業家である近藤友右衛門さんという人が、碓氷峠の登り口のところに広大な場所を占めて見事な建築を誇る、また、矢ケ崎川の流れを構内に引き入れて、たいへん見事な美しさをもった屋敷です。戦時中は、貞明皇太后様が疎開地という意味でお住まいになられて、陛下とご縁のある場所です。そこを、一夜の宿ということになりました。

私は、陛下の軽井沢の一夜をお慰めするために、長野県が計画した、陛下の御前で夜をお慰めするための座談会というものをもちました。それは、長野県の山林部が中心になって企画立案をしたものです。長野県ですから、山が県を象徴する大きなテーマである。山に関する座談会を陛下の御前でみなでします。陛下の旅のお慰みにしようという企画をしたわけで、私はその司会者をやらされました。なぜ私にその白羽の矢が立ったかと言えば、私はその時に長野県林業会長という役をしていて、林業会長のゆえをもって、私に司会者の役が振り当てられてきました。

一〇月の初めで、霜でも降りそうなかなり寒い夜でした。時の林虎雄県知事が、陛下と並んで陪席されました。座談会を催したのは、私のほかに伊那の山林家で、一生涯に三五〇町歩の山を植えた熊谷長三郎さんという七〇近いご老人がまずあげられます。日本アルプスのことを特に詳しい平林武夫さんという北安曇郡の中学校の校長先生もみえた。電力の関係を中心に、中部電力の落合盛取締役。長野の方で人選の一人です。京都大学の私の先輩で、八ヶ岳の練習農場の場長であります久保佐土美《さとみ》さんという先生が一人にあてられた。さらに、原義亮《よしすけ》さんという、木曽の会田村の人です。当時は、木曽馬が新しく目をつけられた時期で、このほうの畜産組合長という役をしていた人です。

私は、林業会長ということでそこに臨んだのでしたが、何せ、まだ天皇様が人間宣言をして間もない時期です。少し前までは、天皇様は神様だった。それが、その一年ばかり前に「天皇は神にあらず」という宣言を陛下自らおやりになりました後です。そこに集まる方は年配の方でもあり、陛下に向かっては、最敬礼をしながら育ってきた人々である。面と向かって陛下の顔を見たら、目がつぶれると言わんばかりの人々が集まりました。最初、皆さん、なかなか面を上げない。最敬礼に近いように伏したままで、話にならない。司会者は、たいへん苦労しました。

長野県の問題ですから、まず八ヶ岳の農場の久保先生に開拓の問題を論じていただいた。久保さんは麦の栽培をしていましたが、黒パンなどを作るライ麦という黒い麦と、普通の麦との交配種を八ヶ岳で育てつつあるという時期でした。見本などを持ってきて陛下にお目にかける。陛下はもともと生物学者でいらっしゃるから、たいへん興味を持ってそれを取りあげて御覧になったのが、スタートでした。

開拓の問題が終わるや山の問題に入りましたから、日本アルプスを中心にあの辺の山をことごとく踏破し尽くしている平林校長先生から、ライチョウやサンショウウオの話。サンショウウオを持参されて、洗面器か何かにそれを浮かばせて、陛下にお目にかけたりなどしました。

それから、木曽馬の話を、原畜産組合長からする。あるいは、まだ電灯が暗いような時期でしたから、長野県の電力事情の将来をどう展望するかということで、落合中部電力重役の話がある。

最後に熊谷長三郎さんが、自分の三五〇町歩を植えた山の体験を話しました。鉈《なた》を一丁、腰に差して山歩きをする。木の幹に藤蔓《つる》が絡んでいるのを見れば、自分の山であろうが、人様の山であろうが、その蔦《つた》や藤蔓を切って歩く話をしましたら、陛下は大きくうなずいておられたことを記憶しています。私がその間、時おり話を引き取ったりつないだりして、ちょうど一時間、陛下の御前で座談会を終了しました。

御前座談会の際には、後から考えてみると陛下からもう少しご下問でもあるような司会の仕方をすれば良かったと思うのだけれども、みな緊張していてそういうわけにもいかなかった。久保さんなどは緊張してしまって、外は霧でも降りそうな寒いのにもかかわらず、汗タラタラ。そういう状態でしたから、陛下は最後にお帰りになる時に「みんなからたいへん面白い話を聞かせてもらってありがたい」と言ってお引き取りになったのが当日の締めくくりです。

こういうことは全国でもあまりなかったようです。京都へ陛下が行かれました時に、新村出先生、あるいは歌詠みの川田順、吉井勇、谷崎潤一郎。こういう人々が集まって陛下をお慰めした座談会があったように聞いていますが、地方でこのような試みをしたところはあまりないわけです。長野県のやり方は当時非常に注目され、私は、御前座談会が今でも頭に残っています。

その日の昼間に、大宮御所へ陛下に御敬を表するために記帳に行きました。伊那の出身の方で、伊沢多喜男という日本の官僚の親玉のような人がいました。小山邦太郎さんがたいへん昵懇にしていて、私は前から伊沢さんには紹介されて会ったことがある。その伊沢さんのところに寄りました。ちょうど、私は車を仕立てて行ったものですから、「これから、陛下のところへ記帳に行きますが、ご一緒にいかがですか」と伊沢さんを乗せて大宮御所に行った。ちょうどおりから、自転車に乗って、スポーツウェアーを着てハンチングを被った人が通り過ぎた。これが鳩山一郎さんでした。鳩山さんは軽井沢が好きで、大きな別荘を持っていらっしゃる。自転車で、鳥打ち帽子を被って、飄然《ひょうぜん》と現れて、「やあ、やあ」というものだった。そんなことも当時の思い出として残っています。

その後、いろいろと陛下と接触する機会がありました。例えば、私は予算委員長、農林委員長をやりました。委員長をやると、宮中で委員長を呼んでお茶の会を催してくださる。そういう時に陛下にお目にかかる機会もあります。それから、大臣になった時に、認証式がある。これは憲法事項で、陛下の大事な国事行為で、大臣のいうならば、任命式。総理大臣が起立して、陛下の前に閣僚は逐次進んで陛下にお言葉を賜ります。どういうことを申されるかといえば、「重任ご苦労である」とおっしゃる。つまり、重い任務に就いてご苦労である。たったそれだけです。何ということはありません。私は認証式が四回ありましたから、四回、それを経験しています。

それから、昭和五三（一九七八）年、新年歌会始の際に、私は召人の役を仰せ付けられました。私は思いもかけなかったのですが、宮内庁のほうで人選をしたのでしょう。宮内庁で歌を主として担当しているのは、式部職です。「官房長官をやった井出一太郎は歌を詠んでいるらしい。これを次の機会の召人にしよう」などということが、この辺で話題になったようです。私は、その召人が重要な役だとも思っていなかったのだが、よく考えてみるとそうではない。あの新年歌会における、主役の一人です。

その時のお題は「母」で、あらかじめその題を中心に詠んだ歌を式部職のほうへ提出をしておく。それにはひとつのしきたりがあり、やたらに何でもいいというわけではない。障子紙に書いて持っていくわけにはいかない。越前檀紙と申しまして、越前がつくのだから、越前で漉いた紙でしょうね。「檀」は、マユミです。マユミという木があるでしょう。楮と同じようなものを、マユミから採って漉いた紙ではないかと思われます。宮内庁のほうからそれが届けられます。一定の書式があり、その歌の最後の三文字だけは万葉仮名で書かなければいかけない、というしきたりがある。

私は「母」という題だったものですから、一首を認めて、宮内庁にあらかじめ差し出しておいた。そ

歌会始で召人を務める（昭和53年1月）

の歌は「母まさば　大内山に　初春の　けふの節会の　よし告げ麻之乎《ましを》」という歌です。母親が生きていてくれたならば、この大内山（皇居のこと）の歌会始の良き行事の様子を知らせてあげたいものだ、すでに故人になってそうはいかないという意味の歌です。

おそらく何千という歌が毎年奉られます。全国から歌を奉ったなかから、当代最高の歌人の諸君が数名で選んだ入選の歌が、一〇首ぐらいでしょうか、当選します。年頭の放送などをお聞きになった方はご承知でしょう。平安朝以来の習慣といわれる、いかにも間延びのした、ふつうわれわれの詠《うた》う歌とは違う調子のものが、宮中の「松の間」で披露される。

それぞれ役が決まっています。「読士」、読む人。「整調」といって歌の調子を合わせる人。その他、いろいろ役割があり、一種の音楽的な情景であの歌が詠まれる。やはり他の調子では駄目です。ああいう調子で詠んで初めて、平安朝のころを思い、偲ばせる要素があるのではないかと思います。

まず、一般の入選歌が披露されたうえに、初めて召人の歌が披露される。召人は陛下のまったく真ん前に座る。そして、選者、歌詠みの大家のような人も、召人の両側に分かれて座る。それから、一般の入選者、歌を詠んだ方々は、その後ろの列へお座りになる。ということですから、あの場所における召人の位置は、最高のものだと思われるわけです。

選者の歌が披露された後、今度は皇室の皆様のお歌が詠まれる。陛下から遠い方々が先になります。皇太子様、皇后様、陛下という順序で、天皇様の歌が最後に詠まれるわけです。ほかの歌は、一遍しか詠まれないけれども、天皇様の歌だけは三遍詠まれる。そういう仕組みで披露されるのが、あの歌会始の儀式です。この頃はあの儀式が大衆化されて、歌自身も近代的な要素が加わってきたように、私には思えます。

その儀式は、一時間前後で終わります。「松の間」という、宮中において一番高い位置を占めている部屋で式が終わって、その横にある「竹の間」でわれわれ一同は控えている。控えていると、召人の並ぶところは、やはり一番上席です。そして、陛下がお入りになって、召人のところにお近付きになって、「今日は、良い歌を詠んでもらってありがとう」という意味のお言葉がある。それから、選者もそこに並んでいますから、選者の諸君には、「今日は、歌を選んでご苦労だった」というお言葉がある。

一段落して、今度は「清浄の間」という部屋で酒肴が出る。お酒とごちそうが出て、儀式は一段落する。私としましても、思いも寄らないチャンスに恵まれて、召人としての歌を読み上げる機会を得たことは、私の生涯にとって、やはり記念すべきことだったと思えます。

宇野内閣

竹下内閣が退陣して生まれてきたのが宇野内閣でした。竹下氏は、当初は別途な構想をもった。例えば伊東正義が一番有力な候補として竹下さんの意中にあった人です。だけども、この会津の伊東氏はなかなか頑固者だ。糖尿という病気を持っている関係もあり、「おれはそんな人ではない」ということで断じて受けない。あれやこれやと持ち回った結果、宇野代議士に白羽の矢が立てられた。一番非難がない宇野に総理をやってもらう。

宇野宗佑君は滋賀県の産です。不思議なことにその前の竹下といい、宇野といい、酒造家です。私もこの連中とは非常に親しくした間柄でしたが、宇野総理は少し無理な人選であったかと思う。総理の印綬を帯びるに至りましたが、婦人問題が生じて、これでどうにもならなくなってしまった。

ことに今の日本は国際的な交際も大変に、以前のような外国のことを知らないというわけにはいかない。国際的な交流をするとなれば、アメリカ、イギリス、いずれもキリスト教国である。キリスト教は一夫一婦制が非常にきちんと守られている国です。これらの国において婦人問題で失脚した政治家はずいぶん多い。イギリスの陸軍大臣をやったプロヒューモ事件というのが今でも残っています。ある町の女と関わりを持ったために陸軍大臣の椅子を棒に振ってしまったという問題もある。あるいは、アメリカではケネディの一番の弟（エドワード・ケネディ）。上院議員としてなかなか嘱目《しょくもく》されていた若手です。彼が婦人秘書と一緒に自動車で水のなかに飛び込んでしまい、自分は助かったが、その女性は死んでしまった。爾来ケネディの弟は上院議員としては立派な人物だけれども、政治家とはさっぱり尊重されなくなってしまったということもありました。

宇野先生、フランスのパリでのサミットへ出かけていきました。国会でも追及されたわけです。特に土井たか子社会党委員長、俗称「おたかさん」が宇野氏に対して面と向かって責め立てた。また宇野さん自身も、パリサミットに出かけてサッチャー女史なぞに突っ込まれやしないかと思って、戦々恐々としながら出て行った。サッチャーも、まさか公の場所で面と向かってそんなことで責めるほどのエチケットの心得がないわけではない。何も話題にならなくて宇野君は助かった。しかし、日本の総理がああいうことで世のなかの話題の種になることはいかにも拙いわけです。

折から参議院選挙がありました。宇野時代に、総理に「応援に来てくれ」というのはない。総理はなるべく来てくれるな。こういう選挙が行われるようになってはお終いです。結論としては、参議院において大負けに負けてしまった。宇野総理はその責任を負って総理を辞めることになったわけです。

本来ならばもっととっくに辞めて然るべきだ。しかし、彼は日本流に「女の問題なんて公の場で議論すべきものではない、これはプライベートな問題だ、だからわしはわしで処理するから、そんなことを国会で話題にしなさんな」というような答弁でどうやら通ったように見えるけども、結果はあの問題が起きたと同時に辞めざるをえない立場で、相撲の言葉をもってすれば死に体になってしまった。日本の歴代の総理でこれほど哀れを留めた総理はいなかったのではないかとすら思っています。

海部内閣の成立

宇野内閣がついに退陣して、その次の総理は一体誰かとなったわけですが、私の長らく昵懇にしてきた海部俊樹君が総理の印綬を帯びることになりました。

海部氏も、八月の就任と同時にその月末に野辺山へ来て二晩ばかり静養した。あそこの天文台に主任教授としている海部宣男《のぶお》先生が総理のいとこになる。こういう関係で、宇宙の知識を身につけたいということも兼ねて、静養かたがたやってきました。その次に「軽井沢で一緒に夕飯をやりたい」という申し入れがあったものですから、私も家内同伴で海部夫妻を訪問して一緒に食事をしました。

学者の先生もいた関係で、あまりどぎつい話をすることにはいかなかった。海部さんには、「総理総裁になってあなた自身も意外であったと拝察する。世間もそう思っている。その成立の事情、主流派が特に海部さんを選んだのには世間で取りざたされるように、竹下元総理のあたりが中心になっていろいろと動いていたと伝えられている。しかし、ひとたび総理になった以上は、ひとつの自らなる運動法則があるはずだ。独自の道を、あまり右顧左眄《うこさべん》することなく正々堂々と歩んでもらいたい」という意味のことを申し上げた。

派閥勢力は、河本派はごく小さい。けれども今の事態に派閥では問題を割り切れない。もっと大所高所からものを考えて、派閥代表みたいな考え方でなく、おれが一国の総理だ、なりたくてなったのではない。諸君のご推挽によってこの地位を今けがしているけど、いけなければいつでも辞めるというぐらいの、少し腰を据えた態度でもって臨んでいいのではないか。少し彼を励まして別れた次第です。

彼から聞いたところによれば、初当選は二九歳である。総理になったのが初当選以来二九年目である。何か二九が重なってきている感じです。

かつて愛知県の一ノ宮を中心に河野金昇という代議士がいました。私は非常に昵懇にして、三木派では河野君と共に勉強した仲間です。海部君は当時河野代議士の秘書をしていた。昼間は秘書生活を送り、夜は早稲田大学の法学部に通って勉強に勤しんでいました。その後は夜学ではなく本科に移ったようですが、当時白石の美少年、誠に可愛い青年でした。私から歳が二〇近く違う。河野金昇氏が私よりも一つか二つ年上である。そういうことで、海部青年をたいへん注目しながら将来を嘱望していました。その河野君が癌のために数年ならずして倒れてしまった。後をどうするかということで、最初奥さんの孝子さんがご亭主の身代わりとして当選しました。この時、私は応援に愛知県まで駆けつけた記憶があります。河野孝子さんは一介の主婦で、本人も身の程を知っておられたのでしょう。「私は一回きりで、あとは成長してきたから、海部君にやってもらう」ということを口にしていて、河野孝子の一期の後に海部君が飛び出しました。その時、「皆さん、財布は落としても、海部を落としてはいけない」という海部代議士を推薦する私の発言が伝えられて、海部氏はそのことを今でも申すような次第です。

彼は東京へ上ってきました。学生からいきなり当選したようなものですから、東京に宿舎や住宅がない。当時私は目白の家のほかに、九段宿舎に一部屋もらって書斎代わりに使っていた。海部君、それをどこから知ったか、「井出先生、是非九段の宿舎を私に譲ってくれませんか」と来た。私も欲張ってもしょうがないから、「いいところではないか。君が使うのなら九段の宿舎は明け渡すよ」と言って、海部君がその後に住まうことになった。彼とはいろいろな縁故があります。

その後三木内閣ができた時に私の元で官房副長官をやってくれました。私は海部君の才能をよく知っていますから、できるだけ彼を引き立てることに努めて、派手な仕事は、例えば国会討論会などの自分の出るところは三度を二度ぐらいにして、一度は海部君に出てもらうようなことをしました。

あるいは、三木内閣当時、初めて先進国首脳会議が行われた。いわゆるサミットです。最初に行われたのがフランスのランブイエで、その次の年はアメリカのサンファンで会議がもたれました。いずれも海部君に総理の付き添いとして行ってもらったわけで、これも海部という人物をそういう世界的な場面に出してやるという私の気持ちが表れていたと言ってもいいと思います。

あるいは海部君が名をなしたのは、スト権ストがある。国鉄の書記長だったと富塚三夫《とみづかみつお》という、後には代議士になる人が非常に華やかな場面に登場してきました。これに対するのに、内閣の側では海部君がしました。事務方は大蔵省の局長をやった吉野実というのが主として担当して、政治面を海部君が受け持った。彼は有名であった労働組合の闘士である富塚君とまったく対等、あるいはそれ以上に論法が優れていた。そういう形で労働組合を相手にして戦って、一躍海部の名前を全国に馳せたこともありました。

三木内閣当時は長官と副長官の間で、まったく水も漏らさないコンビネーションを形成したようなのも思い出のひとつです。かれこれしている間に海部君は大変に成長して参りました。彼は幅の広い人物ですから、三木派だけの枠に留まっておらず、当代のいろいろな派閥の連中とも付き合っている。ことに早稲田大学の雄弁会に身を置いたことがありますから、その当時の学生だった者が「早稲田の時代」と言われるほどに政界へ進出している。それらと深い交渉がありますから、非常に交際の幅が広い。ですから、人によっては海部はだんだんと三木派から遠ざかって、本籍は三木派にあるけれども、どうも現住所はそうではないという軽口を言われるほど幅が広い。その幅の広さがまた、彼が思いもかけない総理の栄冠を拾うことにもなったかと思う。

海部政権スタート早々に、官房長官に採用した山下徳夫《とくお》君の女性問題等が話題になり、スタート途端につまずいたような感じもしないでもなかった。山下君は私も良く知っている。ことに私は十何年前に日本・ポーランド友好議員連盟を組織して、ポーランドへ関心を寄せました。

私がなぜポーランドへ行ったかというと、これもその背景には海部君がいた。海部君が議院運営委員長をやっていた。若くして議運の深い駆け引きに身を置くことは、彼自身たいへん勉強になったかと思う。その議運の委員長だった海部君がある時、「井出先生、ポーランドへ行ってくださいませんか」とこう言われた。「ポーランドって、おれはあまり縁がないのだが」「実は向こうにワレサという労働組合の大立て者がいる。ポーランドへ行くには若い者ばかりではいけないから、長老の一人として先生に団長になってもらいたい」というのが、議運の海部君からの話でした。私もどうかと思ったけれども、ひとつ、どういう人物か、ワレサと逢ってみよう。ポーランドは東欧諸国のなかでは比較的西向きという感じもしないではない。政治はモスクワを向いている。しかし、物価や経済は西ヨーロッパを向いている。ポーランドへ行ってみるとこういう感じを強く持ったほどでした。

ポーランドへ一〇名ばかりの各党各派の議員が選ばれて、私が団長として行きました。その時のポーランド行きの幹事長をやってくれたのが山下徳夫君でした。山下君もなかなか国際的には顔の広い人で、私を助けてポーランド関係の仕事はずっと山下君がやってくれました。私が政界を引退してからは、山下君に会長をお願いしてポーランド関係を取り仕切ってもらった経緯もある。山下君のことはよく知っているのですが、残念ながらああいう結果になったわけです。

山下君ももう少し手際よくやれば良かったと思うけれども、しょうがない。人の噂も七五日と言いますから、少しは彼も謹慎もして、徳夫というのだから徳を納めなければいけない。しばらく終始するならば、なかなか人物ですから、もう一遍用いられる機会が出てくるのではないかと考えています。

海部という姓も珍しい姓ですが、私が彼から聞いたところによると、徳島県に海部郡という郡がある。そこに海部の源流がいました。太平洋の黒潮に乗ったかどうか知らないけど、流れ流れて愛知県あたりへ住み着いたのではないかということを海部君から聞いたことがあります。

河本派は派閥としては最小です。けれどもだいぶ今回は若返りましたし、リクルートでかれこれ言われたような連中は第一線には出られない。海部君が持って生まれた才能を生かすチャンスではないかと考えています。私のところへもあちこちから祝福で来られる方が多く、手紙やハガキがだいぶ来て、海部さんが総理になったことが、あたかも私が後ろで大いに力を入れたように解釈して、そういう手紙などはたくさん来ている。海部さんもしっかりやってもらいたいというのが私の願いです。

内閣が生まれた当時の世論調査もだんだんと修正されてきて、あの当時は支持率が割合低かった。それがある程度回復して、竹下内閣、宇野内閣に比べれば、ずっと海部のほうが成績が、世論調査に関する限りはいいわけですから、この調子で何とか成功していってもらいたいという気分を持っています。

おわりに

四〇年の議会生活、政治生活を振り返ってみるに、私の場合はたいへんに運が良かった。同時にこれこそ皆様方のたいへんなお力添えが然らしめたという気持ちで一杯です。これは感謝のほかない。

私はあまり無理をしない選挙をやったつもりです。つまり、できるだけ節約して、あまり金のかかる選挙をやらずに過ごしたということで、初回から一六回に至るまでそういう調子の選挙をやりました。だから無理して最高点を取ろうということは、あまりしなかった。

第二区という選挙区を取り上げてみても、千曲川の最上流であって、この南佐久の天地は佐久地方も含めて僻陬《へきすう》の地と言っては言い過ぎかもしれんが、人口密度から言いましても非常な過疎地帯です。こういうところで継続して当選していくことは、なかなか容易ではない。もっと票田の豊かなところへ駒を進めて行けばということになるけれども、それは、たいへんな無理をしなければならないということにもなります。

無理をして小諸を越えて上田地方にまで進出しなければ最高点というわけにはなかなか行かない。そうすると相手方を刺激する、摩擦も起きますから、少し消極的な戦法ではあったけれども、佐久の天地に立て籠もっていた感じでした。

その限りにおいては、佐久という天地を中心にして私のご支持を主としてその場所で頂戴してきたということは、考えてみれば支持者の皆さんがそれだけお骨が折れたのではないかと思います。私がふんだんに金でも使えば別だけれども、私はむしろ使わないで出てくることを自分の誇りにさえ感じているのであり、その点では皆さんにはずいぶんご迷惑をかけてきたように思います。

そういうことですから、私はおそらく衆議院の大勢のなかで一番節約した、安い選挙ができたのではないかと思う。選挙が近づいたからと言って悪どい金集めなどをしたことはない。私は、パーティーを開くことは一顧もしなかったわけです。選挙が近づけば国会の議員会館に一週間も頑張っていますと、長い間のお付き合いと言いますか、あそこに顔を持っていればいろいろな階層の人々から、「いくらかこれをお使いください」と言って、陣中見舞いが届く。多いのもあれば、少ないのもあります。それをそこで陣取って頂戴して、鞄へ入れて持ってくればどうやら選挙費は間に合ったということで、たいへんケチケチした選挙をやって、皆さんにはご迷惑かけたかもしれませんけれども、それがかえって私の政治生命を長らしめるゆえんであったのではなかろうかと心得ております。

私の同じ選挙区の同僚の議員は、私に会えば、「井出さん、あなたが、ともかく安い選挙をやってていてくださるものだから、おかげでわれわれは助かります」と、お世辞か何か知らないけれども、言われることがしばしばありました。中選挙区においては、やり始めればきりがない。これが一人一区で政党選挙が行われるのならば話は別だけれども、そうではなく同士討ちがある。五名から三名までの定員で選挙をやる場合には、同じ政党の者が二、三名、複数で出ることになります。それがお互いに鎬《しのぎ》を削って、金もでかく使って選挙を行うことになる。これが、第二区の場合は比較的そういう弊害がなくて済んできたのも、私が一番ここの古参の議員として倹約の選挙を営んできたことにひとつの理由があったのではないかと考えています。

一六回、無傷で当選を続けさせていただいたことは、珍しい例ではないかと思う。よく新人の当選者などが私のところへ現れまして、「先生、選挙はえらいものですな」と言う。その時私は、「君、おれは君がたいへんだというやつに一六回やって今日に至っている」と言うと、大抵びっくりして、それ以上言葉を継げないような顔をして帰って行きます。

ある人は「井出さんの選挙は、低空飛行をしょっちゅうしている」と言う人もいる。同時に、「あれは名人芸だよ。ビリで当選はやろうとしてもできない」。私が常に言うには、「上野駅に着くのに、一番先のハコに乗ろうと、最後のハコに乗ろうと、着く時は一緒だ」と言って笑い飛ばしてきました。信越線に乗って、二番目の列車でも三番目でもいい。向こう側へ着く時には同じではないかという理論です。経済速力で走ろうということで、やはり、無理はしなかった。お陰でもって今日を得た次第です。

続　青葉夕影

井出一太郎歌集

大陸に　我は渺《びょう》たる　エミグラン　世界歴史に　かゝはりのなし
（以下の五首は、日中戦争の激化の中でこの戦争の実態を見極めんと訪中の時に詠んだもの）

千年を　端座まします　み佛に　治乱興亡　問はせまつらむ
（李朝博物館）

北満に　大日向村　いとなむと　いさみ渡りし　二百の家族
（満蒙開拓団大日向村を訪ねて）

眼を奪う　この絢爛《じゅんらん》に　たぢろがぬ　王者の徳は　生《あ》れ乍らなり
（北京紫禁城）

支那に来なば　さだかに知れむ　世の嘆き　斯く来しもいよゝ　思い乱れぬ
（日中戦争実態把握の旅で戦争へのさらなる疑問の深まり）

あきなひて　疑わず来しが　生産に　我いくばくの　寄与をなせしや
（厳しき現実）

参百万　商業者転換を　せまられぬ　厳しきかなや　この現実は
（統制経済。戦時体制への突入に際しての感慨）

立ち並める　吉野杉桶　あふるがに　千石はあらむ　数えて慰む
（戦時下酒つくりの歌）

友征きて　席の空しき　教室に　心鎮めて　鎮まらざりき
（学園銃後。京大時代学友の徴兵にあいて）

傾きし　船の彼方に　いでし雲　かなしきばかり　美しき雲
（戦時中タイでの酒造命令を受け、台湾沖にて魚雷を受け船沈没。九死に一生を得る）

敗戦の　み冬きびしく　赤銹《さび》の　焼トタン屋に　霜置かむとす
（東京所見。昭和二〇年）

高原の　曠土《あれつち》に　人挑めるを　たふとし見るも　心いたみぬ
（引揚者開墾地にて。昭和二〇年）

やりどなく　帰りし友を　いたはると　話術の末を　気遣ひて居り

（友の復員するありて。昭和二一年）

喧噪の　議場睨《ね》めつゝ　端然《たんねん》と　老咢堂は　語りつぎにき

（咢堂先生。昭和二一年）

憲法は　斯くして成りぬ　あかあかと　焼けし都に　沈む入つ陽

（新旧憲法。昭和二一年）

浮浪児と　闇の女に及ばざる　政治を思へば　身を責めんとす

（東京客寓、昭和二二年。上野駅での観察か）

山河は　かくて静けく　いにしへも　戦《いくさ》敗れし　今も猶あり

（野辺山紀行、昭和二二年。杜甫「春望」――国破れて山河あり城春にして草木深し――を想い出してか）

再建の　成否を賭けし　この歳を　気負ひ迎ふるは　我のみに非ず

（歳旦同志に寄せて。昭和二三年）

公報に　哭き崩折れし　人のいま　凛然として　婚家に仕ふ
（終戦余聞。昭和二三年）

賀状にて　友シベリアを　引揚げし　消息は来ぬ　佳き元旦や
（賀状。昭和二五年）

そのかみの　遣唐使など　思ひ出で　安き旅路は　勿体もなし
（太平洋飛翔吟）（以下四首は、アメリカ旅情、昭和二六年米国視察の折に詠んだもの）

兵士たる　日来たるとも　市民たる　ことを止めじと　刻みて深き
（アーリントン無名戦士の墓を訪ね、米国市民社会の実態に触れた感慨か）

そもなにを　祖国日本は　与へしと　まともに問はれ　答窮しぬ
（米国移民二世の人に会いて詰問される）

さゝやかな　わが著書なれど　海越えて　こゝにしあるは　測らざりしも
（米議会図書館で、自訳書ウォーバス著『協同社会論』に会いて）

冬ひでり　麦作を　わが憂ふれば　通産相は　電力を言ふ
（閣議にて、昭和三二年。裏作を常とした農家と水主火従時代の電源構成――当時の産業構造――を詠んだもの）

秋深き　北京にあれば　天壇の　瑠璃のいらかに　霜置かむとす
（以下四首は、昭和三四年の松村謙三訪中に同行して詠んだもの）

厚く垂れし　竹のカーテン　押しひらき　入り来しは　同種同文の国
（東西冷戦の中、日中交流断絶の中で早期国交回復を痛感）

易姓と　革命をいく世　眺めこし　大雁塔は　麦畑の中
（易姓革命の国中国において。幾多の政変を経ても文化の象徴大雁塔は自然の中に変わらず存在するとの思い）

ほのぐと　残るものあり　紹興の　酒あたゝめて　酌みて別れき
（周恩来総理出身地にて紹興酒を酌み交わす）

モンブラン　みねは吹雪と　なれるらし　敬虔なる心　もちて降《くだ》りぬ
（以下七首は、昭和三五年欧州、中東、アジア視察の際に詠んだもの）

カラカラの　浴場のあとの　鋪石《しきいし》の　あはひに咲ける　蒲公英《タンポポ》の花

（イタリーにて）

十字軍　蒙古サラセン　ビザンチン　掠めしといふ　丘の上に立つ

（アラブ諸国にて）

ノートルダム　暗き御堂に　青赤の　硝子を洩れる　光仰《かげ》ぎ居り

（パリのシテ島にあるノートルダム寺院を訪ねて）

歯切れよく　ここに松岡　叫びしより　国顚落の　みちを辿りき

（ジュネーブにて）

漱石の　倫敦《ロンドン》塔と　鷗外の　即興詩人　読み直すべき

（英独に留学した明治文豪の書を想いだし）

印度教《ヒンズー》の　暗きとばりの　蔭に居て　おほかたの民　さめざらむとす

（インドにて）

文明は　遠からなくに　信濃佐久　おほかたの村　水道走る

（佐久水道讃歌。昭和三五年）

偉大なる　祖国に栄光の　旗手たらむ　ドゴールの希ひを　民ら肯《うべな》ふ

（以下の三首は、昭和三七年の訪欧の折に詠んだもの。ＥＥＣ結成に仏独英の指導者を思って）

伯林《ベルリン》に　ことしげきとき　たまきはる　老宰相の　余命を思ふ

（アデナウアー首相を思って）

王冠の　光消ゆるも　保し難き　マックミランの　大いなる賭

（ＥＥＣ参加を求める英国を思って）

父あらぬ　大つごもりの　宵仕度　わがつとむると　郷家にいそぐ

（越年故旧情。昭和四〇年）

杜白の詩　羲之真卿の　墨のあと　宋の陶磁も　君を待つらんか

（松村謙三先生の訪中に際し贈る。王羲之と顔真卿に言及したもの。昭和四五年）

議会主義　この国土に　根つきしか　あだ花のみを　つけしかいづれ
（在職二五年院議表彰。昭和四六年）

秋深き　北京を訪ひて　十年まり　日中の距離　なほちぢまらず
（キッシンジャー訪中の報に接し。「まり」は余りの意。昭和四六年）

五合庵　降りつつ思ふ　良寛の　書の真贋を　問ふのおろかさ
（出雲崎に良寛を訪ねて。昭和五二年）

参議院　選挙支援の　急ぎ旅　唐津伊万里に　やきものも観ず
（参議院選挙応援時。昭和五二年）

平戸島　商館あとを　案内する　市長は素行　先生の裔《すえ》
（平戸藩とかかわりを持った山鹿素行の末裔に会いて。昭和五二年）

春の日は　大内山に　照れれども　シャンデリア点《つ》く　殿の幽けさ
（歌会初の儀に侍りて。「大内山」は皇居のこと。昭和五三年）

千年の　時の久しきを　凌ぎこし　声のしらべの　いつくしきかも

（歌会初の儀に侍りて。昭和五三年）

歴史いま　停止せるごとし　復元の　成りし妻籠の　宿場坂みち

（木曽路行。昭和五三年）

新しき　光を求めし　斯の人に　ふるさとの血と　土のまつはる

（木曽路行での藤村回顧と思われる。昭和五三年）

山の端に　銅色《かね》の月　落ちむとす　夜行のけもの　群れあそぶ頃

（秘境。昭和五三年）

支笏湖を　斜めに落つる　逆光に　樽前の山　しばし見失ふ

（支笏湖周辺にて。昭和五三年）

山裾の　斜面に蕎麦《そば》の　茎紅く　稔りたしかなり　野分も過ぎて

（蕎麦讃歌。昭和五三年）

益荒夫の　生きのいのちの　壮絶さ　子規居士享年　三十五歳

（伊予の旅で子規を偲ぶ。昭和五四年）

越のくにゆ　千曲の川を　さかのぼり　吹く木枯しの　佐久に至れる

（木枯し　信濃川から上流佐久を思いて。昭和五四年）

半世紀　こと繁かりき　旧校舎　むかしながらに　松風のなか

（松本深志城下母校記念祭にて。昭和五四年）

師も弟子も　髪のうすきに　変りなく　老いの境と　なりにけるかな

（松本深志城下母校記念祭にて。昭和五四年）

万葉を　古事記を超ゆる　年月を　埋れてありし　この剣太刀

（埼玉古墳にて。昭和五四年）

武家公家の　争ひは史家に　任すべし　みどりぞ深き　このたたずまひ

（後水尾天皇建立の修学院離宮にて。昭和五四年）

鳥の声　しげきがなかに　溪川の　瀬音静けき　しらべ保ちぬ

（軽井沢探鳥会。昭和五四年）

眼の癒えて　許されし日に　読ままくは　保己一塙　先生のこと

（眼疾再度入院。昭和五四年）

解散と　なりて議員の　あらぬ夜半　議事堂の上の　仲秋の月

（衆議院解散・総選挙。昭和五四年）

農繁の　村に人なく　紫蘇《アジサイ》の　葉の紺あざやけく　秋の日に照る

（選挙戦余禄。昭和五四年）

農道は　みな舗装なり　十年前　選挙のくるま　めり込みし道

（選挙戦余禄。昭和五四年）

道と橋に　興味あるらし　国益を　もはらに説くも　手ごたへのなし

（選挙戦余禄。昭和五四年）

石油より　解き放たるる　文明が　八十年代の　課題たらむか
（年頭初感――第二次オイルショックの中で。昭和五五年）

道の辺に　炭焼窯の　址潰え　雪かかふるを　見つつもとほる
（山里　炭焼き窯。昭和五五年）

政界の　恥づべき記事の　載る朝は　人みなわれを　疎外するがに
（一政治家の独白。昭和五五年）

絶妙な　審きと言はむ　大衆は　賢なるかなや　選挙の結果
（一政治家の独白。昭和五五年）

芽ぶきそむる　榛名妙義の　あはひより　雪かかふれる　浅間山見ゆ
（中山道所見。昭和五五年）

気象台　ありてこの方　稀有といふ　寡照に逢ひし　稲のいとほし
（冷害凶作。昭和五五年）

暖冬の　日本をよそに　ソウルなる　金大中の　寒き法廷
（日本より拉致された金大中氏の身を案じて。昭和五六年）

華麗なる　過去を知る人　少くて　死亡の記事の　ささやかに載る
（人事消息——去る人日々に疎し。昭和五六年）

古希といふ　年の節目に　思へるは　生きの生命の　極まらむはて
（古希感あり。昭和五七年）

民族の　自決許さぬ　大国に　隣り位置する　宿命を思ふ
（はるかポーランドに寄せて。昭和五九年。長年日ポーランド議員連盟会長を務める）

水勢に　押されメナムの　川船は　渡しを近み　流されむとす
（アセアン紀行。昭和五九年）

タイ国に　ありてまつはる　思ひ出は　敗戦色濃き　四十年前
（アセアン紀行。昭和五九年）

いまのさま　それに近きか　翼賛の　政治思へば　背筋の寒し

（時局雑感。昭和五九年）

十億の　民噴き出だす　エネルギー　上海東站《たん》の　人ごみに紛る

（中国見聞――昭和三四年秋松村訪中団の一員以来の訪中所感。昭和六〇年）

街角に　碧眼朱髯の　胡人立ち　角笛鳴らす　長安の秋

（中国見聞――昭和三四年秋松村訪中団の一員以来の訪中所感。昭和六〇年）

保守しつつ　来しものは何　大筋の　国の歩みは　あやまたずあり

（三月身辺。昭和六〇年）

文革に　まさきくありや　洛陽の　市長の賜ひし　緋牡丹の咲く

（五月抄。昭和六〇年）

賑やかな　起居に慣れたる　人なれば　個室の夜は　刻《とき》長からむ

（妻病む。昭和六〇年）

紛れなく　高齢化社会に　踏み入りて　我あり何か　思ひ煩らふ

（老人医療について。昭和六〇年）

進むときは　師にも友にも　諮りしが　退くときは　自ら決むる

（政界を辞するにあたり。昭和六一年）

微かなる　身におほけなき　おん沙汰や　陛下御在位　むそ年の春

（叙勲のこと。昭和六一年）

制憲の　議会にありて　現し身の　引き緊りたる　幾日かを思ふ

（憲法回顧。昭和六一年）

軍事的　大国とならぬ　選択は　賢なるかなや　国の来し方

（憲法回顧。昭和六一年）

銃剣の　前に敢えなく　潰えたる　苦渋に満ちし　政治史を思ふ

（議会政治一〇〇年。平成二年）

東欧を　めぐらす鉄の　カーテンの　崩れむとする　何ぞそれ迅《はや》き
（東欧異変、ベルリンの壁崩壊に際して。平成二年）

筧より　こぼるる水が　閑けさを　更に加えへぬ　大寺の昼
（生家菩提寺の貞祥寺。昭和六三年）

中国に　いくさ始まりて　居たりけり　新婚世帯　歩みもとほる
（金婚を迎へて。昭和六三年）

憂き事の　しげき昭和の　長き世を　かえりみすれば　ゆゆしくもあるか
（大内山憂色、昭和天皇崩御に際して。昭和六三年〈平成元年〉）

三木氏逝き　わが周辺の　寂寥感　日を経るごとに　弥増しゆくも
（三木首相を悼む。平成元年）

斯の人と　時同じく　相識りて　交はりことの　尊くもあるか
（一〇〇歳を迎えた奥村土牛先生との交流。平成元年）

学問の　師と言はむより　先生は　我に人生の　師にておはしき
（橋本傳左衛門先生　京都大学時代の農政学教授を詠む）

天の川　見るによしなし　佐渡島　五月の雨に　濡れて横たふ
（佐渡紀行——奥の細道の芭蕉「天の川佐渡のよこたふ天の川」を思ってか。平成元年）

十年に　凡そ一度の　周期にて　構造汚職　世を騒がしむ
（永田町界隈——リクルート事件発生に際して。平成元年）

政治家が　かたみに傷を　舐め合ひて　息ひそめ居る　永田町界隈
（永田町界隈——リクルート事件発生。平成元年）

拙きを　石に刻みて　世に残す　友等の願ひ　ただおほけなき
（歌碑建立にあたって。平成四年同人誌）

千載集に　遺作一種を　残すべく　俊成を訪う　忠度あはれ
（薩摩守忠度の京都離脱——平家物語今昔。平成六年）

日中に　過ぎしひととき　悲しみに　堪えずと宣らす　言葉の素直さ
（日中友好。今上天皇訪中の報に接し。平成五年）

日中の　あはひに古き　井戸ほりし　我も一人ぞ　三十年は過ぐ
（天皇訪中の報に接し。平成五年）

この国の　恥づべき歴史　ゆゑなくて　一科学者の命　あやめぬ
（治安維持法改悪に反対暗殺された山本宣治を偲んで）（以下の一三首は、近親縁者、祖父母、父母、姉、子供等を詠ったもの）

おほ父の　若き生命に　響かひし　自由民権　今に思ほゆ
（議会政治一〇〇年にあたり祖父を想う）

一世紀　世すぎの智慧の　深ければ　教へられしこと　屡々なりき
（祖母一〇三歳誕辰）

子の一人　思想弾圧に　曳かるるも　止むを得ずとし　わるびれざりし
（父母を想う）

白湯注ぎ　飯を余さず　かしこみて　いただくならい　母より享けし
（父母を想う）

幼き日　ギリシャ神話を　少年の　頃に芭蕉を　読みくれし姉
（姉丸岡秀子を想う）

頼られし　重みに　われの崩折るる　脚踏み張りて　耐えしことども
（妻春江を詠う）

支那海を　ましぐら帰る　船の上　吾子生まれぬと　我知らされぬ
（長子正一誕生）

ためらはず　世紀子と名ずく　みちのくに　建国祝う　式典に会ひ
（長女世紀子誕生）

をみなごの　吾子に醇子と　名を負はす　われは信濃の　酒つくり人
（次女醇子誕生）

生れくる　子に名付けよと　みんなみの　島より書きし　手紙着きしや
（次男亜夫誕生。台湾沖にて海難に遭遇時）

選良に　我が選ばれし　同じころ　第五子を得て　民生と名づく
（三男民生誕生）

新しき　うからに嫁の　加はれば　匂うが如く　かがやくがごと
（正一妻和美を迎えて。「うから」は家族・親族の意）

故郷に　我が篭り居て　酒造り　いそしみてあれば　時に訪ひ来ませ
（井出学校の最終回。平成六年一二月一〇日）

井出一太郎の歌集一覧

『石仏』昭和一四年
『朝霜』昭和一九年
『政塵抄』昭和三三年
『政餘集』昭和四一年
『四半世紀』昭和四六年
『修羅』昭和五二年
『古稀前後』昭和六一年
『明暗』平成四年
『青葉夕影』平成八年
『明暗後』平成一〇年

付論1　農業基本法の骨格

〈回顧が欠落している池田内閣期について（本書一七一頁参照）、昭和三六（一九六一）年に制定された農業基本法を解説した一文を転載する。初出＝『国会』第一四巻第五号（昭和三六年五月）。なお、転載にあたっては明らかな誤字・脱字は訂正している。〉

この国会は、今日までにおきましても、農政に関する論議がずいぶん多かつたと思いますが、この基本法の提出を契機にしまして、本格的な農政論議が行なわれることになりましよう。また農業基本法がこの国会における最大の法案であることは間違いないと思います。そこでここで、自民党案といいますか、政府原案が固まるに至りました経過を先ずお話し申し上げます。

よく農業が曲りかどに来たとか、あるいは農政が壁にぶち当つたなどということが言われております。まさにその通りでありまして日本の農業が、あるいは農村がどこへ行くのであろうかという不安がみなぎつている際でございますので、この農業基本法が非常に関心と期待をもって迎えられておるわけであります。

農業基本法は、大体西ヨーロツパの諸国において最初制定を見たものでありますが、これはここ数年来の傾向といつてもいいのでありまして、たとえば西ドイツの農業基本法のできたのは一九五五年であり、フランスでは農業の方向づけの法律と言つておりますが、これが昨年の国会で非常な論戦の結果成立をしております。その他スイスにもイギリスにも、あるいはイタリー、オーストリー等にもこういつたたぐいの法律が一様にできてをるのでありますが、このことはヨーロツパ各国に於ても、近代化が進むにつれて、ほかの産業が非常に活発に成長発展するというのに対して、農業の比重が相対的にだんだん小さくなつて来たことからであります。その結果農業をどうするかという問題が起こつたわけであります。およそどこの国でも産業経済が近代化していく過程においては、こういう現象が現われるのはやむを得ないことだと思うのでありますが、日本はちようど四、五年西ヨーロッパよりおくれて同じような経済事情が出てきたのではなかろうかと考えられるのでございます。

すでに数年前から農業の危機が叫ばれて参りまして、昭和三十二年に農林省が出しました農林白書においては、日本農業の五つの赤信号というものを打ち出しております。まず第一に、農業所得が少ないことを指摘しております。人口からいうと国民の四割近く占めておる農業が、その所得面においては一割五、六分という低いパーセントしか占めておらない。これは一体どこにその原因があるのか、すなわち第二点として生産性が低いということをあげておるのであります。日本の土地生産力は、勤勉なる農民諸君が朝に霜を踏んで出で夕べに星をいただいて帰る努力をされますので、世界でも有数の高い水準に達しておりますけれども、一人当りの労働力という点から、労働の生産性というものを考えてみるときに、これは非常に低いと言わなければなりません。一人の農民が働いて国民食糧をどれだけ生産しているかという尺度でものを言いますと、日本の場合は二人半ぐらいの国民食糧を生産しておる計算になります。これが先進諸国の農業ですと、十七、八人分ぐらい生産しておるということに徴しても明らかであります。第三に指摘されておる点はそれゆえに国際競争力が非常に乏しいということでございます。たとえば麦についてみますと、外麦の方が安くて品物がよろしい。その圧力を受けて、内地の麦を高く買つて安く売るということのために、食管会計は年々百数十億円の赤字を出すというようなことをしておるわけであります。さらに第四点として、兼業農家が非常にふえてきておる。戦争前は専業農家が六割五分で、兼業農家が三割五分という比率でありましたが、今やそれが逆転いたしまして、兼業六割五分に対して専業三割五分という状態に変つて参りました。これは専門の百姓では食えないということを意味するものであります。従つて第五点として、農業労働に従事しておる人は、婦人か老人かという状態になり、婦人労働力のごときは実に五二・三％を占めております。屈強な若者は農業からどんどん離脱していくという状態が現われて参りまして、労働の質が非常に低下したということがあげられるわけであります。農林白書では、以上のような五つのおもな点を抜きだして指摘いたしたわけでありまして、このままでは日本の農業は大へんなところにいくということが憂えられてきたのであります。

　さらに近年の日本経済の成長発展はまことに目覚しく、所得倍増のかけ声がかかつて参つたことは御承知の通りでございます。昭和三十四年の日本経済の伸びが、実質一六・六％というような数字は、確かにこれは世界の驚異であると申すべきでありましよう。しかるに農業はどうかというと、いろいろ手を尽しても、その伸び率は緩漫であつて、他の産業に比べまして沢山不利な点がございます。第一、自然条件というものの制約を強く受けます。土地から離れるわけにはいかないし、気候条件というものの支配を受けることも避けられません。さらに農作物は、需要の弾力性が少ないというふうなことからいたしまして、他の工業生産等に比べますと、本質的に不利な点があるわけでございます。従つてこれを自由競争のままに放つておいたならば、ウサギとカメの競争みたいなもので、とうてい追いつくわけに参りません。そこで政策的に何とかその不利を補正いたしまして、農業ができるだけ追いついていけるように、そうしてまた農業者の営む生活の水準が、他の産業従事者のそれと均衡がとれるようにするための施策をとらなければならぬことは、当然でございます。

　そこで、農業基本法というものに思いいたりまして、日本でもこれを作らなければなるまいとする議論が、ここ数年の間叫ばれて参りました。私は今思い出すのでありますが、昭和三十二年初夏のことでありましたが、栃木県の那須に自民党の農林関係議員が集つたことがございます。そのとき西欧の方から取り寄せた基本法の資料を論題に供し、議論をしたことがあります。これが今日でも那須会談と呼ばれまして、農業基本法に関心を払つた最初の時期だと言われておるのであります。

　昭和三十四年に農林漁業基本問題調査会というものが政府部内に置かれまして、東畑精一博士が会長となられて、爾来二年近い間いろいろ研鑽を積んでこられました。その結論が三十五年の五月、政府に答申案として出され、これを基礎にして農林省部内で検討の結果、昨年十二月に農林原案というものを作成をしたわけであります。この農林漁業基本問題調査会では、水産業あるいは林業についても答申をまとめ、昨年の秋政府に提出されておりますが、この方は農業基本法よりも少しあと回しになりまして、林業の方は、森林法の改正を中心にいたしまして、一年おくれて、次の通常国会の大きな議題になるでありましょうし、水産業の方は沿岸漁業振興法という法律を軸にいたしまして取りまとめる予定に相なつております。

一方、自由民主党の方におきましては、東畑調査会と軌を一にして、農林漁業基本政策調査会というものが発足をして、同時併行的に研究をつづけて参りました。

昨年の暮れ、農林省の原案を手にいたしまして、われわれの受けました感じは、農林省の行政としては手際よくまとめられているもののこれを実際政治の上に手を出すのにはいささか物足りないものを感じました。これはもちろん政治の任務でありますから、農林原案を基本にいたしまして、血を通わせ、肉づけをする、これが政治家の仕事でなければなりません。そういう意味合いから、自民党の基本政策調査会は、年末年始の休みも返上するような意気込みでこの問題と真剣に取り組み、回を重ねること実に二十数回、あらゆる角度から検討を遂げたのであります。

そこで今回のような案が生れたわけでありますが、以下しばらくこの法律の内容についてお話しを申し上げてみたいと思います。

この法律のスタイルの特異性とでも申すべきものは、前文がついておるという点であります。これは日本国憲法あるいは教育基本法等にございますが、最近の立法例にはこういう形のものはないと申してよろしゆうございましよう。なぜその前文をつけたかと申しますと、法律だけではどうしても表現が固くなりますし、気持というか精神というか、そうゆうものが表わしにくいのであります。そこで私ども農政関係者が言わんと欲する点を前文に表わしてみたわけであります。それは日本の農業が食糧の確保という大きな使命を果してきたことを述べると同時に、しかも農村こそ民族のふるさとであり、ここにおいて健全なる国民精神が培養されてきたのだというふうな気持をうたいたかつたわけであります。そしてこういう使命は今日といえどもなほ少しも変らない重要な意義をもつておる。ところが最近の経済の変貌が農業をゆさぶり、農業と他産業との生産性の較差を次第に大きくしつつあり、従つてまた農業従事者と他産業従事者との生活水準が均衡を失いつつありますので、これに対して対処しなければならぬということから、農業に関する政策の目標を掲げ、農業の進むべき道を示そうとしたのがこの農業基本法であるということを表わしたわけであります。

前文についてはそのくらいにしておきまして、次は逐条的に説明して参りたいと思います。

まず第一条でありますが、この中に「農業の自然的経済的社会的制約による不利を補正し」という文言が書かれております。この文字は、私どもの考えの根底にある農業というものは本質的に保護政策が必要なのだという考えを打ち出したわけでありま す。農林省の原案は、どちらかというと経済合理主義的に割りきつたのでございますが、やはり日本の農業には経済外的要因というようなものがありまして、現実においてはなかなかそう簡単に之を抹殺出来がたいものがございます。農業に愛情を持つておる者の立場からいたしますならば、もう少しあたたか味のある法律にしたいという気分からこのような表現に致したのでございます。普通の法律でありますと、第一条というものは目的を羅列する形式をとるのが多いのですが、この法律では、「国の農業に関する政策の目標」という見出しがついておる通り、国の責任というものを明確にクローズ・アップした点が一つの特徴でございましよう。そしてこの第一条で先ほど来申しておる農業の生産性の向上、それから農業従事者と他産業従事者との生活水準の均衡をはかる、この二つを柱として、きわめて大胆に、具体的に打ち出したわけであります。

第二条におきましては、第一条を受けて「国の施策」という見出しで、一号から八号まで、いろいろの施策がうたわれております。第一番目は、生産政策といつていいと思いますが、その中に「選択的拡大」という法律用語としては新しい言葉がございます。これは農業の部門の中でもこれから成長していく分野、つまり果樹とか畜産とかいうものがこれに当たりましようが、そうゆうものは生産を増大していき、一方需要が減退しておる大麦とか裸麦というようなものは、他の農産物へ生産の転換をはかつていくことが必要であるという意味であります。何でもむやみにところきらわず増産第一主義だというのではなくて、そこには頭を働かせて選択をするという近代農業の考え方が出ておるわけであります。そしてそのためには第二番目として、農業の生産基礎を十分に培養をし、農業技術を向上して、農業の総生産の増大をはかるということをうたつておりま す。ですから決して消極的な考え方ではなく、前向きの姿勢であつて、選択的に拡大生産をするのだという趣旨が表われております。また土地や水の有効利用及び開発などの文字からしましても、ニユー・フロンテイア精神をうたつておるということがおわかりいただけると思うのでございます。それから第三番目に書いてあるのが「構造政策」と申していいでございましよう。前に述べた一号及び二号の生産を上げるために、農業の経営構造が当然変つていかなければならぬであろうということから、農業経営の規模の拡大とか農地の集団化あるいは農業経営の近代化がうたつてあります。その次の第四に流通並びに加工対策、第五には所得並びに価格対策、第六では農業資材の点について規定しております。そして第七は人材確保並びに他の職業へも道をあける施策を講ずるという、いわゆる人的関係の問題が規定されております。第八は福祉政策といつてもいいでございましよう。

以上のように、第二条では、農業政策をごくおおまとめに集大成をしたとお考え下さればけつこうだと思います。ここに掲げましたように、非常に親切な行き届いた総合的な政策をやろうというのがわれわれの目標でございます。しかし、これを要するに、今や農業政策が、物の政策から人の政策に変つてきておるということが言えるのではないかと思います。もちろん従来増産本位の、まずくても量さえあればいいんだというような考え方は、だんだん修正されなければなりませんし、同時にまた農業の経営とかあるいは農村の生活とか、人本位の考え方が強く打ち出されておるということはおわかりいただけるのではないかと考えます。

その二項に「前項の施策は、地域の自然的経済的社会的諸条件を考慮して講ずるものとする。」こう書いてございます。これは日本のように、北から南へ長く、しかも裏日本と表日本とは条件が違うというような国におきましては、地域性を十分に考慮してその施策を講ずるという意味であつて地域間の較差であるとかあるいは適地適作の問題であるとかいうようなものが当然考えられるわけでございます。

それから第三条は、地方公共団体においても、やはり国に準じて農業の施策を講ずるように努めるということを規定いたしました。

次の第四条が非常に議論のあつた点でございますが、「財政上の措置」となつておりまして、国にこれに関する法制上あるいは財政上の措置を講ずる義務を負わせたわけであります。この法律を作るに当つて、もし画竜点睛を求めるならばこの四条あたりがそれだと申してよいわけでございます。日本に何千何百とある法律の中で、こういう書き方をしたものはこれをもつて嚆矢とする次第でございます。

第五条の「農業従事者又は農業に関する団体が自主的な努力を助長する」というのは当然のことでございまして、農業がただ他力本願で方向を打開するというようなみじめなものではなくて、まず農業者の自主的な努力、創意工夫が肝要であることはあえて申し上げるまでもないのであります。また、私ども自由民主党の立つている立場は自由主義でございまして、社会党のような計画経済ではないのであります。それゆえに、われわれは、どこまでも農業者の皆さんがその創意と工夫を発揮していただくために、統制ではなくて誘導あるいは調整というような感度で農業政策を扱つていくことをあえて申し上げるわけであります。

その次に、政府は、農業の動向に関して国会に年次報告（第六条）をするということが記載してございます。また第七条に、翌年度の施策を明らかにした文書を提出するということもございます。これは、ドイツの基本法にございます。グリーン・レポート及びグリーン・プランの例にならつたものでありまして、これが政府に義務づけられることによりまして、いい加減な農業政策はできないことになる。そうして、施策を明らかにするということは、当然予算の裏づけをもつて相見えるということになるのでございますから、政府には非常に大きな義務づけでありますけれども、農業政策はこれによつて一大飛躍を見るであろうことは間違いないと思うのでございます。

次に、第二章へ入りますが、これは農業生産の項でありまして、そのうち特に申しておきたいのは、重要な農産物について需要及び生産に関しての長期見通しを立てる（第八条）ということであります。そして、これを公表しなければならない義務を賦課いたしました。これも政府にとつては手痛い条文になるかと思いますが、こうすることによつて国の農業指導が朝令暮改にならないように、たとえば、今年は桑を抜けといい、来年はまた植えろという、そういう不見識なことが行なわれないようになると御期待下さつてよいわけであります。そして、農業生産に関しては第九条にもろもろの施策を盛り上げておりますし、第十条では農業災害に関する問題を規定しておるのでございます。

それから、第三章に参りまして農産物の価格及び流通の問題を規定しております。ここにも「農業の生産条件、交易条件等に関する不利を補正する」ということが書いてあるのでございますが、農産物の価格の安定こそは農業の所得とも結びついて農家の経済に大きく影響する点であります。現在米麦、大豆、菜種、かんしよ、馬鈴薯のでん粉、繭、てん菜等の農産物は直接、間接価格安定装置が施されてありまして、全農産物の七割くらいまでは大体綱がかかつております。今回との基本法と相ともに畜産物の価格安定に関する法律を出しますが、われわれは漸次この価格安定政策を拡大していこう、こう考えておるわけであります。

それから、従来農産物の流通面がともすればおくれておりました。従つて、農協等を通じる系統利用による販売、購買を推進することはもちろんでありますが、取引制度の近代化ということにも意を用いたいと思つておりますし、また、農民の資本と他の資本とが結びついた協同会社というようなものも推し進めたいという考え方を第十二条にうたつておるのであります。

輸入に関する規定を十三条に設けて、国内農産物を保護するために、関税率の調整、輸入制限等の措置をも講ずることに対して居ります。貿易の自由化が農産物には及ぶことは極力避けて参る考えであります。

また、輸出農産物も積極的にこれを考えて参りたいという意欲を第十四条に盛り上げたつもりであります。

第四章に「農業構造の改善」という問題が出て参りますが、これはこの法律の中で一番論議を呼ぶ点ではなかろうかと考えております。われわれは、日本の農業のあり方は家族経営が支配的なものだと見るのであります。自由主義国家のいずれの国も農業の経営形態は大体こういうものであつて、資本主義経営などは非常にまれであります。ソ連のコルホーズあるいは中国の合作社乃至人民公社、こういうあり方もございますけれども、われわれはあくまでも自由なる体制を尊重するがゆえに、やはり家族農業経営を重視して、この健全な発達をはかりたいと考えるわけであります。そのために自立経営ということを第十五条に掲げてございまして、これを育成するのが一つの方向でございます。これは農家の家族構成にもよりますけれども、大体その家族労力が完全燃焼し得るような規模が要求されることになるわけでございまして、具体的に二町歩とか二町五反歩とかきめるわけには参りませんけれども、しかし、今の零細経営規模をもつと拡大しなければならぬことは当然だと思つておるのであります。

こうした自立経営を育成すると同時に、一方なかなか自立経営になりがたい農家もございますので、そこに協業─共同化といつてもよいのですが、これを大いに助長して参ろうという考え方を持つております。現在農協等の共同利用施設を通しての共同化というのもあり、なおまた、今度これを推進しなければなりませんが、同時に、近ごろ農業法人が新たに大きな話題になつておることも事実であります。従つて、それに対する道をあけて農業の近代化をはかる、こういうことが第十七条に規定してあるわけでございます。この自立経営なり協業なりを発展させますためにはやはり今の農地法が一つのブレーキになつておるのであります。

そこで、農地法の改正もともにいたすことにしまして、農地の流動性を今よりも高める、あるいは農地の所有制限（内地平均三町歩）も天井を突き破るということを考えておるのでございます。

また、経営の細分化を防止いたしますために、相続にあつてなるべくその経営は一人のものに集中をしていく、こういう考え方を第十六条にうたつておりますが、これは必ずしも均分相続をゆがめるというのではなくして、いろいろな行政措置によつてこう云う方向を助長していくという考え方に立つておるのであります。

農地の流動化を増すようにと申し上げましたが、これをわれわれは信託という制度（第十八条）を通してその貸付なり売り渡しをやつていただくことにしておるのでございます。これには農協がその役割を果してもらわなければなりませんから、農協法の改正も考えておるのであります。

こういうように自立経営と協業の二つを柱にしておりますが、さて、現実の問題としては兼業農家というものを無視するわけにも参りません。従つて、その点第二十条で触れておるわけでありまして、地方に工場を分散するとか、あるいは職業訓練の仕事を活発化するとかいうことで、農業から転換しようというものに対しても配慮をしようと考えておるわけであります。

それから、第二十二条にちよつとございますように、農山村においてどうしても林業というものを除外して考えるわけには参りませんから、農業者があわせて営む林業というものについては、この構造改善の一環としてこれをも取り上げて参るという考え方に立つておるわけであります。

ごく大ざつぱに申しますとそのような次第でありますが、このため第五章で農業行政機関の組織の整備や運営の改善をしようと考えておりますし、農業団体もまたこの基本法がもたらすような方向において整備の必要があろうかというふうに考えておるのであります。本案作成の過程に於て農業団体の代表の方々ともたえず連絡を持ちつつ、大部分の意見をくみ入れている積りであります。

それから、最後の第六章に農政審議会というのが出ておりますが、この委員は十五名ということで、少数精鋭主義をとつております。この機関は総理府に設置して、事務は農林省が受け持つことになつておるのであります。これは政府の諮問機関でございますが、先ほど出てきた農業の動向に対する報告書を作る場合、あるいは農業の長期見通しを立てる場合、ないしは農産物の価格が適正であるかどうかというようなことが、それぞれこの審議会に諮問されることになりますので、この職責もきわめて大きいといいなければならぬのでございます。

こういう仕組みでいよいよ農業基本法が発足するのでありますが、これに関連をいたしまして、ただいま農地法の改正、農協法の改正ないしは農業災害補償法、畜産物の価格安定というような工合に、二十前後関連法律の提案が予定されております。基本法はいうならば農業憲法でございますから、あくまで基本であって、この土台の上にたくさんの柱が立てられ、そういうものを一括して今後の農業政策だというふうにごらんになつていただいてよいわけであります。

此の機会に日本社会党の「農業基本法」にも若干触れて置き度いと思います。社会党案にも前文がついていますが、是はわが方のを見て急に思いついてくつけたものですが、何か調子がジメジメとして陰惨な感じが致します。農民に封建的抑圧から資本主義の搾取のもとにあえいで来たのみの強調し、建設的な希望を感じさせるものがありません。彼らの階級国家観乃至歴史観を展開することが急であつて、前文としてはいただき兼ねます。

全体にイデオロギーがギラついているのも困りますが、社会主義計画経済を指向するのであれば止むを得ないと致しても、至る所に計画性という文字が出て参ります。いったい農業というような有機的生産に於て、果して工場生産と同様な計画が樹立出来るでありましょうか。社会主義の本家であるソ連に於てはスターリンの死後四千万ヘクタールの耕地が増えたと発表しているに拘らず、農業生産は殆ど増加して居りません。人民公社を呼号する中共に於て、昨年は飢饉にひとしい凶作が伝えられているのを如何に解釈すべきでしょうか。われわれは「計画」と云わずに「見透し」と呼んで居り、統制ではなくて調整。或いは誘導を旨として居ることは前述致した通りであります。あくまで各農業者の創意と工夫を尊重しつつ、国家権力による強制を避けて、自主的な選択に任せているのであります。

社会党案に於ては、土地の所有に関し、共同的保有へ移行するということを言っていますが、この辺にコルホーズ化の伏線があるだろうとの批判も出て居ります。農業用資材について必要に応じては国営国管に移行するという規定もありますが、われわれはその非能率さを過去に於いていやと言う程経験させられました。更に全額国負担で膨大な農用地の新規開拓をやると打出して居りますが、われわれも農地の開発に十分意を用いて居りますが、実現可能な具体性を持たなければなりません。農業人口をいたずらに条件の劣悪な山間僻地へ追いこんで、一応の辻褄を合せようとする考え方は却つて無責任でありましょう。政府案と異る更に大きな一点は構造問題であります。われわれは前に申し上げたように自立経営と協業との二つの方向で解決をしようとしているのに反して、社会党の方は協同化一点張りで行こうとするのであります。農業生産組合というものを全国に亘つて組織して一色に塗りつぶそうというのです。この公式論は日本の実体から見れば飛躍が過ぎると思います。農業者は本来もつと自由であり、権力に隷属することをいさぎよしとはしないでありましょう。社会党案はなかなか勇しく出来ていますが、政権から遠い責任の薄い立場ですから、勝手気ままなことが言える訳であります。農業に関係のある各位が思いを十分にひそめて、この法律とともに今後の日本の農業の向こうべき新たな道を開拓されていかれることを切に望んでやみません。

付論2

二大政党は何処へ行く
――望まれる保守党の新しい波

付論1と同様、当時、自民党内で議論されていた党近代化の問題に言及した一文を転載する。初出＝『政治と生活』昭和四二年九月号。なお、転載にあたっては明らかな誤字・脱字は訂正している。

(一)筆者は従来二大政党対立による政権の相互担当を、議会政治の本格的なあり方として、是を承認しかつ推進する立場をとった。そのためには政府党たる自民党は脱皮し近代化して、進歩的諸政策を遂行すべきである。而して反対党たる社会党は、より成長し現実化して、穏健な具体策を提示すべきであると説いた。かくして両者の政策における落差は少くなり、政権の異動は革命的な激変を避けることができる。即ち英国流の議会政治こそ理想であるという常識に立ったのである。

新憲法のもとに、わが国会が運営されて、ここに二十年、果してわが国政治は右のような目標に向って動いているであろうか。自民党の占める議席を一〇〇とすれば、社会党は何度選挙をやっても五〇前後に低迷し、世に二大政党ではなくて一つ半の政党の対立だと揶揄されるにとどまって来た。

今春の総選挙は自民党にとって、黒い霧その他最悪の条件下に行われたにも拘らず、現状が維持され、逆に社会党は著しい神び悩みを来した。顕著な現象として、公明党の新しい進出があり、民社党が躍進するに至った。（実際には両党の議席数を合せて全体の一割強という程度である）

マスコミはこれを多党化現象として大騒ぎしているが、かって終戦直後の議会分野を顧れば、より多党化した時代もあったのである。

(二)日本において二大政党制は可能であろうか。大正から昭和にかけては「政友」「民政」の対立による、二大政党が存在したことは事実である。（但し旧憲法下政党政治は軍部、官僚、枢密院、天皇制という諸要素の制約下に完全に開花したものとはいえない）そしてそれは同質の国民的基盤の上に成り立っていたのである。

英国においては長年、保守党と自由党が相互に交替し、米国においては、共和、民主両党が交互に政権を担当して来た。是らも国民的基盤は似たものであって、程度の差、ニュアンスの差が主たるものであった。

近代工業社会の発展に伴う、階級対立の様相が著しく出て来たのは、政治史の上においては、ごく最近のことである。日本にあっては戦後のことといってもよい。英国においても労働党が進出してきて政権を担当したのは、マクドナルド、アトリー、それに現在のウィルソン内閣の程度にすぎない。そして英国労働党なるものは「マルキシズム」に立つのではなく、わが民社党位の感覚と見てよかろう。それ故に政権の交替は可能であったのだ。

以上のようにみてくると、二大政党を理想とするといっても、それを可能にする条件が、現在見当るかどうかを吟味しなければならない。

㈢保守二党論というものがある。松村謙三氏などの抱懐する議論であるが、意味するところは、自民党の分裂、解体に及ぶものであって、今直ちには取上げられない。ここで問題とするのは、自民党に対する野党各派の態容如何ということである。

日本社会党は野党第一党である。そしてその体質は頗る複雑である。マルキストも居れば、基督教社会主義者も居る。農本主義者と労働組合の闘士とが同居している。中ソ論争がそのまま持ちこまれている。人的派閥にイデオロギーがからんでいる。

第五十六国会における議事防害に見られたように、議会ルールに従わない労組戦術に支配されている。委員長が約束したことが紅衛兵のような若手議員にひっくりかえされるという醜態である。この政党が伸びるようならば、日本国民の常識が疑われるであろう。

民社党の歩んで来た道はなかなか険しいものがあった。保守第二党とののしられつつも、議会主義を堅持してきた点は買ってよい。併し、しばしば、主張に明快さを欠くことが多く、白か黒かと割り切りたい日本人の国民性は、辛抱強くこの政党を育成する可能性にとぼしい。

公明党とは一体何であるか、筆者はまだよく理解できない。政治と宗教との盲点に繁殖した、陰花植物のようなものではなかろうか。霊と肉を共に救おうとするのは欲が深い。国会活動には一年生らしい真面目さはあるにしても、いささか見当違いの点もある。かかる宗教政党が政治主体になるようでは、アナクロニズムも宜いところであろう。

共産党の現在も楽観するものではないが、教条主義と修正主義の間を右往左往しているようでは話にならない。

是ら野党勢力が、打って一丸となっての連合戦線というものは、立場や信条やイデォロギーの相違から期待できない。又一党を以て天下を争う勢力たりうることも、夢物語というべきであろう。そうなると二大政党制の一方はあっても、対立陣営は育ちにくいと言わなければならない。
(四)然らば自民党の天下は、果して安泰であろうかという問題になる。今春の選挙においては、議席こそ六割近くを占めたものの、得票率は五割を割ったという、愕然たる事実がある。首都東京において、革新勢力の推す美濃部都知事実現を許したことも、一大ショックである。
二十年の間政権の座にあって、過去及び現在に対する最大の責任を有する自民党こそが、他のどの党にもまして、重大な反省を必要とするところである。その体質に巣食う諸々の病幣が、露顕しつつある。権力の座になれて振舞う時に腐敗は容赦なく表面に出てくる。

党の近代化は昭和三十八年の「三木答申」以来、長きにわたって叫ばれて来た。

然るに是は一篇の作文として、倉に入った儘かえりみられない。政治資金規制法の改正は、国民に対する選挙公約であった筈である。散々骨を抜いた挙句の提案さえも、審議未了になって恥ずるところがない。今日自民党の屋台骨が、どうやら支えられているのは、野党がだらしないからだという逆説も成立つ。

筆者は自民党の病膏盲に入ったものとして、匙を投げて仕舞うには忍びないものである。やり方は決してなくはない。そのよって立つ基盤として祖国日本があり、一億国民の素晴らしいエネルギーがあるからである。終戦後二十年誰が、日本の今日の繁栄と国際的地歩を予想したものがあったろうか。この健全な、勤勉な国民に未来への夢を与えるものが、政治でなければならない筈である。

目前の個々の現象には不平も不満もあろう。併し大局的にみる時日本の戦後の進路は左程誤ったものではない。

日本国民は由来明朗であり、歴史の進歩に楽観的であったと言える。この国民から信頼され、期待される一大政治勢力として、自民党がその任に当らなければならない。

その処方箋は何れ示すとして、本稿においては、機械的な二大政党論が現実の要請に適さなくなったことを指摘したい。

そして、自民党のみが、当面唯一の政権担当能力者であるとする自覚の上に立って、党の組織化、近代化を急ぐべきことを主張するものである。腐敗の防止、自己牽制の仕組なども含めて、廉潔な党風を確立しなければならない。

解題1　井出一太郎と三木武夫

竹内　桂

『井出一太郎回顧録』の概要

本書は、農林大臣、郵政大臣、内閣官房長官を歴任した井出一太郎（一九一一〜九六）の回顧録である。

井出は、長野県南佐久郡臼田町で江戸時代から続く酒造業を営む井出今朝平とカツの長男として生まれた。いつから政治家を志していたか、明確に示す史料はない。ただし、今朝平が県会議員や臼田町長を務めるなど、井出家の政治への関心、関与の度合いは高く、井出もおそらくは早くから政治家となる意向を有していたものと思われる。

井出は、戦後初となった一九四六年の第二二回総選挙に出馬して四位で当選、以後、一九八三年の第三七回総選挙まで一六回の連続当選を果たした。初当選後は様々な政党からの入党要請を断り、新光倶楽部という無所属団体に属した後、国民党の結成を主導した。一九四七年三月に国民党と協同民主党が合同して国民協同党が結成され、井出も同党に加わった。その後、国民民主党、改進党、日本民主党と、第二保守党に位置づけられる政党に所属した。井出は松村謙三や三木武夫などとともに保守二党論の立場を取っていたものの、一九五五年一一月の保守合同で自由民主党が結成されると、これに参加した。

以後、同党所属の議員として活動し、一九八六年六月に政界を引退している。

本回顧録のもとになったのは、井出が政界引退後に地元で支援者を集めて開いていた、通称「井出学校」と呼ばれた会合における講演である。「井出学校」は、一九八八年二月一三日に第一回が行われ、一九八九年一二月二日の第一二回で一旦終わった。その後、一九九一年二月九日に再開され、一九九四年一二月一〇日の最終回まで続いた。多いときには七〇名ほどが参加したという。この「井出学校」において、井出は時局を論ずるとともに、自らの政治家としての歩みを振り返っている。[1]本回顧録は、「井出学校」の前半部に語られた政界回顧録にあたる。したがって、井出が語っているのが、一九八八年から一九八九年にかけてである点に留意されたい。

本回顧録以外でも、井出は幾度か自らの政治家としての歩みや三木武夫について回顧している。[2]それらと本回顧録で重複する内容も当然ながら存在する。

井出は、「井出学校」における話を元に回顧録を執筆する意向を有していた。しかし、幼少期から患い、政界引退を決意させる要因にもなった眼の疾患が引退後に悪化しており、文字を綴るのも困難になっていた。ついに回顧録を刊行しないまま、井出は一九九六年六月二日に死去した。もし井出自身による回顧録が出されていたならば、本書以上に詳細な内容となっていたであろう。現在確認できる範囲では、本回顧録が井出による回顧のなかで分量でも内容でも最も充実しており、この点で本回顧録の持つ意義は大きい。

「井出学校」に関する史料として長野県佐久市の井出家で確認できたのは、①井出の口述を録音したカセットテープ、②テープから文字を起こしたゲラ形式の原稿、③口述内容を第三者がまとめた鉛筆書きの原稿、の三種類である。②と③の音源は存在しない。「井出学校」の前半部に関しては、これらのいずれかが残されている。再開後の後半部についてはいずれも残っていない回が多い。本回顧録では、基本的に①を使用し、音源が存在しない回については②を、①と②のいずれもない部分に限り③を活用した。井出は、回によっては、一通り話した後に前の事柄に話題を戻したり、本回顧録の刊行にあたっては、次の回で前の回の講話を補足したりしている。本回顧録の刊行にあたっては、編者の責任において事項を時系列に整理するとともに、重複部分の削除、明確な事実誤認の訂正、表記の統一などを行った。

本回顧録では、内容から六つの章に分類し、そのうえで小見出しをつけた。その目次から明らかなように、①一九五九年一一月の中国訪問、②池田内閣期、③福田内閣後半から大平内閣の初めの部分、という三つの大きな欠落がある。これは現存する「井出学校」の録音テープに不具合が存在するためである。同じ回で話された①と②は、この回の冒頭で井出が一九五九年の訪中を話し始めてから暫くして録音状態が不安定となり、その後の訪中と池田内閣期に関する回顧の録音が欠落してしまっている。一方、③はカセットテープのA面には録音があるものの、B面に録音がなく、A面からB面へのセットし忘れ、ないしはオートリバースが機能しなかったことによる欠落と思われる。

井出家で確認できた「井出学校」の史料

本書の最大の特徴は、井出一太郎という、一般に保守傍流に位置づけられる党人派の政治家によるまとまった形での回顧録という点にある。協同主義政党から第二保守党を経て自民党に入り、一九五〇年代から八〇年代にかけて、保守党内におけるリベラルを自認して政界で重きをなした井出は、この回顧録のなかで多くの新しい事実や折々の政局についての見解を明らかにしている。

時の政権担当者に対する評価が明確にされている点も興味深い。自らが支援した石橋湛山や三木武夫、あるいは池田勇人への高い評価と、佐藤栄作、田中角栄、中曾根康弘に対する低評価は対照的であり、領袖の対立と提携が繰り返される派閥政治の特徴がよく表れている。

なお、井出は歌人としても著名で、『政塵抄』『四半世紀』『古稀前後』などの歌集を刊行してきた。本書の刊行にあたり、新たに「続　青葉夕影」として一一八首を掲載している。

三木武夫との関係

井出一太郎の政治活動は、三木武夫を抜きにして語ることはできない。三木の夫人の睦子が、井出を「一心同体の同志」と評し(3)、井出自身も回顧録のなかで三木を自らの「友人」と位置づけ、四〇年にわたった三木との交遊にしばしば触れているからである。以下、主に本回顧録にある井出の発言内容を中心に、三木との関係をみていきたい。

井出が三木と初めて会ったのは、国民党と協同民主党との合同協議の場であるという。当初は必ずしも三木に好意的な感情を持たなかったようであるが、国民協同党の結党以降は意気投合した。以後、井出は第二保守党と称される政党に属して、吉田茂内閣に対峙していく。占領・独立を経て、吉田が率いる自由党と自らが属する日本民主党との保守合同が政界における重要課題となると、当初は井出も三木も保守二党論の立場から反対していた。しかし、三木や松村謙三が最終的に保守合同に賛成すると、井出もこれに従っている。

保守合同後、三木は自民党の派閥の領袖として存在感を示し、井出は側近として三木を支えた。ただし、追放解除によって戦前派が復帰するなかで、三木武吉の名を出して三木を叱咤激励することもあったというように、単なる三木への追随者ではなかった。

その後、三木や自らが支援して誕生した石橋湛山内閣が早期退陣した際に公表された「石橋書簡」の原文を三木が執筆できた背景として、井出は、石橋から金を受け取っていなかったためだと三木から打ち明けられている。三木が石橋を支援した理由が金ではなく、リベラリストとしての石橋に共鳴していたためであることが改めてわかる。

田中角栄内閣期の三木についての証言も重要である。三木の副総理としての入閣に三木派内でも批判が強かったものの、中国問題を解決させるべく入閣したこと、一九七三年に発生した金大中事件の解決をめぐる田中首相と三木の見解の相違が両者の袂を分かつ一因となったこと、一九七四年の参院選の「阿波戦争」で、選挙戦の終盤に三木から徳島の情勢分析を依頼されて徳島へ行き、三木に久次米健太郎優位の情勢を伝え、最終的に三木は徳島入りを見送ったこと、などが目新しい内容である。特に、「阿波戦争」については、三木は徳島入りをするか否かの最終判断を井出の報告に委ねたわけであり、井出への三木の信頼感が改めてうかがえる。

多彩な内容のなかでも、自らも官房長官を務めた三木内閣期に関する回顧（第4章）は、本回顧録の白眉であろう。田中内閣の総辞職後、三木は椎名悦三郎副総裁によって後継総裁に指名される。井出は椎名が「神に祈る気持ち」で三木を指名したとし、さらに指名後に三木が「青天の霹靂」と述べたことに対しては、三木が常に総裁を目指していたという理由から懐疑的な見方を提示している。

一九七四年一二月に三木内閣が成立すると、井出は官房長官となって三木を支えていく。三木による閣僚人事では、三木の依頼で大平正芳に大蔵大臣の留任を伝えた際、大平が井出に謝意を述べた点が興味深い。大平は田中と関係が深く、ポスト田中では公選による後継者の決定を主張しており、三木内閣では留任できないと判断していたことがわかる。

三木内閣期に関してはほかに、「リフォーマー」を自負する三木による各種の改革への取り組み、三木が訪米時の土産とした長野出身の佐久間象山の碑文の拓本が製作されるまでの過程、経済への配慮から三木が解散総選挙を見送ったという話は注目すべきである。

加えて、三木政権の後半に起こり、自らの政治生活のなかでも「特筆すべき事件」と評するロッキード事件と、その後の自民党内の権力闘争についての回顧が重要である。新聞記者による一報で事件を知らされてからの動向、「一国の総理が外国から賄賂をもらったというのですから、なかなか許しがたい、前代未聞のこと」とする田中前首相の逮捕、さらには田中逮捕によって党内で高まった反三木勢力との権力闘争についての証言からは、その権力闘争の当事者の一人となった井出が、どのようにこの問題に対処したのかが明らかとなる。

激しい党内抗争が展開されるなか、三木が、反三木勢力が結集した挙党体制確立協議会に参加する閣僚を罷免して解散に踏み切るのではないかとして、一九七六年九月一〇日の臨時閣議は耳目を集めた。解散という選択肢も考慮に入れていた三木とは異なり、井出は反三木の閣僚の罷免後の解散は「荒仕事」であり、「日本の政治に悪例を残す」として批判的であった。結局、三木は解散に踏み切らず、一二月に行われた任期満了による総選挙での敗北を受けて、内閣総辞職を決意する。

この総選挙について、井出は、自民党単独では過半数に達しなかったものの、選挙後に保守系無所属を合わせて過半数に達したとする。そのうえで、投票前に過半数を取るとした三木の強気な発言については、「余計なことを言った」として批判的に捉えている。総選挙後の三木内閣退陣は、井出にとっても志半ばであったのだろう。

内閣総辞職後も井出と三木との交友は続いた。理想主義者で現実主義者であり、さらには平和主義者でもあったという井出の三木評は、長きにわたる交友から導き出された評価である。

こうして、多くの事柄が井出によって明らかにされる一方で、本回顧録の内容で検証すべき事柄も存在することも指摘しておきたい。例をあげると、三木内閣における官房長官就任について、井出は三木から官房長官就任を打診されたとしている。これに対して、三木は組閣に着手した当初の段階では海部俊樹官房長官、西岡武夫官房副長官を構想しており、井出と河本敏夫が三木に直談判して、三木の当初の構想が崩れ、井出が官房長官となったという証言もある。(4)そのため、井出の官房長官就任の経緯は井出が述べているとおりなのか、検討の余地が存在する。

また、一九七六年七月二七日の田中角栄前首相の逮捕をどの段階で認識していたのかについて、井出は本回顧録では逮捕当日の早朝に稲葉修法務大臣から連絡を受けたと述べている。しかし、「井出学校」の閉校後、日本経済新聞が井出に、三木内閣当時の神谷尚男東京高等検察庁検事長や安原美穂法務省刑事局長の日記をもとに、田中逮捕の前日に、逮捕請求に必要な手続きを採るべく安原が三木に連絡したのではないかと確認すると、井出はこれを認め、さらに安原とは別に稲葉が三木に連絡し、三木と稲葉が政局への影響を協議したことを明かしている。(5)井出も田中前首相の逮捕を前日に知っていたとみるべきである。

政治家の回顧録では、他の政治家などの関係史料や回顧録などとの突き合わせにより、その記述内容の正確性や、記述されなかった事柄の意味などを検証する必要がある。井出の回顧録もまた例外ではないことが、こうした例からも明らかであろう。

注

（1）井出正一「石川真澄さんと「井出学校」」（筑紫哲也編集『石川真澄という人がいた』私家版、二〇〇五年）七四頁。

（2）井出一太郎「戦後四〇年の国会生活を省みる」（『世界』第四九〇号、一九八六年七月）、井出一太郎・伊藤昌哉「保守党リベラルの道を全うして」（『中央公論』第一〇一巻第九号、一九八六年八月）、井出一太郎「議会とともに生きた風雪の五十年」（『月刊自由民主』第四一一号、一九八七年五月）、井出一太郎「酬いることの未だ足らざる——理想を追い続けた政界四十年と〝わが歌〟」（『公研』第二八巻第三号、一九九〇年三月）など。井出の史料や文献については、井出亜夫「井出一太郎」（伊藤隆・季武嘉也編『近現代日本人物史料情報辞典』四、吉川弘文館、二〇一一年）に詳しい。

（3）三木睦子『三木と歩いた半世紀』（東京新聞出版局、一九九三年）一六九頁。

（4）岩野美代治著・竹内桂編『三木武夫秘書回顧録』（吉田書店、二〇一七年）一三七頁。

（5）「ロ事件田中元首相の逮捕　「三木総理、前夜知り了承」　検察首脳日記などで判明」（『日本経済新聞』一九九五年七月二三日）。

解題２　昭和・平成期の日本政治と井出一太郎

吉田龍太郎

本回顧録は、これまで注目されてこなかった、あるいは深く検討されることのなかった事実や題材を多く含んでいる。著者・井出一太郎氏の生年月日がすでにそうである。

衆院選当選連続一六回を数えた井出一太郎と政治の関係を検討するにあたって踏まえられるべきは、井出家と自由党・立憲政友会の関係である。一太郎の祖父・井出五六は、郡役所移転案をめぐる反発や血縁関係から自由党と接触を持つようになり、父子二代にわたり星亭を敬愛していた。井出家の居間には、第二回総選挙において長野入りした中江兆民による「民為重」（民重きを為す）という揮毫が掲げられ、一太郎らも、それを日々眺めながら成長している。一太郎の父・井出今朝平元臼田町長は、各種選挙において石塚重平、小山完吾、佐藤寅太郎、春日敏文、篠原和市など、政友会系候補を支援し、同党所属の県会議員も務めた。一太郎自身も、今朝平の追想録において、自らの支持基盤には父親以来の支援者が多く含まれていることを認めている。

一方で、これまで比較的よく知られてきたように、一太郎の岳父は立憲民政党所属の代議士として知られた小山邦太郎である。井出家と小山家は元々親戚であり、小山の父も政友会所属であったことから、一九二八年の総選挙において無所属出馬・初当選した際には当人も政友会入りすると目されたが、実際には鶴見祐輔らと共に明政会を結成し後に民政党入りしたという経緯があった。今朝平は、その後も民政党の小山と政治活動のうえでは距離を置き、一九三七年には、政友会新人として出馬し小山と争った羽田武嗣郎の選挙戦を中心になって支えている。一太郎と小山が義父子となってはるか後、小山が公職追放と解除を経て一太郎と同じ改進党所属となるに至ってから、今朝平はようやく小山に対する積極的な支援を始めている。

終戦後、一太郎が初出馬・初当選を果たしたのは、父親が支援した政友会の羽田、舅である民政党の小山の両者が公職追放を受けた直後であった。彼は、佐久地方における現職代議士の空白に際して登場した若手新人であったと同時に、旧政友会系・旧民政党系双方の支持基盤に、血縁関係を含めた接触を持つことができる立場にある人材であったのである。

戦時期の記述からは、一太郎が政治・経済それぞれの面につき、戦後の自身の活動に結びつき得る経験をすでに有していたことがわかる。

政治行動に関しては、近衛文麿の昭和研究会の周辺で活動していた社会主義者羽生三七や国家社会主義者小山亮らと接触する機会があったものの、違和感も有していたとする。翼賛選挙の時期には、大政翼賛会や翼賛政治体制協議会の推薦を得ない候補の当選を志向したり、翼賛壮年団に対抗する形で文化団体を結成するなどした。近衛新体制運動に様々な形で接触の機会を持ちながらも、翼賛選挙における非推薦立候補や東条内閣倒閣運動などにおいて現状維持への反発を続けることになった政治家たちは、戦後には自由党や国民協同党の結成へと動いていくことになる。彼も地方においてそうした政治空間を生きていた。

経済政策に関しては、農業関係企業経営者として、政府による上からの統制には反対する一方で、民間産業団体主導の調整には関与している。その際、結局弱いものを「間引く」形になったことには嫌悪感を示すとともに、市場取引や消費価格に対する規制に反発している。これらは、官僚の形式主義と無責任な行動様式を批判し現状打破を示唆する一方、社会主義的な生産統制の非効率性についてもこれを非難する論法であり、自由主義的な立場を取る野党政治家や在野の言論人によってよく用いられた。こうした論法は、戦後初期の自由党関係者にも受け継がれているが、若き日の一太郎は鳩山一郎に対しては「傍観者」との評価を下したようである。

このように、保守主義と社会主義の中間に自らを位置づける後の立場への萌芽は早くから垣間見える。なお、農業問題においても彼の立場は農地所有者と耕作者の中間に位置するものであった。従業員に対しても共同体の一員として遇することを志向するようになっていく彼が農村近代化と述べるとき、それは生産性の向上のみならず農村の経済的民主化の意味を含んでいる。本回顧録では、農地改革についても、自作農拡大の方向性に賛成であったとの評価が示されている。ただし、農地改革に際して彼は、農地勤労者への所得移転を強く支持する一方で、所有権移転という方法の意義やその価格については懐疑的な見方を示しており、帝国議会ではそうした立場からの質問も行っている。佐藤内閣期に取り組まれた農地被買収者報償法に言及した際にも、当時彼自身は報償に積極的な立場ではなかったといわれるものの、この問題に対する多面的な視座がうかがえる。

政界進出後においても、新事実を含む重要な記述が散見される。一九五三年総選挙後の「重光首班構想」失敗の原因を重光の消極姿勢に求めていること、改進党国会対策委員長時代に自由党との距離をめぐって椎熊三郎と確執が生じたこと、中曽根康弘の保守合同反対論、松村謙三が大麻唯男に説得されて保守合同賛成論に傾いたこと、それを三木武夫は認知していたこと、一九五九年自由民主党総裁選挙に出馬した松村謙三が総理・総裁就任への強い意欲を隠さなかったこと、河野一郎・洋平父子との接触と確執、池田勇人や田中角栄に対する評価と批判ならびに双方の理由などに注目することができる。

対外認識についても見るべきものが含まれている。アメリカに対しては、「協同社会」論者であった一太郎が、フォーディズム的・集産的な生産様式のみならず、節度と勤倹を備えた保守的な生活様式にも惹かれていることが目につく。

対中認識については、大陸における日本軍の活動実態や戦地の情勢に関する興味深い記述が散見される。一方で、戦前における訪問の際にすでに日本人と中国人の間の社会的・経済的不均衡を知覚するなど、先駆的なものを含んでいることも特徴である。ただし、共産党政権下の中華人民共和国に対する評価については、それが積極的な友好意識へと発展したのは一九五九年の訪中後であったものと思われる。それ以前の認識においては、その評価を図りかねていたような表現も見られる。一九五〇年代前半の時点ですでに、石橋湛山、高碕達之助、村田省蔵らが、吉田茂自由党政権のそれを上回る積極的な対中貿易拡大を求めていたことはよく知られている。一方、後に「親中派」として知られる松村謙三、古井喜実らがどの時点でその対中姿勢を確立したのかについては、今後も検討ならびに再検討の余地が残されている。

鳩山政権との関連では、小選挙区賛成論が一太郎の口から言及されていることも興味深い。彼が鳩山政権期（一九五六年）の時点でどれほど小選挙区制導入に賛成していたのかはいささか疑わしい。彼の所属する三木派は消極姿勢であったとされる。小選挙区論に関する記述は、リクルート事件への注目を経て、各種の政治改革論が登場し、後に一九九〇年代の政界再編へと展開していく昭和後期から平成初期における井出一太郎の政治認識としての史料価値をより高く持つであろう。

政党組織の在り様について一太郎は、一九五六年・一九五九年の総裁選や、六〇年代の自民党組織調査会における「三木答申」に代表されるように、三木武夫と共に、一貫して大派閥ならびにその領袖の力を弱めることを志向してきた。こうした行動にあたっては、人権条項を中心として現憲法の内容に対する高い評価が、またそれと異なる立場を取ると目された岸信介らへの批判が、公然と表明されてきたことも特徴である。

一方で、派閥政治解消にあたって論点となる党内統治の集権化や総裁権限の強化は、三木や一太郎の取り組みにおいては徹底されることはなかった。少数派閥の構成員として、その自由行動の余地を担保した側面があろう。保守合同反対・保守二党論、警察官職務執行法や安保改定など重要法案における独自行動、参院議長選における分派行動、参院選における非公認候補の支援、再三にわたる金権政治批判等、保守党内の大勢や時世に抗した数々の行動も、中選挙区制下における多党制や、各党における分権的な党内統治を前提としたものであったといえる。

また、一太郎のなかには、数の論理や制度上の権限を行使することに対する意欲と抑制が混在し続けた。一九五三年総選挙後の国会内役職決定・首班指名や、一九五六年自民党総裁選における石橋対岸の決選投票、あるいは石橋退陣の可否においては戦闘継続の姿勢を取っている一方で、基本的には、権力の行使に対して自身は（三木と比べても）抑制的であったと振り返る。確かに、一九四八年には片山内閣崩壊後の芦田均政権の樹立や芦田内閣崩壊に際する三木首班構想に反対し、三木内閣末期の際には三木首相による反対派閣僚罷免・衆院解散に消極的であった。

そのような曲折を経た後、一九八〇年代末には、「万能論者ではない」との留保をつけつつも、一太郎が小選挙区制賛成を明言するようになっていることには感慨を深くさせられる。

同時期における井出一太郎の発言は、単に引退した政治家の「御意見」を越えた意味を持つ。なぜなら、彼と関わりのあった、現役世代を含む政治家たちが、類似の立場で活動を展開していたからである。一太郎と支持基盤が重なる長男の井出正一衆議院議員は、一九八八年に武村正義・鳩山由紀夫両氏らと共に「ユートピア政治研究会」を結成し政治改革を提唱していたし、同年に死去した三木武夫が温存していた政治改革プランは盟友であった國弘正雄を介して社会党や社会民主連合を中心に野党勢力からも歓迎された。

この時期、ユートピア政治研究会もまた一太郎と同様の立場を示している。すなわち、その政治制度改革案において小選挙区制への変更が盛り込まれた一方、比例代表制度によって多党制の余地も残されている。また、その後に正一代議士を含む同会の主要構成員が自民党を離党して結成することになる新党さきがけの歴史は、小選挙区制下における分権的な党・政権運営を志向したものであった。さらに、政党間競争に際して同党が掲げた価値規範は、一太郎が協同主義政党において掲げ、自民党内非主流派として展開した先述の独自行動と方向性を同じくするものである。

そうした意味で、本回顧録で語られた新時代の政治への展望は、井出一太郎の政治生活における一つの到達点であり、平成期の政界再編への序曲でもあった。そのどの部分をいかに評価するのかは論者の立場によって見解が分かれるだろう。それでも、その志を受け継ごうとする者たちは、今も政界・言論界の各世代に存在している。

井出一太郎関連年譜

一九一一（明治四四）年	長野県生まれ〔一一月一一日〕
一九三一（昭和　六）年	松本高等学校卒業〔三月〕
一九三八（昭和一三）年	小山春江と結婚〔五月〕
一九三九（昭和一四）年	中国旅行
一九四〇（昭和一五）年	佐久酒造組合による中国旅行に同行
一九四一（昭和一六）年	京都帝国大学農学部入学〔四月〕
一九四三（昭和一八）年	京都帝国大学農学部卒業〔九月〕
一九四三（昭和一八）年	南方視察
一九四六（昭和二一）年	第二二回衆議院議員総選挙で当選（長野選挙区）〔四月〕
一九四六（昭和二一）年	国民党に参加〔九月〕
一九四七（昭和二二）年	国民協同党に参加〔三月〕
一九五〇（昭和二五）年	国民民主党に参加〔四月〕
一九五一（昭和二六）年	小坂善太郎、桜内義雄、橘直治と訪米
一九五二（昭和二七）年	改進党に参加〔二月〕

一九五二（昭和二七）年　全国森林組合連合会会長に就任〔八月〕
（一九七五年一月一三日まで。農林大臣在勤期間は副会長が代行）
一九五三（昭和二八）年　衆議院農林委員長（常任委員長）〔五月〕
一九五四（昭和二九）年　日本民主党に参加〔一一月〕
一九五五（昭和三〇）年　自由民主党に参加〔一一月〕
一九五六（昭和三一）年　農林大臣（石橋内閣）〔一二月〕
一九五九（昭和三四）年　内閣憲法調査委員会委員〔七月〕
一九五九（昭和三四）年　松村謙三、古井喜実、竹山祐太郎らと中国訪問〔一一月〕
一九六八（昭和四三）年　衆議院予算委員長（常任委員長）〔一月〕
一九七〇（昭和四五）年　郵政大臣（第三次佐藤内閣）〔一月〕
一九七一（昭和四六）年　永年在職議員として表彰を受ける〔三月〕
一九七四（昭和四九）年　内閣官房長官（三木内閣）〔一二月〕
一九七八（昭和五三）年　宮中歌会始で召人を務める〔一月〕
一九七八（昭和五三）年　「自民党をよくする会」会長に就任〔一一月〕
一九八六（昭和六一）年　政界引退〔六月〕
一九九六（平成　八）年　死去〔六月二日〕

井出一太郎関連系図

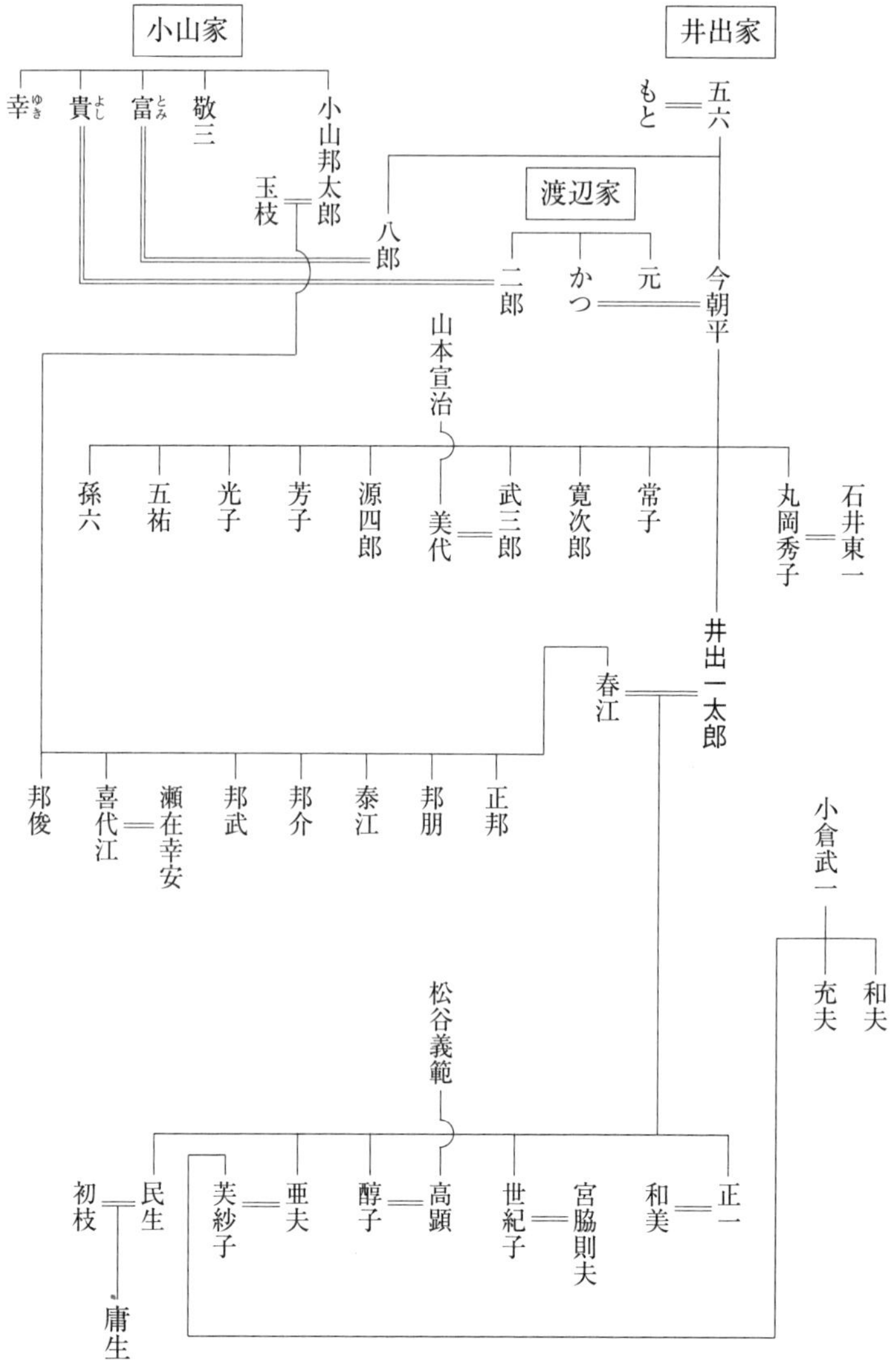
小山家
井出家
渡辺家
幸《ゆき》
貴《よし》
富《とみ》
敬三
小山邦太郎
玉枝
もと
五六
八郎
二郎
かつ
元
今朝平
山本宣治
孫六
五祐
光子
芳子
源四郎
美代
武三郎
寛次郎
常子
丸岡秀子
石井東一
井出一太郎
春江
邦俊
喜代江
瀬在幸安
邦武
邦介
泰江
邦朋
正邦
小倉武一
充夫
和夫
松谷義範
初枝
民生
芙紗子
亜夫
醇子
高顕
世紀子
宮脇則夫
和美
正一
庸生

【や行】

【ら行】

【わ行】

【ま行】

【な行】

【は行】

【さ行】

【た行】

【か行】

主要人名索引

※回顧録（第1章〜おわりに）、「続　青葉夕影」、付論1・2に登場する主要な人物について抽出した。

【あ行】

編者紹介

井出 亜夫（いで・つぎお）

1943年生。1967年東京大学経済学部卒。同年通産省入省、英国サセックス大学経済学修士。OECD日本政府代表部参事官、中小企業庁小規模企業部長、日本銀行政策委員、経済企画庁国民生活局長、経済企画審議官（OECD経済政策委員会日本政府代表）等を歴任。退官後、慶應義塾大学教授、日本大学大学院グローバル・ビジネス研究科教授・同研究科長、中国の発展と環境に関する国際委員会（CCICD）WG議長、国際中小企業会議代表幹事。現在、JCMS（株）アジア交流塾塾長。

主な著作に、『アジアのエネルギー・環境と経済発展』（共著、慶應義塾大学出版会、2004年）、『日中韓FTA』（共著、日本経済評論社、2008年）、『世界の中の日本の役割を考える』（共著、慶應義塾大学出版会、2009年）。

竹内 桂（たけうち・けい）

1973年生。明治大学大学院政治経済学研究科博士後期課程修了。博士（政治学）。明治大学政治経済学部助教。

主な業績に、『三木武夫秘書回顧録』（編集、吉田書店、2017年）、『戦後日本首相の外交思想』（共著、ミネルヴァ書房、2016年）、「石橋湛山内閣期の三木武夫」（『石橋湛山研究』第1号、2018年）、「保守合同前の三木武夫」（『法政論叢』第54巻第1号、2018年）、「「阿波戦争」に関する一考察」（『選挙研究』第32巻第1号、2016年）。

吉田 龍太郎（よしだ・りゅうたろう）

1985年生。慶應義塾大学大学院法学研究科後期博士課程単位取得退学。慶應義塾大学SFC研究所上席所員・亜細亜大学非常勤講師。

主な業績に、「芦田均と地元地方選挙」（『政治経済史学』第605号、2017年）、「保守合同後の外交政策論争」（『法政論叢』第51巻第1号、2014年）。

＊本書に掲載した写真は、特記したものを除いて井出家所蔵です。著作権不明のものが含まれています。お心当たりの方は吉田書店編集部までご連絡ください。

著者紹介

井出 一太郎（いで・いちたろう）

1911年長野県南佐久郡臼田町（現佐久市）生まれ。

1931年旧制松本高校卒業。

1943年京都帝国大学農学部卒業。

1946年第22回衆議院議員総選挙で当選。以後連続16回当選。

1986年政界引退。

その間、農林大臣、郵政大臣、内閣官房長官などを歴任。

1996年6月2日逝去。

（詳細な略歴は本書掲載の年譜参照）

井出一太郎回顧録

保守リベラル政治家の歩み

2018年6月2日　初版第1刷発行

著　者　井出一太郎

編　者　井出亜夫
竹内　桂
吉田龍太郎

発行者　吉田真也

発行所　合同会社吉田書店

102-0072　東京都千代田区飯田橋2-9-6 東西館ビル本館32

TEL：03-6272-9172　FAX：03-6272-9173

http://www.yoshidapublishing.com/

装幀　野田和浩

DTP　閏月社

印刷・製本　シナノ書籍印刷株式会社

定価はカバーに表示してあります。

ISBN978-4-905497-64-6